Narrative Therapy & Counseling

이야기 치료와 상담

| 김번영 지음

"상처는
　미래를 위한
　　보물 창고다"

솔로몬

Contents

I 소개하는 말
　책 소개 / 10

II 나레티브 입문
　나의 이야기 1 / 26
　나의 이야기 2 / 31
　나의 이야기를 나누는 이유 / 34
　나레티브란? / 47
　나레티브 접근과 경험 / 55
　나레티브 접근과 의미(Meaning) / 65
　나레티브와 담론(Discourse) / 74
　이야기 분류 / 80
　상상과 이야기 / 103
　감정 이입법(Empathy) / 113
　무지의 자세(Not-Knowing Position) / 120
　참여적 상담 / 125
　나레티브 상담가의 기초적 전제 조건 / 130
　기억과 이야기 / 134

III 나레티브 상담의 실제
　교류를 통한 접근 / 141

질문하기(Questioning) / 148
언어의 문제 / 155
진단과 처방 / 159
문제 드러내기: 문제와 분리하기 / 160
맵핑(Mapping) / 174
독특한 수확물들(Unique Outcomes) 찾기/ 185
발전을 도모하는 이야기(Developmental Story) / 187
대안 이야기(Alternative Story) 발전시키기 / 190
대안 이야기 강화하기 1 / 194
대안 이야기 강화하기 2 / 216
질문하기(Questioning) / 231
대화 구조와 샘플 / 234
나레티브 상담 요점 정리 / 253
나레티브 상담에 대한 오해 / 256

Ⅳ 나레티브 상담의 철학적 배경

모던이즘(Modernism)의 탄생 / 267
포스트 모던이즘(Post-Modernism) / 273
사회 구성주의(Social-Constructionism) / 279
해체(Deconstruction): 새로운 관점 찾기 / 281
포스트 모던이즘의 후기(포스트 파운데션얼이즘;
　　　Post-Foundationalism) 탄생 / 284
책을 마감하며 / 287

서문

나는 이상한(abnormal) 사람이었다. 남들보다 조금은 특이한(strange) 생각을 하는 사람이었다. 아니, 정확하게 말하면 나는 특이하거나 이상한 사람이 전혀 아닌데 대학 시절 학우들이나 주위 사람들이 나를 그렇게 불렀다. 심지어 나의 가장 가까운 아내조차도 종종 내가 특이하다며 우스개 소리를 했다. 지금 생각해 보면 그럴 수도 있었겠다 싶다. 그도 그럴 것이 기독교 신학생이 주역과 풍수지리 혹은 관상학 책을 즐겨 보거나, 신학 서적보다는 맑스주의-물론 80년대를 지낸 청년들이라면 한 번쯤 기웃거려 보던 것이지만-그것도 레오 맑스주의에 심취하여 세미나 때마다 엉뚱한(내 동료들이 볼 때) 소리만 하니 나를 이상하거나 특이하게 보았을 수도 있겠다 싶다. 그렇게 시간이 흐르다 보니 나도 모르게 나 자신이 확실히 좀 이상한 것 같았다.

그런 나를 어느 날부터 이상한 것이 염탐하는 것이었다. 그리고 충동하는 것이었다. 나의 생각, 행동, 지나온 삶이 가치 있고, 의미 있다는 것이었다. 게다가 유럽과 아프리카 학계에서는 일정 정도 존경을 받고 있는 Julian Muller라는 교수는 나를 친구라고 불러 주면서 나의 그런 이상한 생각들을 높이 평가하고 지지해 주었다. 바로 나레티브 접근법(narrative approach)이라는 이름과 그에 따른 윤리 의식으로 말이다.

나는 학문을 접한 이후 처음으로 사상의 해방을 경험했다. 마치 무더운 여름 땡볕에 농부가 시원한 옹달샘을 만난 것과 같은 느낌이었다. 그런 연유인지는 모르겠지만, 나는 나레티브 접근법과 이야기 치료 이론들을 스펀지가 물을 빨아들이듯이 흡수하기 시작했고, 그 이론들을 임상에 적용했다. 임상을 하는 동안 나는 또 다른 나의 출구를 찾게 되었고, 일정 정도 사명감을 가지게 되었다. 한국 상황에 맞게 이야기 치료를 발전시키고 싶은 마음이 그것이었다.

학위를 마치고 귀국한 후 상담학계의 한 선배의 도움으로 학교에서 강의를 하면서 알게 된 사실은, 국내에도 이야기 치료가 몇몇 이론서를 통해 소개되었고, 많은 상담사 지원자들이 관심을 가지고 있다는 것이었다. 그러나 아쉽게도 우리나라 사람과 함께 상담이 진행된 이야기 치료의 실제는 없었다. 또한 학교에서 강의를 하면서 느낀 것은, 학생들이 상담의 기법들과 상담학 자체는 많이 공부를 하고 있지만, 자신들이 공부하는 상담학의 철학적 배경인 인식론과 존재론 그리고 방법론이 무엇인지 모르고 모든 상담학을 섭렵하고 있다는 것이었다. 그리고 이야기 치료에 대해서도 단지 '이야기'(혹은 대화)하면서 치료하는 것이 이야기 치료라고 오해하는 경우가 종종 있었다. 그래서 급하게 나의 스승의 강의집 「여행길의 동반자」(2006)를 번역하여 교재로 사용했지만, 그것만으로 이야기 치료 전반을 다루기는 부족했다.

그래서 상담사 지원자들이 하루 속히 이야기 치료의 실제를 접할 수 있도록 핸드북을 만들어야 한다는 일념 하에 열심히 이 책을 썼다. 그러나 문제는 출판이었다. 무명의 이야기 치료사 김번영의 저서를 누가 선뜻 출판해 주려 하겠는가? 그런데 감사하게도 솔로몬 출판사 박영호 사장님께서 흔쾌히 원고를 받아 주셨다. 그뿐 아니라 책을 아름답게 편집해 줄 이명선 실장님까지 소개해 주셨다. 이 모든 분들께 감사드리지 않으면 나는 나레티브 윤리를 모르는 무뢰한이 될 것이다. 이 장을 빌어 또 감사드리고 싶은 분이 있는데 그분은 바로 나의 어머니 이필순 여사시다. 남들은 노모를 봉양하고 효도할 나이에 늦공부가 터 효도는 고사하고 짐만 지워 드린 못난 자식을 위해 어머니는 항상 기도와 인생의 지혜, 그리고 물질로 지원해 주셨다. 그리고 내가 박사 학위 논문이 통과되었다는 소식을 전했을 때 그분이 가장 먼저 하신 말씀은 "번영아, 겸손해라"였다. 이왕 시작한 인사이니 빠뜨리면 아쉬운 사람이 있다. 수월치 않은 시간 동안 아빠 노릇 제대로 한 번 못했는데 잘 커 주고 어렸을 때 외국에 나가 지금은 한국에서 반푼이 신세가 되었을지언정 하루하루를 기쁘게 수 놓는 한백이, 동관이에게 고마운 마음을 전하고 싶다. 그리고 나의 가장 귀한 동지 오정란에게 이제껏 단 한 번도 챙겨 주지 못한 결혼 기념일과 생일 선물을 대신하여 이 책을 선사하고 싶다.

소개하는 말

책 소개

│ 이야기 치유 명명에 대한 딜레마 │

　이 책의 제목을 위해 나는 상당 시간을 할애하지 않을 수 없었다. 우리나라에서 상담학의 역사는 그리 오래되지 않았으며, 그다지 광범위하게 발전하지도 않은 상태다. 비록 상담학에 대한 관심이 높아져서 많은 학교에서 상담학을 개설하고 많은 사람들이 배우기를 소망하고 공부하고 있지만, 상담이 필요한 대중들은 그리 쉽게 문을 두드릴 수 없는 것이 현실이다. 또한 상담에 대해 대중들은 결정적인 오해를 가지고 있다. 아울러서 나레티브 상담은 상담학 분야에서는 가장 최근의 이론으로 우리나라에 소개된 것도 그리 오래되지 않았다. 그러기에 나레티브 상담에 대한 오해의 소지를 피하고 한마디로 표현 가능한 제목을 찾기란 나에게는 쉽지 않은 일이었다. 나레티브 상담 자체가 특성상 한마디로 규정하기 어려운 것이며, 규정되는 그 순간 나레티브 상담의 진수는 허물어져 버린다고 해도 과언이 아닐 듯싶다.

　현재 나레티브 상담을 하는 사람들이 직면하고 있는 문제 중의 하나가 바로 나레티브 상담을 어떻게 명명할 것인가에 있다. White는 나레티브 상담에 다른 이름을 붙인다면 "사람들을 연결하는 요법"(connecting people therapy)이라고 하고 싶다고 했다(Cattanch 2002:225). 이것은 상담의 전체적인 패러다임의 변화를 대변하고 있으며, 상담이 내담자와 상담가만의 문제가 아니고, 내담자가 가지고 온 '문제'(problem)라는 것도 내담자 개인의 문제가 아니라 공동체의 중요성을 일깨우는 것이기 때문이다.

　우리나라에서는 나레티브(북미식으로는 네러티브)를 이야기로 번역하고, 세라피(therapy)를 치유 혹은 요법으로 번역하여 '이야기 치유' 혹은 '이야기 요법'(narrative therapy)이라고 하는데, 나는 영어 단어 그 자체인 나레티브를 쓰려고 하며 치유나 요법 대신에 '상담'이라는 단어로 통일하려고 한다. 그 이유는 이렇다. 혹자들이 이야기 치유라고 나레티브 상담을 규정하게 되면 나레티브 상담에서 매우 중요시 여기는 '이야기'가 내포하고 있는 포괄적이고 깊은 의미가 희색되는 듯하다. 그래서 단순히 '이야기 치유'라 하고 싶지가 않다. 그렇다고 나레티브 상담의 철학으로 볼 때 '치유'라는 단어를 붙이는 것도 문제가 있다고 생각하기에 이 책에서 '나레티브'란 용어는 이야기 접근법(narrative approach)을 포함시키는 것으로 생각해 주기를 바란다. '상담'이란 용어 자체도 치유의 개념을 포함하고 있으나 '치유'라는 단어에 대해 나레티브 상담가들은 매우 조심스러워하기 때문에(심지어 거부 반응을 나타내는 사람도 있다) 상담이라는 용어로 통합하겠다. 그리고 '기법'과 '접근법'은 확연히 다른 의미를 가지고 있다. 전자는 그 뜻 그대로 기술이고 테크닉이다. 혹자들은 '대화' - 이야기하기의 일부분 - 자체가 이야기 상담의 기법이라고 오해하는 경우가 있다. 그러나 그렇지만은 않다. 이야기 상담은 물론 '대화'도 중요시하지만 '이야기하기'는 기법 이상의 중요성을 가지고 있다. 반면에 접근법이란 테크닉보다는 '자세'와 세계관적 '입장'(world-view)이 선행된다. 그러므로 이 책에서 접근법이라고 할 때는 자세와 입장에 대한 표명이며, 상담 실천이라는 용어가 나올 때는 상담 과정의 실제에서 행해지는 상담가의 실제 행위(전통적 상담에서는 기법이라고 표현함)를 의미한다.

┃ 이 책의 특징 ┃

이 책은 기존에 나와 있는 이야기 치료의 외국 번역서와는 다르게 실제적인 한국인 상담의 실례를 소개히는 데 초점을 맞추었을 뿐만 아니라, 나레티브 상담의 전반적인 이론을 한국적 상황에서 어떻게 활용해야 할 것인지에 대해 초점을 맞추었다. 실제적인 상담의 실례는 나레티브 상담에 대한 설명을 위해 중간 중간 삽입하기로 하겠다.

이 책을 쓰면서 고민한 것 중의 하나는 문체다. 문어체를 써서 학문적인 풍으로 책을 구성할 것인가, 아니면 구어체를 통해 좀더 이야기 식으로 쉽게 접근할 수 있도록 할 것인가에 대한 고민이었다. 결론적으로 나레티브는 이야기다. 그러므로 구어체가 더 적합하다고 생각했다. 또한 개념들을 설명할 때 어떤 것은 영어 원문과 전혀 다른 듯한 번역도 있을 것이다. 왜냐하면 영어 원문을 그대로 번역하게 되면 그 번역된 한글의 의미는 같을지 모르나 한글이 내포하고 있는 느낌은 전혀 다른 경우가 있기 때문이다. 예를 들자면, 나레티브 방법론에 맵핑(maping)이라는 개념이 나오는데 이 단어를 한글 그대로 번역하게 되면 나레티브 상담에서 맵핑이 의미하는 뜻과는 그 의미가 어색하다. 그러므로 나는 상황에 따라 다른 용어를 붙일 것이다. 그렇지만 독자들을 위해 영어 원문은 반드시 명시하겠다. 또한 아직 한국 상황에서 나레티브 상담은 용어의 합일을 이루지 못한 상태다. 그래서 나는 일단 전문적 용어를 주로 동사적 문구로 표현하려고 한다. 예를 들자면, '질문', '표출'(externalizing)이라고 단순히 한문 투로 쓰기보다는 '질문하기', '밖으로 드러내기'라는 동명사의 문구로 사용하겠다.

그리고 독자 여러분이 내 표현 중에 의아해할 것 같은 것이 있어 미리 밝혀 두고 싶다. 이 책에는 "…할 수도 있다"라든지 "…있을 수도 있다"라는 식의 확신이 없는 듯한, 그리고 불확실한 듯한 표현이 자주 등장할 것이다. 그것은 내 입장 그리고 나의 경험에서는 분명한 경험의 산물일지라도 다른 상황이나 배경 혹은 사례(contexts)에서는 그렇지 않을 수 있다는 개연성을 열어 놓고 싶다는 표현이다. 그 이유는 다음과 같다. 나레티브는 보편적인 논리를 추구하는 접근법이 아니라 분명한 사례나 상황과 일을 하며, 그 상황과 사례를 통해 논의한다(Muller 2006:2). 그러므로 나의 상담 사례들에서 추출되거나 증명되었을지라도 그것이 보편적으로 모두에게 적용 가능한 것은 아니기 때문이다. 이 책이 나레티브 접근법에 충실한 것이라면, 내가 경험한 콘텍스트의 배경과 결과물을 마치 모두 그렇다고 단정짓는 문체는 올바르지 않다고 생각한다.

| 상담에 대한 기존의 인식이 바뀌어야 한다 |

기존의 우리 문화에서 '상담' 혹은 '치유'라는 용어는 널리 사용되고는 있지만 실상은 개인적인 문제에서는 상당히 거리감을 가지고 있고, 오해의 소지를 담고 있음도 주지의 사실이다. '상담'이라는 용어가 오해의 소지를 담고 있는 것은 어떤 개인이나 가정 혹은 자녀나 부부가 상담을 종용 받을 때 그들은 몹시 불유쾌해하거나 심지어 역반응적으로 감추려 하는 경향이 나타나기 때문이다. 예를 들자면, 자녀가 상담 받을 것을 권면 받았을 때 많은 부모들이 그 권면에 적극적으로 그리고 긍정적으로 귀 기울이기보다는 불편한 내색을 하거나 혹은 자녀의 상황을

대변하려고 애쓰는 모습을 볼 수 있다. 필자가 외국에서 머물 때 큰 아이가 학교에서 몇 번에 걸쳐 자신의 화를 주체하지 못해 문제를 일으킨 경우가 있었다. 그때 아이의 교장 선생님이 나에게 아이의 심리 상담을 권면하셨다. 물론 나는 상담을 공부하는 학생으로서 겉으로는 긍정적으로 그 권면을 받아들였지만, 기실 나의 내면에서는 문화적 차이에서 오는 아이의 '폭발'이라고 항변하고 있는 나 자신을 발견할 수 있었다. 즉 나는 심리 상담을 받아 보라는 권면을 내 아이가 환자라는 말로 등치하고 있었던 것이다. 또한 부부 간의 문제에 있어서는 상담에 대한 거부 반응이 더 심하다. 한쪽은 상담을 받기를 원하나 다른 한쪽은 상담을 권한 배우자 때문에 더욱 큰 갈등에 휩싸이는 경우가 종종 있다.

위와 같은 반응은 '상담 필요'='문제 봉착'='정신적 환자'라는 등식이 암암리에 우리의 뇌리를 뒤덮고 있기 때문이다. 이런 상담에 대한 대중의 정서는 비단 우리 문화 때문만이 아니라 기존에 흐르고 있는 상담 이론들에도 책임이 있다고 할 수 있다. 다시 말하자면, 상담은 문제에 봉착한 사람에게 필요한 것이라는 생각과, 그 문제는 일상의 문제를 넘어 정신병적 증상이라고 치부해 버리는 경우가 허다한 것이다. 또한 일상 생활을 해칠 정도로 문제가 돌출되지 않는 이상 가정이나 개인에게는 불필요한 것이라고 생각하기도 한다. 이러한 현상은 지금 숨쉬고 있는 이 순간의 삶을 더욱 알차고 생산적으로 꾸려 갈 수 있는 에너지를 작은 걸림돌들에 빼앗김으로써 피곤이 되풀이되며, 결국 어느 순간에 작은 돌들에 의한 삶의 돌무덤이 쌓일 수도 있다는 위험성을 간과한 것이다. 소 잃고 외양간을 고치기라도 하면 좋으련만, 그 결과는 더욱 심각하여 비현실적인 환상을 좇는 삶의 연속으로 이어질 여지가 크다. 이런 현상을 나는 부부의 문제에서 종종 보게 된다. 부부의 삶에서 아주 미세한 먼지들과 작은 모래알들이 그들을 귀찮게 할 때 사소한 것으로 치부하기도 하고 무시해 버리거나 회피하며 살아가기도 한다. 혹은 적극적으로 대처하는 것처럼 보이는 부부도 있다. 그러나 그들 역시 "모든 부부가 다 이렇게 살아…이런 문제 없이 사는 부부 있으면 나와 보라고 그래"라는 식으로 너무 쉽게 문제에 대처하는 경우가 있다. 이 또한 위험한 삶이다. 결국 이러한 자세 역시 삶을 진지하게 대처하려는 자세가 결핍된 것이나 다름이 없다. 그러다 보니 자신들의 힘이나 노력으로는 더 이상 어떻게 할 수 없는 지경에까지 이르게 되는데, 그 때도 상담실을 찾지 않는다. 혹 상담실 문을 두드릴지라도 금이 갈 대로 간 상태에서 서로가 원하는 것은 헤어지는 수순을 어떻게 시끄럽지 않게 마무리해야 할지에 대한 방법, 즉 법적인 절차를 문의해 오는 경우가 종종 있다.

상담이 필요한 적절한 시기는 '문제에 봉착' 한 그 시기가 아니라, 일상의 삶에서 끊임없이 요구되고 찾아져야 한다고 생각한다. 상담을 통해 자신을 끊임없이 되돌아보고 현재와 과거의 삶들을 계속적으로 해석, 재해석하면서 미래를 향해 수정·보완하는 것이다(나중에 이 문제에 대해 더 논의하겠지만, 이것이 바로 내가 주장하는 예방 상담의 필요성을 강조하는 것이다). 그렇다고 항상 상담실이나 상담사를 찾아가야 한다는 뜻이 아니다. 자신이 자신을 상담(self-counseling)할 수도 있는 것이다. 상담이란 끊임없는 자아 발견과 자아 발전을 해 나가는 것이며, 자아 운동(self-movement)이라 해도 과언이 아닐 성싶다.

그러나 우리 사회에 팽배해 있는 상담에 대한 정서는 전혀 그렇지 않다. '상담'은 어떤 '증'을 앓고 있는 사람에게 필요한 것이라는 통념이 지배하고 있다. 그리고 그 상황은 개인만이 아니라 가족에게까지 수치심을 갖게 하는 문화적 요소가 도사리고 있다.

▌기존 상담 이론에 대한 문제 제기 ▌

이런 사회의 통념을 만들어 낸 공장장들이 전문가들과 상담(치유)학을 전공하고 실천하는 사람들 가운데 있었음은 아이러니가 아닐 수 없다. 물론 그들은 진심으로 사람들을 걱정하고, 안타까워하며, 도우려는 노력을 오랫동안 해 왔다는 것도 부정할 수 없는 사실이다. 그 결과, 그들의 노력에 의해 우리는 심리학적으로 '인간'을 이해하는 데 많은 도움을 받은 것도 주지의 사실이다. 그러나 다른 한편으로 그들에 의해 우리는 환자가 넘쳐나고, 온통 주위에 정신 질환자만이 있는 사회에 살고 있는 듯하다. 이 세상은 아주 거대한 정신병원이 되어 버렸고, 그들에 의하면 어느 한 사람이라도 이런저런 '증'을 한두 가지라도 앓고 있지 않은 사람이 없다. 미국에서 발행되는 「진단 및 통계 편람」(*Diagnostic and Statistical Manual*) 1994년도 판을 보면 약 370가지나 되는 정신적인 문제를 분류하고 있다. 그러다 보니 심지어 '증후군 증후군'(syndrome syndrome)까지 생겨나게 되었다고 한다(전요섭 2004:109).

더 심각한 것은 - 나레티브 관점에서 볼 때 - 이런 '증'의 원인을 혹자는 가계에 흐르는 뭔가에 원인을 두고 단절해야 할 '못된 것'으로 치부해 버린다는 것이다. 그럼으로써 치유 과정 역시 그 과거 '후벼 파기'에서부터 시작한다. 과거를 되돌아보고 성찰하는 것은 잘못된 것도 아니며 개인의 미래를 위해서는 반드시 거쳐야 할 중요한 작업이다. 그러나 그 과거 후벼 파기는 의도했던지 의도하지 않았던지 모든 문제의 주범을 당사자가 아닌 과거 유령들에게 전가시키고 있다. 그리고 그 상처를 '잊어야' 하거나 지금의 자신을 '방어'하려는 데 문제가 있다. 문제는 그 결과 자신이 그 속에서 생존할 수 있었던 그 어떤 것(unexpected events), 즉 자신만의 노하우나 강점들이 있었음에도 불구하고 그것을 놓쳐 버리는 결과를 가져온다는 것이다. 자신만의 노하우로 그 상황을 헤쳐 나왔기에 지금 이 순간 상담실에 있는 것이 아니겠는가? 그렇다면 자신만이 가지고 있던 어떤 성장의 노하우가 있을 것이다. 이러한 과거 후벼 파기식의 분석과 처방이 우리가 문제와 싸울 때 얼마나 효율성을 떨어뜨리는지는 숙고해 봐야 할 것이다.

나레티브에서는 문제와 사람을 분리해 놓고 생각한다. 나레티브 상담의 절대 명제 중의 하나는 "문제가 문제이지, 사람이 문제가 아니다" – Mitchell White: "problem is the problem, the person is not the problem" (White & Epston 1990:38) – 라는 것이다. 예를 한 가지 들어 보자. '집중 장애'라는 말이 있다. 말 그대로 집중을 하지 못하는 장애라는 것이다. 전통적인 관점에서 보면 집중 결핍증 '환자' 혹은 집중 장애'인'이다. 그러나 나레티브에서는 산만하게 만드는 그 무엇(문제)과, 그것과 싸우는 그 사람(내담자)을 구분해서 본다. 즉 내담자는 상담가의 인생 여정에서 만난 동반자다 – 나의 스승 Julian Muller는 종종 내담자를 인생 여정의 동반자라고 표현한다 – 그 인생의 동반자(내담자)가 지금 산만이라는 정체 불분명한 것과 싸우고 있는 중임을 각인하고 그 정체를 폭로하는 일에 일차 목표를 둔다. 정체가 확인되면(이 정체의 이름을 산만이라고 하자) 이 산만의 활동 영역을 확인하고 산만과 최전선에서 싸우고 있는 나의 동반자(내담자)와 나(상담가), 그리고 그의 가족이 연합 전선을 이루어 산만을 집중 공략하게 된다. 집중 공략이라는 의미는 우리 '모두'가 문제에 집중하자는 것이 아니라, 내담자와 문제를 분리하라는 것에 강조점이 있으며, 사회·문화적으로 대처해야 한다는 것이다. 그렇기 때문에 문제와 사람을 구분하는 것은 필수 불가결한 것이다.

또한 문제와 그 문제와 싸우는 전사(내담자)를 구분할 때는 문제의 주요 동력 중의 하나인 사회 담론(social discourse or meta narrative)의 정체를 폭로하는 것도 매우 중요한 작업 중의 하나다. 예를 들자면, 위의 산만과 싸우는 전사가 남성이라고 가정한다면, 우리는 이런 이야기에 주의해야 할 것이다. "사내 대장부가 좀 진중해야지?" 혹은 여성이었다면 우리는 이런 이야기를 듣는다. "여자가 좀 다소곳해야지?" 이와 같은 말들의 밑바닥에는 사회·문화적으로 형성된 남녀 차별적인 담론이 깊게 자리하고 있다. 이와 같은 담론이 개인에게 혹은 가족들의 의식에 미치는 영향은 무시할 수 없이 지대하다. 그러다 보니 이런 말들이 가정 교육에도 암암리에 스며들어 우리의 의식을 장악하고 개인의 행동 양식에까지 영향을 미치고 있다.

이런 현상에 대해 J. Adams(1972)의 지적은 일면 타당하다. 그는 담론이 담론으로 끝나지 않고 과학이란 이름으로 포장될 때 결국 혜택을 보는 쪽은 전문가들이지 결코 일반 대중들이 아니라고 비판하고 나선다. 더 나아가서 그는 정신 분석을 무책임한 것으로 통렬하게 비판한다. Catcot이나 Freud 이전까지만 해도 '병'(illness)이라고 하면 육체적인 것을 뜻했지만 이들에 의해 정신적인 것도 병으로 구분되기 시작했다. 그런데 문제는 이들의 병명 만들기가 개인의 삶을 규정하고 행동 양식을 선도하는 데 있다. 더군다나 개인의 책임성이나 의지는 찾아 볼 수 없고 모든 것을 '조상 탓'으로 돌린다. 그러다 보니 개인의 모든 행위가 어떤 무의식의 발로로 인식되고, 사람들은 현재를 살아가는 것이 아니라 무의식을 살아가는, 즉 생각 없는 사람들이 되어 버렸다. 이와 같은 발로는 - 물론 의도적이지는 않았겠지만 - 전문가 집단에게만 이익이 되는 결과를 가져오고, 더 나아가서 전문가들만이 문제의 해결 방법을 알고 있다는 논리로 귀결된다.

그 전형 중의 하나가 인간 발달 이론이다. 예를 들자면, 발달 이론에서는 청소년의 정체성을 규정하고 있다. '질풍노도의 시기', 청소년=사춘기=반항기, 정체성 공황기 등등의 표현이다. 많은 사람들이 이런 이론을 이의 없이 받아들이고 청소년의 정체성을 규정한다. 이들에게서 나오는 문제를 모두 이 이론으로 풀어 보려고 한다. 그렇다면 반항을 하지 않는 청소년이라면, 혹은 아직 신체적 발달이 미진하다면, 혹은 자신의 정체성을 나름대로 구축해서 자기 확신이 분명하거나 혹은 전혀 그런 것에 개의치 않고 천진('천진'이란 개념 규정도 모호하지만)하게 학창 시절을 보내는 청소년이 있다면, 그들은 문제아인가, 미숙아인가, 아니면 뭔가 이해되지 않는 아이들인가? 나레티브 상담가는 이런 힘의 역학 관계, 사회적 담론이 개인과 가족에게 미치는 파급 등을 가능한 한 예민하게 바라보고 대처해야 한다. 그렇기 때문에 나레티브 상담은 내담자를 진단하거나 규정하지 않으며, 무엇을 가르쳐야 한다는 자세는 버려야 함이 마땅하다.

결국 전통적 이론들을 바탕으로 해서 보면 '상담'이라 함은 누군가가 어떤 사람의 문제를 듣고 지혜로운 방법, 그 문제를 해결할 수 있는 지혜를 '가르쳐' 주는 것이다. 더 나아가서 상담 전문가는 인간이 '살아가기'에서 오는 문제들을 정리·분석한 자로서 자신을 찾아온 상담을 원하는 환자에게 문제를 분석해 주고(진단), 처방전을 주고, 적절한 약을 (해결) 조제해 주는데 전문가라고 불린다. 여기서 우리는 질문하지 않을 수 없다. 과연 당신의 총체적인 삶을 타자인 내(상담가)가 당신보다 더 심층적으로 알 수 있을까? 과연 당신의 과거 이야기 속에 그리고 현재의 삶 속에 녹아져 있는 당신의 강점과 당신만이 가능했던, 당신 나름대로 쌓아 왔던 노하우들(비록 지금 당신이 그 부분을 잠깐 잊고 있거나, 당신의 노하우를 인지하지 못하고 있다 할지라도)을 당신보다 내가 더 잘 알고, 당신보다 내가 그 노하우를 더 잘 활용할 수 있을까? 인간이라는 복잡한 존재를 어떤 이론으로 단순화시키고 과학이란 이름으로 보편 타당화시켜서 한 개인의 특성과 그 개인들만이 가지고 있는 독특한 방법론들이 과연 기계적으로 공식화될 수 있을까?

상담이 '과학적'이란 이름을 달고 발전하게 되는 데 가장 큰 공로자는 분명 심리학의 아버지라고 불리는 Freud라고 할 수 있다. 그에 의해 상담이 체계화되기 시작했다고 볼 수 있는 것이다. 1909년 그는 유명한 크라크 대학(Clark University)의 강의에서 정신 분석(psychoanalysis)에 대한 이론을 발표했는데 이 이론이 거의 1950년대까지 풍미했다. '정신분석'이라는 용어는 의학적 기초가 깔린 것으로 당시의 치유 요법(therapies)으로서 Boston의 신경학(neurology)과 구별하려는 동기가 있었다. 정신분석의 기저를 이루고 있는 생각은 '병리학'의 관점에서 내담자의 정신 구조를 분석하고 파악한다는 것이다. 또한 그 전까지 교회 내에서 (서구인들의 삶은 교회와 양분할 수 없었던 시기이기에) 신부나 목사에 의해 이루어지던 상담, 즉 신앙적 접근 이외에는 학문적인 접근이 결핍되어 있는 상담과도 선을 긋는 계기가 되었다. Freud 이후 목회 상담과 기독교적 인간 이해도 Freud 이론의 지대한 영향을 받으며 발전하기에 이르렀던 시기도 있었다. Freud 이후에 상담은 심리학과 뗄 수 없는 관계를 형성하며, 심리학을 바탕으로 발전하게 된다.

심리학을 크게 나누면 우리가 잘 아는 대로 행동주의(behaviorism) 심리학, 인지주의(cognitive) 심리학, 구조주의(systemics) 관점의 심리학 등 많은 심리학과 철학이 서로 맞물려 상담학에 도움을 주었고, 그 결과 상담학은 더욱 세분화의 길을 걸어올 수 있었다. 이런 현상은 목회자들에 의해 발전되어 왔던 목회상담에서도 거부할 수 없는 커다란 물줄기로 받아들여졌다. 이러한 심리학 중심의 상담학의 전제는 내담자를 분석 받아야 할 대상으로 치부하거나, 심리라는 실체를 보편화, 객관화시킬 수 있다는 신념에서 나온 것이라고 단언할 수 있다. 마치 토끼의 간처럼 꺼내어 치료하겠다는 것이다.

아이러니컬하게도 Freud를 비롯한 여타 인간학들이 철저하게 진화론에 근거를 두고 진화적 관점에서 '인간'을 묻고 해석하려는 시도였음에도 불구하고, 창조론에 자신의 정체성을 두고 있었을 듯한 기독교 상담가들조차 진화론을 근간으로 하는 상담 이론에 심취했다. 이런 고리를 끊고 새롭게 시도한 기독교 상담 이론가를 나는 '성장 상담'의 주창자인 H. Crinbell이라고 생각한다. 그리고 인본주의 심리학이나, 그것을 기초로 한 상담학에 반발하여 주창된 것이 J. Adams의 기독교 상담학이 아닌가 싶다(혹자는 크라인 벨도 인본주의 심리학을 기저로 하는 진보적 기독교 상담학자이고, 아담스는 심리학을 철저히 배격한 복음주의적 기독교 상담학자라고 분류하기도 함). 그러나 이들 역시 낭만주의적 실천성을 벗어나지 못했다고 할 수 있다. 그리고 심리학적 접근이든 종교적 접근이든 전통 요법들 기저에 "누군가가 누구를…", 즉 "상담가는 전문가이고, 내담자는 비전문가다. 혹은 내담자가 전문가이고, 상담가는 아니다(client centred: 내담자 중심의 상담)"라는 식의 구분은 상담에 있어 주체와 객체를 구분짓는 것으로서 그 상담의 특성과 방향을 드러낸다고 할 수 있다.

그러나 이야기를 통한 상담을 하는 사람들은 '상담'의 개념부터 달리한다. 나레티브 상담을 통해 우리는 상담의 패러다임 전환(paradigm shift)을 경험하게 된다. '누가 누구를…'이라는 전제부터 벗어난다. 가장 먼저 전제해야 하는 것은 '누가 누구를'이 아니라 '우리가'로부터 시작되어야 한다.

두 번째로 '누가 누구를 분석'하는 일에서 출발하는 것이 아니라 우리가 우리의 삶을 서로 '나누는' 데서부터 출발한다. 다시 말하면, '내가 나의' 이 두 '나'(I am) 혹은 그 이상이 만나서 서로를 나눔으로써 시작하는 것이다. 그 나눔은 서로의 '이야기'를 '듣고 말하기'라는 통로를 통해 시작된다. 그러기에 우리는 치유(therapy), 상담(counseling)이라는 단어에 원초적으로 알레르기를 가지고 있다. 굳이 말을 만들자면 '상호 협의 혹은 조언'(consulting with)이라 함이 좋을 듯싶다.

세 번째로 이 '듣고 말하기에서' 듣는 이는 귀로만 듣는 것이 아니라 입으로도 듣는데 입으로 듣는 것이 바로 상대의 이야기에 대한 진지한 질문을 통해 듣는 것이다. 나레티브 상담의 성패가 어디에 달려 있느냐는 질문에 단 한마디로 답을 해보라고 한다면 이 질문에 달려 있다고 해도 과언이 아니다.

여기서 우리는 전문성에 대한 발상의 전환이 필요하다. 위에서도 언급했듯이 상담가는 내담자와 비교하여 전문가가 아니다. 그렇다고 비전문가라는 말은 더더욱 아니다. 단지 누가 누구를 가르칠 수 없다는 것 자체가 전문성을 말할 수 없는 것이다. 어떤 전문성이냐는 것이 전문성을 말할 때 주제가 되어야 한다. 그렇다면 나레티브 상담가의 전문성은 무엇인가? 그것은 바로 '질문'이다. 사회 담론에 대해 질문하고 또 질문하여 다른 각도에서 해석해 보며, 내담자의 이야기를 들으며 혹 미진한 부분, 혹 사회 담론의 영향 아래 맴돌고 있는 부분, 내담자의 이야기 속에서 무엇인가를 찾아 나서고 새로운 것을 발견할 수 있는 유효 적절한 질문을 구성하는 것이 곧 나레티브 상담가의 전문성이다. 유효 적절하다는 표현이 추상적일 수 있다. 그러나 그렇게 표현할 수밖에 없는 것은 나레티브 상담에서의 질문은 짜여진 틀이 없기 때문이다. 단지 상담 과정에서 내담자의 이야기를 따라가면서 그때 그때 상황에 따라 질문이 구성되기 때문이다. 상황에 따라 적절한 질문을 한다는 것은 준비된 질문이나 의도된 질문을 피한다는 의미다(II장에서 질문에 대해 더욱 구체적으로 논의하겠다). 그렇기 때문에 나레티브 상담가는 끊임없이 질문하는 방법을 훈련하고 개발해야 한다.

  '상담'은 누구나 할 수 있고 누구든지 일상에서 상담을 받으며 살아간다. 우리의 모든 일상 속에 이미 '상담하기'와 '상담 받기'가 녹아져 있다고 할 수 있다. 직장에서, 가정에서, 선후배 간에, 부모 자녀 간에 우리는 대화라는 채널을 통해 상담을 주고받는다. 상담은 어느 전문가의 전유물이 아니다. 상담에는 주체와 객체란 없다. 상담에 임한 상담가나 내담자 모두가 주체인 것이다. 상담을 통해 모두가 서로로부터 그리고 서로에게 미래를 향해 배워 나아가는 것이다. 그러기에 상담 이론을 더 많이 배우고 연구했다고 전문(과학)적이고 효과적이며 옳은 상담을 한다고 할 수는 없다. 그보다 더 중요한 것은 바로 상담의 바른 실천이 강조되는 것이다. 그러므로 상담 실천(Therapy)이나 상담에 필요한 조사 연구(Research)는 '과학적'이냐는 질문을 하기 이전에 바른 실천을 강조하는 상담, 책임과 바른 윤리가 강조된 조사 연구가 우선시되어야 한다.

많은 상담 이론가들이나 실천가들은 위와 같은 말에 동의하고 또 실천하고 있을 것이다. 그리고 자신들의 내담자를 대상화시키지 않았다고 주장할 것이다. 그러나 분명히 해야 할 것은 만약 그 이론들의 인식론과 방법론적인 전체적 틀(paradigm)이 분석과 해석이 전제된 것이라면, 보편성을 기반으로 해서 특수성을 규정하는 것이라면, 그 이론들은 태생적으로 분석과 해석의 '대상'들이 정해진 것이라는 점이다. '대상'이 있다는 것은 주체와 객체가 이미 존재한다는 것이다. 그러므로 내담자(혹은 인간 이해)에 대한 패러다임의 전환 없이는 주체와 객체 문제에서 자유로울 수 없다.

나레티브 입문

나의 이야기 1

　남아공의 나레티브 실천가인 Muller는 자신의 글들에서 대부분 자신의 이야기를 발설(?)한다. 거기에는 나레티브 접근법을 선호하는 학자로서의 Muller 자신만이 가지고 있는 커다란 이유가 있다. 나 역시 그의 방법을 따르는 것이 책을 읽고 있는 여러분에게 예의를 갖추는 것이라고 생각하기에 나의 이야기를 먼저 드러낼 것이다.

　나는 두 아들을 둔 목회자였다. 내가 신학을 하게 된 동기는 신심(calling)의 발로가 아니라 '뭔가 의미 있는 삶을 살아야 하지 않을까?'라는 고민에서 시작되었다. 목회라는 매개체를 통해 사회에서 소외된 사람들을 위해 살고 싶었던 것이다. 나로 하여금 이런 생각을 하게 하신 분은 테레사 수녀님이시다. 그분의 아름다운 삶의 이야기가 시간과 공간을 초월하여 저 먼 바다를 넘어 동방의 작고 작은 마을에 사는 어떤 젊은이에게 영향을 미친 것이다.

　그러나 막상 신학교에 들어가서 접한 현실은 '의미 있는 삶'에 대한 정의와 의미 있게 사는 방법에 대한 사고의 총체적인 전환을 필요로 했다. 다시 말하면, 나의 철학적 틀, 곧 패러다임의 전환을 맞은 것이다. 나는 이 시기에 인간과 사회에 대한 이해의 정수를 맛보는 듯했으며, 사회 구조와 총체적 변혁을 위한 방법론에 빛을 보는 듯했다. 이 시기에 나와 시공을 달리하는 어떤 이야기들을 접하면서 나는 다시 한 번 나의 변화하고자 하는 욕구와 다른 변혁의 이야기들을 통해 나의 삶을 구축해 가고 삶에 대한 해석과 의미를 부여하고 있었던 것이다.

　나의 개인사, 즉 어린 시절에 겪어 왔던 경험들로 인해 형성된 변혁의 욕구는 건전한 다른 이야기들을 접하면서 풍부화, 구체화되어 가고 있었다. 이러한 이야기의 접합들은 내 삶의 형태를 만들고 있었고, 나의 행동 양식에 영향을 미쳤을 뿐만 아니라 나의 미래를 열어 가는 데 지대한 공헌을 했다고 할 수 있다. 더욱이 나의 세계관까지 바뀌는 계기가 되었다고 할 수 있다. 만약 내가 지금 이 순간에 독자 여러분께 이렇게 말한다고 생각해 보라. "내가 신학생 시절에 좀더 신학 공부에 전념하고 목회자적 수업(물론 목회자적이란 뜻도 각도에 따라 달라지겠지만)에 충실하지 못해서 나는 지금 목회 변방에 있고, 나에게는 목회자로서 좋은 기회를 놓쳤다"라고 생각했다면, 지금의 나와 나의 사상은 또 달라질 수 있는 개연성이 충분히 있다. 혹은 내가 지금 나의 학창 시절에 대해 이야기하면서 남보다 늦은 나이에 대학을 다녔던 것, 학교에 다니면서 결혼을 하고 생계를 위해 제과점을 하며 정신없이 살았던 이야기를 한다면, 학창 시절의 이야기는 나에게 그리 유쾌하거나 내 인생에 긍정적인 영향을 미치지 않은 것으로 해석하는 내 선택적 발로일 것이다.

나는 결혼과 동시에 생계 수단으로 작은 제과점을 경영하게 되어 수업을 마치면 제과점에서 일을 하는 바쁜 일상(위에서는 '정신없이'라는 부정적인 표현을 했다)을 보냈다. 그리고 학교를 졸업한 뒤에는 얼마 동안 고민 끝에 모든 것을 정리하고 농촌 운동의 일환으로 농촌 목회를 하려고 전북으로 내려가게 되었다. 그 때도 역시 독재 정권 아래 국민들은 신음하고 있을 때였다. 더욱이 농촌은 피폐 그 자체였고, 서울에서만 자라왔던 나에게 농촌 현실의 열악성은 마치 방글라데시의 극빈과도 같은 느낌이었다. 농촌 목회를 하는 나에게 사회 참여는 당연한 수순이었으며, 그로 인해 나의 가족은 심적, 경제적으로 여러 가지 어려움에 직면하게 되었다. 그 후에 나름대로 뜻이 있어 도시에서 개척 교회를 섬기던 중 사랑하는 아내에게 큰 변화가 생겨 헤어질 수밖에 없었다. 가정이 깨진 목회자에게 강대상을 허락할 교회는 어디에도 없었으며, 갈 곳이라고는 절망의 터널 속에 숨는 것과 아픔의 바다에서 허우적거리는 것뿐이었다. 그러나 어린 두 아이를 키우기 위해서라도 내가 살아야 한다는 사명 아닌 사명 때문에 나는 어린 시절부터 그리 유쾌하지 않은 기억만을 되새기게 하는 한국을 떠나 캐나다에 발을 들여놓게 되었다.

나의 결혼과 목회 이야기는 내 일생에 두 번 다시 없기를 바라는 고통의 이야기뿐이다. 어찌 그 시절 나에게 고통과 아픔, 그리고 상처만이 있었겠는가? 즐거웠던 일, 보람된 일도 많이 있었을 것이다. 그러나 이혼이란 사건과 농민 목회란 사건을 나는 '고통'으로 기억하고 받아들였던 때가 있었다. 그런데 그 영향은 결국 나의 어린 시절을 통틀어 부정적으로 보도록 했고, 심지어 나에게 아무런 영향도 끼칠 수 없는 무생물인 땅(한국)이 나의 고통스런 사건을 통해 생명체가 되었다. 가치가 부여된 것이다. 그러므로 나는 다른 땅을 찾아 나선 것이다. 나는 한 사건을 고통이라고 해석하고 받아들였으며, 이 해석된 사건을 가지고 그와 유사한 다른 해석된 사건과 연결하여 내 인생에 소설책 한 권을 내놓았다. 책 제목은 '기억하고 싶지 않은 한국', 뭐 이쯤이 될 것이다. 이처럼 어떤 경험이 해석되었을 때, 그 해석된 경험 이야기(a story of the interpreted experience)는 그 자체로만 있는 것이 아니라 다른 경험이나 실체에 지대한 영향을 미치게 된다. 나는 괜한 한국을 탓하고, 내 어린 시절을 송두리째 '부정'이란 것에 팔아 넘겨 버렸다.

캐나다 밴쿠버는 나의 우중충한 아픔을 재연시키기라도 하듯 하루도 빠짐없이 비만 주룩주룩 오는 곳이었다. 영어 한마디 못하는 나였지만 한국말도 제대로 자리 잡히지 않은 아이들을 안심시키기 위해 나는 아이들 앞에서 가지가지의 쇼를 해야 했다. 그렇게 우리 세 가족의 가슴 아린 캐나다에서의 정착 노력이 시작되었다. 그런데 문제가 터졌다. 나의 비자(영어 학교 학생 비자)만 가지고는 학비를 내지 않고 아이들을 학교에 보낼 수가 없었던 것이다. 우리가 도착하기 몇 달 전에 법이 바뀌었다는 것이다. 나의 학원비만 해도 나의 수준으로는 가히 천문학적인 숫자인데 인터내셔널 학생의 학비로 아이 둘의 학비까지 감당해야 한다는 것은 캐나다를 떠나야 한다는 것과 진배없었다. 한국으로 돌아가지 않겠다고 다짐하고 또 다짐하여 캐나다까지 건너왔는데 다시 한국으로 돌아가야 할 형국이었다.

그런데 대학 동문의 주선으로 대학원 입학이 가능하다는 것을 알게 되었다. 만약 내가 대학원을 지원하면 나의 비자 조건은 대학원생이 되는 것이다. 그렇게 되면 아이들을 학비 없이 공립 학교에 보낼 수가 있었던 것이다. 나는 처음 캐나다에 갈 때의 의도와는 다르게 다시 늦깎이 학생이 되었다. 그것도 우리나라 안에서는 신학적으로 가장 진보적이라는 한신 출신이 북미의 3대 보수 신학 대학 중의 하나라는 곳에 조건부 입학이 되었다. 그리하여 나의 늦깎이 공부는 시작되었으며, 석사 학위를 하는 동안 일련의 사건들을 경험하며 나의 세계관과 미래에 대한 엄청난 변화를 맞게 되었다. 더욱 중요한 사건은 지금의 고맙고 사랑스러운 아내를 만나게 되었는데, 그를 통해 나 자신이 스스로를 다듬고 인간 이해에 더욱 깊이 들어갈 수 있게 되었다는 것이다. 아내는 재혼 가정들의 어려움을 함께 나누겠다고 결심하게 된 계기를 마련해 준 사람이다.

나의 과거 이야기에서 나는 나의 결혼 생활의 마침표를 '실패'로 결론지었었다. 내 주위의 모든 분들(가족만이 아니라 목회 동료들까지)이 나를 안쓰럽게 생각했고, 어떤 분들은 나에게 뭔가 문제가 있었을 것이라며 나의 잘못된 부분을 반성하라고 점잖게 조언을 해주시기도 했다. 나 역시 전 아내와 헤어진 사건을 '절망'으로 받아들였고, 그 절망은 내 정서의 황폐화로 내재화되었다. 결혼 생활의 실패는 절망이란 이름으로 바뀌었고, 내가 가지고 있는 신앙, 곧 기독교의 하나님에게 버림받음이었다. 즉 나의 주위에 중요한 한 멤버가 재구성(re-membering: 이 개념은 II장에서 깊이 있게 다루기로 하자)되었던 것이다. 그 절망은 심지어 내 꿈의 좌절로 연결되는 진화를 거듭했다.

나의 이 이야기에서 보면 어느 한 사람과의 결혼 생활의 종지부를 찍은 사건과 경험이 실패로 해석되었는데, 그것은 개인의 창조적이고 자유로운 해석으로만 결론지어진 것이 아니라 주위 사람들의 평가와 그들의 생각이 함께 어우러졌음을 볼 수 있다. 그리고 그 해석은 그 해석자에게 정서적으로 내면화되었고, 미래의 행동 양식(그 개인의 꿈)에까지 영향을 미치게 된다. 그것에서 끝나는 것이 아니라 그 개인의 주위의 관계(relationship)도 재정립하게 하는 중요한 역할을 하게 된다.

그러나 지금 이 글을 쓰는 이 순간에는 하나님의 크신 뜻이 있었기에 나에게 그 고통의 길을 허락하셨던 사건으로 재해석(주관적인 해석)되었고, 그 아픔의 사건을 통해 또 다른 나의 이야기와 비슷한 이야기들을 만나게 되었다. 그 과정 속에서 내가 해야 할 일, 내가 하고 싶었던 일에 대한 구체적인 윤곽(preferred story)을 그릴 수 있게 되었다. 이런 결과를 가져온 계기들이 나의 캐나다 이야기 구석구석에 많이 묻어 있다. 기대치 못했던 사건들, 예상치 못했던 사람들을 만나면서 나의 이야기들은 전기를 만나고 변화를 가지게 되었다. 그런 예상 밖의 사건들과 관계들(unexpected events and relations), 그리고 나의 대처가 현재의 나, 즉 나의 현재 이야기를 만들어 왔다. 현재의 이야기를 통해 나의 미래의 이야기가 설명되고 구성된 것이다. 그와 더불어서 과거의 이야기를 재구성하고 재해석하는 나를 발견할 수 있다. 나의 미래의 이야기는 결국 과거의 이야기로부터 재창조된 것이다. 다시 말하자면 대학 시절 때 품었던 원대한 나의 꿈이 과거의 사건과 맞물리면서 재해석의 과정을 거쳐 좀더 구체화된 것이다. 또한 과거의 사건을 통해 나는 '용서'라는 개념과 '아픔, 고통'이라는 개념을 과거에 가지고 있던 틀에서 벗어나 재정립하게 되었다.

나의 이야기 2

나는 쉽지 않았던 석사 과정을 거쳐, 이어서 박사 과정에 들어갈 수밖에 없었다. 박사 과정에 입학하게 된 가장 큰 동기는 나의 의지보다는 평생 홀로 살며 자식들 뒷바라지에 여념이 없던 어머니의 바라심이었다. 어머니의 형제들은 유독 학벌을 중시하고 대부분이 학자의 길을 걷고 있었다. 그리고 나의 사촌 형제들은 모두가 탁월하게 공부를 잘하는 어머니의 자랑스러운 조카들이었다. 그런데 어머니의 자식인 나만이 고등학교도 졸업하지 못한 불민(不敏)한 자였으니 그 얼마나 어머니께는 한이 되셨겠는가? 항상 그 부분이 어머니에게는 허전하고 서운한 점이었던 것이다. 나는 가정의 실패라는 사건을 통해 자존심 강하시고 자식의 행복을 곧 당신의 행복으로 여기시던 어머니께 큰 불효를 했다고 생각했고, 어머니께서 바라시던 것을 이루어 드리는 것이 마지막으로 내가 할 수 있는 자식 된 도리라고 생각했다. 그것은 바로 어머니 생전에 자식의 박사 학위를 그분께 드리는 것이라고 판단했다. 또 한 가지 내가 박사 학위를 받게 된 이유가 있다. 내가 그 때까지도 하고 싶었던 일은 다시 목회 현장으로 돌아가는 것이었다. 그러나 재혼 목사를 받아 줄 너그러운 한국 교회를 찾기는 그리 쉽지가 않았다. 그렇다면 이왕 내친김에 박사 학위까지 가보자는 것이었다. 학문에 열정이 있으나 여건이 허락치 않아서 포기할 수밖에 없었던 사람들에게는 나의 이야기가 배부른 소리일 것이다. 그러나 나에게(개인에게)는 충분한 이유가 있는 이야기다.

나는 박사 학위를 위해 미국, 캐나다, 남아 공화국, 이렇게 세 나라에 있는 대학 중 어느 곳에 지원서를 내야 할지를 가지고 저울질했다. 미국이나 캐나다에 있는 대학은 모두 한국에는 잘 알려진 학교였다. 그러나 남아공의 대학은 한국 사람들에게 매우 생소할 뿐 아니라 특히 학벌에 대한 남다른 차별 의식을 가지고 있는 나의 친척들에게는 더더욱 무시될 만한 학교였다. 그러나 나는 위의 세 학교와 서신 왕래 중 남아공의 학교를 택하게 되었다.

거기에는 특별한 이유는 없었으나 내가 중학교 시절부터 가보고 싶었던 희망봉이 있는 나라라는 이유 외에도 첫째로 나중에 나의 지도 교수님이 되신 분의 성의 있는 답장과 정감 있는 표현들이 나를 매료시켰기 때문이다. 내가 그분에게 더욱 매료된 것은 서신 왕래 후 그분의 신상 명세와 글을 읽어 보고 난 후였다. 그분은 우리나라로 말하면 남아공의 재야인사와도 같은 분이었다. 그 서슬 시퍼런 백인 차별 정책 시절 박해와 불이익을 감수하며 인종 차별 정책에 맞서셨던 분이었다. 당신이 인종 차별 정책에 편승하여 살았던 것에 대한 과거를 공개적으로 고백하고 부끄러워하시는 글을 보면서 나는 그분을 나의 지도 교수로 택하게 되었다. 두 번째로 석사 학위를 마칠 즈음 나는 서구의 신학적인 풍토에 싫증을 느끼기 시작했기 때문이다. 그런데 남아공의 신학은 서구적인 틀을 가지고 있으면서도 그 풍토 전형과 어우러져 있는 것이 나를 끌어들이기에 충분했다.

나의 박사 학위 이야기에는 조금이나마 나의 가계(family history)에 대한 이야기가 포함되고 영향을 주었음을 볼 수 있다. 그리고 모든 이야기의 기저가 되고 영향력을 행사하는 사회·정치·문화적(신학적)인 거대한 이야기(meta-narrative)가 나의 박사 학위 이야기가 구성되는 데 지대한 몫을 차지하고 있을 뿐만 아니라, 나의 판단이나 행위의 선택까지 결정적 역할을 하는 것을 볼 수 있다. 또한 내가 목회자이면서도 성서적 접근법이나 기독교적 접근법이 아닌 나레티브 상담을 받아들이게 된 토양이었음도 보여주고 있다. 즉 개인의 사상까지 좌지우지하는 엄청난 힘의 소유자가 사회·문화 이야기다.

이처럼 나의 이야기는 나만에 의해 이루어진 것이 아니라 다른 이야기와 통전되면서 나의 삶을 구성해 가고 있었던 것이다. 즉 어떤 이야기든 다른 이야기에 들어 있는 요소들을 포함하고 있으며, 서로 영향을 주고받으면서, 또한 서로 영향을 미치면서 자신만의 고유한 이야기가 되는 것이다. 그 이야기는 이야기 주인공의 행동 양식과 실천을 이끌기도 한다. 마치 세종문화회관 뒤에 있는 분수대가 밤이면 형형색색의 모습으로 뿜어져 나오면서 때로 서로 교차할 때 그 교차점에서 처음 뿜어졌던 색과 다른 색을 형성하는 것처럼, 나의 이야기는 나만의 이야기이면서도 그 여정 여정에서 가끔, 때론 자주 다른 이야기와 교차, 대립, 평행하면서 발전되어 왔던 것이다.

나의 이야기를 나누는 이유

| 이야기적 측면에서: 미래를 향한… |

앞에서 언급했듯이 모든 나레티브에 관한 책이 그러하지는 않지만 나의 스승이셨던 J. Muller는 자신이 쓴 대부분의 글 앞부분에서 자신의 이야기를 나눈다. 그 이유를 그는 이렇게 말한다. "나의 과거 이야기를 나누는 것은 결국 나의 미래를 만들어 가기 위한 하나의 시도다. 내 기억 속에 있는 이야기들은 삶의 의미를 발견할 수 있도록 근간을 제공하며, 미래에 접근할 수 있도록 돕는다"(김번영 옮김, 2006). 이 말을 재해석해 본다면 이렇다. 어떤 한 이야기가 이야기로만 남아 있다면 아무 의미가 없는 것이다. 이야기가 주인공인 자신에게든, 혹은 다른 사람에게든 이야기될 때에만 이야기는 그 자체로서 의미를 가지게 된다. 누군가가 이야기를 할 때는 그 이야기를 하는 이유와 필요성이 있는 것이고, 이야기하는 것은 그 필요성을 추구하는 행위다. 즉 이야기하는 행위는 필요를 향한 행위다. 위에서 내가 나눈 이야기가 그러하듯이 어떤 개인의 이야기 속에는 많은 자원들(다른 이야기를 포함)이 담겨 있고, 그 자원들은 그 사람의 현재와 미래를 위한 지원이 될 수도 있고 해악이 될 수도 있다. 그런데 이 이야기가 다른 사람(혹은 자신만의 독백일지라도)과 나누는 과정(이야기되는 과정)에서 이야기는 나의 미래에 대한 필요성으로 발전, 성장하고 있다. 또한 독자 여러분은 어떤 형태로든 나의 이야기에 반응할 것이다. 이것이 독자와 화자의 이야기 통합(configuration)(Gadamer 1975:269)이다. 이 통합 과정에서 새로운, 혹은 공

동체(독자와 화자)적 해석과 의미가 발생한다. 이렇게 이야기는 사회화된다. 이야기의 사회화는 새로운 의미를 가지고 미래에 접근을 시도하는 과정에 자리하게 된다.

선택되는 줄거리(이야기의 열성과 우성)

내가 위에서 나눈 이야기가 나의 인생 전체를 이야기한 것이라고 믿을 독자는 아무도 없을 것이다. 그렇다. 위의 나의 이야기는 어떤 한 줄거리에 의해 구성되어 있다. 나의 삶 속에는 수없이 많은 사건들이 나를 스치고 지나갔다. 그 중에서 나는 나름대로 선택을 하여 그렇게 선택한 사건들을 줄거리로 엮은 것이다(Morgan 2000:6). 즉 이야기를 구성하는 데 열성과 우성이 나에 의해 결정된 것이다. 어느 줄거리는 나의 의지를 뚫고 나와 세상에서 빛을 보게 된 것이고, 다른 것들은 열성으로 잠재해 있는 것이다. 열성과 우성의 분기점은 내가 줄거리를 엮으면서 그 사건들에 대한 나의 이해와 해석이 스며들 때 형성된다. 즉 나의 관점(혹은 세계관)이 이미 선행되어 있다.

마찬가지로 독자인 여러분도 나의 이야기를 읽을 때 여러분의 선경험 속에서, 그리고 이해의 틀에서 나의 이야기를 읽게 되는 것이지 온전히 객관적인 자세로 읽을 수는 없으며, 내가 의도한 대로 읽고 이해하는 것은 더더욱 아니다(Demasure 2004:191). 왜냐하면 내가 이야기를 할 때, 나는 이미 나의 세계관을 가지고 이야기를 구성했고, 나의 이야기의 청취자인 여러분은 이미 여러분의 세계관을 가지고 나의 이야기를 듣고 있기 때문이다. 간단히 말하면 서로의 다른 배경 속에서 어느 한 이야기를 하고 듣게 된다는 것이다. 어떤 독자는 나의 이야기를 읽으면서 파란만장하다고 할 것이며, 어떤 독자는 평범하게 받아들일 것이다. 혹자는 나의 이야기를 통해 도전을 받을 수도 있을 것이며, 어떤 이는 냉소적으로 평가할 수도 있다. 독자들이 어떤 이야기를 듣고, 생각하고, 받아들일 때도 우성과 열성의 이야기는 그들만의 기준에서 형성된다. 아무리 나에게는 우성의 이야기라 할지라도 독자는 열성으로 격하시킬 수도 있고, 나에게는 열성의 이야기라고 할지라도 독자는 그것을 우성으로 승격시킬 수도 있을 것이다.

이야기를 엮는 나 자신도 그렇다. 많은 사건들 중에 내가 위의 이야기로 줄거리를 구성한 출발점은 어디인가? 과거인가, 현재인가? 그리고 그 원인은 어디에서 왔는가? 그것은 지금 이야기를 하고 있는 이 순간의 나의 배경과 상황이 과거의 사건들을 이야기로 엮어 가는 출발점이자 동기를 부여한 곳이며 원인이라 할 수 있다. 나의 과거의 사건들, '이혼', '박사 과정 입문'은 과거에 있었던 사건일 뿐이며, 지금 내가 하고 있는 '이야기하기'(storytelling)의 '이야기'거리'에 불과하다. 이런 요소들은 결코 이야기하는 출발점이나 이야기를 만들게 하는 원인이나 동기를 주는 것이 아니다. 지금 이 순간의 '나'(self)는 목사이며, 상담을 공부하여 박사 학위를 가진 자이며, (나 자신이 생각하기에) 제법 아픔을 이겨내고 누군가에게 나의 경험을 나누며 뭔가 의미 있는 영향을 사회에 내놓고 싶어하는 '사람'(self)이다. 그러기에 지금 이 순간의 '나'의 상황에 맞춰 줄거리를 엮었으며, 재해석의 과정을 거치고 있는 것이다. 의심할 여지없이 나의 '이야기하기'(storytelling)는 나의 의도가 있는 행위다. 즉 이야기는 의도가 내포되어 있으며, '이야기하기'는 그 의도를 드러내는 것이다. 그러기에 이야기와 '이야기하기'는 행위이고 행동을 유발한다.

▎의도된 이야기 ▎

어느 한 이야기 속에서 사건들은 화자의 어떤 의도에 의해 줄거리로 엮어진다. 그러므로 모든 이야기는 화자가 의도를 가지고 사건을 구성한 것이라고 할 수 있다. 여기서 말하는 의도란 행동주의(behaviorism)에서 발견한 의도란 것과는 차이가 있다. Ajzen(1988)에 의하면 의도란 과거 행위의 결과나 정보에 의해 발생한 것으로서 정신적으로 계산된 어떤 행위를 말하는 것이다. 즉 행동주의자들은 의도란 행동의 결과와 그 행동이 초래할 것에 대한 주관적 믿음이나 규범에 의해 형성된다고 본다(김교헌 외: 2006:681). 간단히 말하면 주어진 조건(인과)에 대한 반응(행동주의에서 빠질 수 없는 명제: '조건과 반응' 혹은 인과의 법칙)의 일환이고, 실존주의에서처럼 개인의 정신적 과정이다.

나레티브 접근에서 보면 의도는 지금 대화하고 있는 사람에게 자신의 이야기를 이해시키거나, 설득 혹은 자기 자신을 드러내기 위한 목적이다. 그 의도는 자신의 이야기를 구성하는 한 과정(a process)이다. 그리고 그 의도는 개인의 정신적 차원에서 뿌리를 찾는 것이 아니라 사회·문화 속에서, 그리고 관계의 교류(communication in relation) 속에서 찾는다. 과거의 사건 그 자체가 바뀔 수는 없다. 그러나 그 과거가 이야기될 때는 아무리 화자가 전능한 능력이 있을지라도 일어났던 사건의 총체적인 것, 가감 없는 온전한 것을 전달하기는 불가능하다. 즉 있었던 사건은 과거에 있었으나, 그 있었던 사건을 지금 현재 이야기할 때는 어떤 형태로든지 해석과 더불어 묘사하게 된다. 그러므로 있었던 사건은 이야기된 사건과는 다르다. 왜냐하면 이야기되는 순간 있었던 사건은 화자의 의도가 첨가되기 때문이다. 그 의도는 지금 이야기하는 대화의 관계에 의해 변화될 수도 있다. 그러므로 과거 사건, 경험 자체는 바뀔 수 없지만, 현재 이야기하는 속에서 그 의미는 바뀔 수 있다. 있었던 사건과 이야기된 사건은 엄연히 다르다.

예를 들어, 나는 아버지에 대한 어떤 느낌도, 상념이나 개념의 조각조차 없다. 태어날 때부터 아버지를 보고 자라지 않아서 그런지는 모르겠지만, TV 드라마나 소설책에서 아버지에 대한 그리움을 표현하거나 하면 사실 이해가 되지 않았다. 그렇기 때문에 나는 청소년 시절을 거쳐 성인에 이르기까지 단 한 번도 아버지에 대한 그리움이나 아버지가 없었다는 혹은 없다는 사실 자체 때문에 슬퍼하거나 고통스러워해 본 기억이 없다.

그런데 그런 아버지가 그리 서럽게 다가왔을 때가 있다. 내가 결혼을 했을 때다. 아내가 나의 소위 때문에 화가 나거나 속이 상하면 하는 말이 "당신은 아버지를 경험한 적이 없어서 아버지의 역할, 남편의 역할이 뭔지 몰라요"라는 것이다. 재미난 현상은 단 한 번도 아쉬울 것도 없었던 아버지의 존재가 아내와의 부부 싸움 중에 그렇게도 서럽고 슬프게 다가왔다는 것이다.

그런데 어느 날 기도 중에 이런 마음이 들었다. '완벽하지 못한 육신의 아버지를 보고 배울 것이 아니라 온전한 분이신 하나님 아버지를 보고 배우면 되지'라는 생각이었다. 그 때부터 다시 아버지의 존재에 대한 아픔은 사라졌던 기억이 있다.

아버지가 안 계셨고, 안 계신다는 사실은 변한 것이 없다. 그러나 그

변함없는 사실이 현실에서는 세 번이나 바뀌었다.

  나의 이야기 속에는 나의 의도로 인해 이야기되지 않은 것들(나의 이야기로 선택되지 않은 열성 인자들)이 있다. 예를 들자면, 나는 아주 짧게 친척에 대해 언급했다. 많은 나의 집안 어른들만이 아니라 사촌들은 우수한 대학을 나온, 소위 학벌 좋은 가문 출신들이다. 이 사실이 내가 박사 학위를 하기 위해 학교를 선택하는 시점에서 나에게 미친 영향을 부정적인 시각으로 독자 여러분에게 말했다. 친척들과 나 사이에 얼마나 많은 다른 이야기들이 있겠는가? 그 이야기들 속에는 나에게 긍정적인 영향을 미친 것도 부지기수일 것이며, 어린 시절 나에게 알게 모르게 상처로 남은 것들도 있을 것이다. 그런데 내 자녀 교육을 위해 집안 이야기를 할 때 나는 긍정적이고 자랑스러운 부분만을 선택해서 들려주곤 한다. 왜냐하면 그 속에는 나의 교육적 '의도'가 내포되어 있기 때문이다. 바로 이것이 시간과 공간, 그리고 대상(자신 포함)에 따라 나의 과거의 사건들이 달라지는 모습이다.

  과거는 현재에 의해 의미가 부여된다. 과거가 과거 그 자체로 가치가 있는 것은 아니다. 의미가 부여될 때, 해석의 과정을 거칠 때 가치가 있다. 과거에 대한 의미 부여는 곧 미래에 대한 열정이며 방향타를 잡아가는 키를 제공하는 것이다. 다시 말하면, 과거 그 자체는 변할 수 없는 지나간 시간이라고 생각할 수 있으나, 현재 이야기의 주인공의 의도에 의해 과거의 의미와 사건들은 여러 형태로 변할 수 있고, 열성과 우성이 나눠지며, 현재라는 시공 속에 다른 모습으로 나타날 수 있고, 미래를 향한 행보라 할 수 있다. 이런 과정을 거치면서 과거는 가치 창출자로서 존재의 의미를 가진다.

  의미론(semiotics)으로 볼 때 현재가 과거로부터 오는 것이 아니라 과거가 현재로부터 오는 것이며, 현재가 미래로 나아가는 것이 아니라 미래가 현재로부터 온다고 할 수 있다(Muller 1999). 만약 나의 이혼이 '목회자로서'(1) '씻을 수 없는'(2) '오욕'(3)이며 '상처'(4)라고 한다면, 나의 과거의 한 사건이 현재에는 최소한 네 가지의 모습으로 나타나며 부정적인 것이다. 그렇다. 한때 나는 저 네 가지의 과거 속에서 허우적거리며 버둥거린 적이 있었다. 그러나 어느 시점에서 현재의 내가 변하지 않는 사건을 두고 다시 생각하기를 '아픔'이었지만 '하나님의 뜻'이 계셨다고 재해석했다. 또 다른 모습의 나의 과거가 다른 이름으로 세상에 나타난 것이며, 이것이 나의 미래에 방향성을 비춰 주고 또 활동 방향을 잡아 주게 될 것이다.

그러므로 나레티브 접근법에서는 과거를 시간적인 배열로 보지 않고 의미론(semiotics)적인 과정으로 본다. 정신 분석학의 관점에서 보면 현재를 규정하는 것은 – 비록 후기 프로이디안이라고 할지라도 – 과거다. 현대에 이들의 이론은 프로이드의 결정론과 기능주의적인 기계론을 극복하고 과거라는 실체에 좀더 유연하게 접근하여 가치 추구자로서 인간 이해를 하고 있지만, 그럼에도 불구하고 현재의 '나'에게 결정적 역할자는 시공간적 개념인 '과거'라는 인식을 가지고 있다. 그런가 하면 실존주의 관점에서는 지금의 '나'를 '자유의지'(free-will)로 본다. 인간 이해의 무게 중심을 '현재'(here and now)의 가치와 의미, 현재의 실존 그 자체에 두고 있다. 의미 치료의 주창자라고 할 수 있는 실존주의자 Frankl(1988:15)은 인간은 의미를 추구하는 존재라고 했다. 그는 아우슈비치 수용소의 엄청난 만행을 직접 경험하면서 인간이 가지고 있는 힘의 원천은 '의미'를 추구하는 데 있다고 보았으며, 그것을 그는 '의미에 대한 의지'(will to meaning)라고 표현했다(16). 그러나 그는 아쉽게도 의미 추구(search for meaning)를 정신적 차원, 그리고 개인의 의지로 국한시켜 버렸다.

그럼 의미는 어디서 발생하고, 개인의 의지는 어디서 오는가? 의미라는 실체가 있는가? 있다면 어디에 있는가? 개인의 의지란 천차만별인데, 그렇다면 개인의 의지가 약한 사람은 결국 의미를 추구하는 삶을 살 수 없는가? 여기에서 간과하는 것이 있다면 인간의 선택과 자유의지는 과거에 대한 해석과 과거를 재구성하는 의미, 그리고 미래를 바라보는 눈과 조화를 이룬다는 것을 놓치고 있다는 점이다.

예를 들자면, 어떤 사람이 자살을 했다면 정신 분석학자들은 그 사람의 과거에 욕구 문제, 초기 대상과의 관계성 혹은 사회적 관계성에서 오는 힘의 논리 등에서부터 자살 충동의 문제를 찾아 나설 것이다. 즉 과거로부터 문제를 풀어 간다. 그런가 하면 실존적 접근에서는 실존적 공허나 실존적 무의미에서 온다고 생각한다. 현재의 실존, 의미적 자아와의 충돌로 인한 인생의 합목적적 의미의 상실로 받아들일 것이다. 위의 두 관점은 결국 개인의 문제로 자살을 치부한다. 반면에 나레티브 접근법에서는 자살의 문제를 그 사람의 현재 이야기가 미래의 대안 이야기를 찾지 못하는 데서 발생한다고 볼 수 있다. 그 미래 이야기를 구성하는 것은 현재의 이야기에 대한 해석, 그리고 과거의 이야기를 재해석하면서 미래의 대안 이야기를 찾지 못하고, 과거에 가지고 있던 자신만의 노하우와 강점들을 발견하지 못하기 때문에 일어난다고 생각한다. 또한 사회적 타살로 보기도 한다. 모든 자살을 사회적 타살로 해석하지는 않을지라도 개인의 자살에는 필히 공동체적인 문제가 개입되어 있는 경우가 많다. 자살의 문제를 다룰 때, 나레티브 관점은 실존주의의 현재의 시공을 중요시하면서도 정신 분석에서 말하는 과거를 간과하지 않는다.

그렇지만 실존주의와는 다르게 의미를 개인의 정신적 차원으로 보지 않으며, 정신 분석학에서 생각하는 과거 그 자체(the past as it is)는 그리 중요하게 생각하지 않는다. 해석과 재해석의 과거가 중요한 변수로 작용하기 때문이며, 공동체의 대처와 공동체의 관심도 중요하기 때문이다.

공동체를 위해

나의 이야기를 독자들과 나누기 시작한 이 시점부터 나의 이야기는 개인사(a personal history)가 아니라 이미 사회화된 것이며, 공동체화된 것이다. 아무리 나의 이야기가 개인 중심적이고 극히 주관적인 해석이 담긴 이야기라 할지라도 나의 이야기가 이야기되고 난 후에는 나의 의도와는 상관없이 듣는 청중 누군가에게는 영향을 미친다(Gerkin 1997: 12). 누군가는 나의 이야기를 통해 도전을 받고 힘을 얻을 것이다. 또한 누군가는 비판을 하며 새로운 관점을 제시할 것이다. 독자들의 반응이 긍정적이든 부정적이든, 관심을 표현하든 그렇지 않든 간에 나의 이야기는 이미 시공을 떠돌며 또 다른 것들과 어우러져 새로운 이야기를 만들어 갈 것이다.

Muller는 자신의 강의집에서 이런 예를 들려주었다. 서슬 시퍼런 인종 차별이 남아공에서 판을 칠 때 어떤 흑인과 백인 남녀 청춘이 사랑을 하게 되었다. 그러나 서로의 피부색과 배경 때문에 집안의 극심한 반대에 부딪히게 되었다. 여자는 전형적인 남아공 백인 중산층 가정 출신이었으며, 남자는 가난에 찌든 흑인이었다. 흑인 남자의 어머니는 프랑스 백인과 흑인 사이에서 태어난 혼혈아였다. Muller는 이들의 이야기를 어느 세미나에서 들려주고 그 이야기를 가지고 그룹 토의를 했다. 그룹 참여자들은 모두 백인임에도 불구하고 자연스럽게 인종 차별의 비인간성을 성토했다. 그리고 인종 차별에 대한 자신들의 경험도 나누었으며, 나아가서 그 남녀 청춘에게 용기를 주는 편지까지 쓰게 되었다 한다. 나의 이야기를 내가 용기 있게 누군가와 나누었을 때 그 상대가 다시 한번 자신의 가정을 돌아보고 용기를 얻어 다시 가정을 세우기 위해 노력하려는 모습을 나는 상담을 할 때 종종 보게 된다. 또한 나의 이야기를 통해 자신도 다른 사람들의 가정을 위해 헌신하겠노라고 결단하는 사람들도 만나게 되었다.

이 모두가 바로 한 개인의 이야기가 사회화 과정을 거치며 공동체의 문제화됨을 볼 수 있는 예이다. 이것을 나레티브 상담에서는 관심의 공동체(community of concern)(White:1995:352) 혹은 돌봄의 공동체(community of care)라고 한다. 이러한 이야기 나눔은 나레티브 상담에서 매우 중요한 요소이고 원리이자 자세다. 이런 과정을 통해 나레티브 접근법은 상담가 자신의 이야기든 내담자의 대안 이야기든 간에 공동체를 위해 나누는 것이다. 이것이 공동체를 위해 새로운 이야기를 퍼뜨리는 것이다(spreading the news)(Freedman & Combs 1996:65). 이러한 새로운 이야기 퍼뜨리기를 통해 우리는 함께 희망을 일궈 가는 것이다. 나레티브 상담가들은 희망이란 공동체 안에서 창조된다고 믿고 있다(Weingarten 2000). 이러한 '새로운 이야기 퍼뜨리기'는 (앞으로 다시 논의하겠지만) 공동체를 위해 나눈다는 것은 곧 개인의 대안 이야기를 강화시키는 요소이기도 하다.

| 상담적 측면에서 |

　나레티브 상담에서는 상담가와 내담자를 이야기 공동체로 본다. 내담자를 이야기하는 자(story teller), 상담가를 이야기를 듣는 자(story listener) 그리고 이 둘을 이야기를 만드는 자(story maker)(Cattanach 1997:3)라고 한다. 상담은 대화다. 그러나 서로 상대와 정보를 주고받는 대화가 아니라 이야기를 만들어 가는 대화다. 상담가와 내담자가 대화를 시작하는 순간부터 의미 만들기는 시작되는 것이다(Vay 2002:38, Wood 1991:4).

　상담을 할 때 상담가의 이야기를 내담자와 나누는 것은 그 자체가 상담가뿐만 아니라 내담자의 미래 이야기를 가꾸고 발전시키는 하나의 밑거름이 된다. 이 과정 속에서 우리는 서로에게 배우고, 서로를 격려하며, 서로의 이야기를 발전시켜 나아가게 된다. 이런 과정을 통해 개인의 이야기가 우리의 이야기가 되고, 우리의 이야기가 미래를 여는 밑거름이 된다.

　상담가인 나의 이야기를 나눈다는 의미는 상담 과정 중 상호간에 신뢰 관계를 구축하는 것이며, 그 관계 속에서 공동체적이고 상호 보완적인 주체적 관계가 형성될 수 있다(Cattanach 2002:218). 상담가는 일방적으로 내담자의 이야기를 듣는 것만이 아니라 상담 과정 속에서 주체적인 자세로 자신의 이야기를 나눔으로써 내담자의 문제를 개인적인 것으로 사장시키는 것이 아니라 공동체의 문제, 그리고 공동체를 위한 지혜로 승화시킬 수 있게 된다. 그래서 나레티브 상담을 참여 상담(participatory)(Kotze et al. 2002:149)이라고도 하고 협력 상담(collaborative)(Clandinin & Connelly 1991:265)이라고도 할 수 있다.

그뿐 아니라 상담가의 이야기 나눔은 상담가와 내담자의 벽을 허무는 데 있어서도 기회를 제공한다. 상담가의 이야기를 나누는 것은 내담자에게 동질감과 동류의식을 느끼게 하며 편안함을 제공하여 수치심을 줄여 주는 역할을 기대할 수 있다. 나레티브 상담가인 로버트(Roberts 1994:84)는 상담가가 자신의 이야기를 나눔으로써 내담자와 상담가 사이의 갭을 줄이는 것만이 아니라 서로 협력적인 관계 구축이 용이해질 수 있다고 자신의 경험을 이야기한다.

상담가의 이야기 나눔은 또한 내담자의 '이야기하기'에 윤활유가 되기도 한다. 상담을 하다 보면 종종 내담자의 이야기가 어디에서부터인가 막혀서 더 이상 뚫고 나가지 못하는 경우를 보게 된다. 혹은 내담자가 어디에서부터 이야기를 시작할지 모를 때도 있다.

특히 아픔이 더하면 더할수록 혹은 어떤 부분은 자신의 치부로 여기며 더 이상 말하고 싶어하지 않을 때, 그리고 갈등의 구조가 깊어졌을 때 이러한 현상은 더욱 두드러진다. 이런 시점에서 상담가 자신의 이야기를 나누는 것은 마치 물이 흐르다 웅덩이를 만나 맴돌고 있을 때 물꼬를 터 주는 것과 같은 역할을 하게 된다. 이럴 때 종종 내담자들은 고백하기를, 상담 과정 중 자신들이 상담가에게 더욱 진지하고 솔직하게 다가가게 된다고 한다.

나는 이혼을 고민하는 내담자 한 명을 사이버에서 만난 적이 있다. 그런데 횟수가 거듭되어도(약 10회 가까이) 계속 대화가 겉도는 느낌을 받았다. 그리고 심지어 내담자는 죽고 싶다는 표현까지 여러 번 했다. 그러던 어느 날 나는 나의 이야기를 들려주었다. 나의 이야기는 내담자가 그날 내 사이트에 올린 이야기와는 동떨어진 이야기다. 그럼에도 불구하고 내담자의 이야기는 그 이후 여러 갈래의 물꼬를 터 가면서 이야기가 흐르는 경험을 했다. 이처럼 상담 과정은 서로 상호간에 대화가 이루어지는 것이어야 한다. 단지 내담자 자신만 이야기를 하다 보면 자신의 이야기가 소용돌이에 휘말려 있음에도 불구하고 그 상황을 인식하지 못하거나, 빠져 나올 기력을 잃어버릴 때가 종종 있다. 그럴 때 상담가의 이야기는 좋은 윤활유가 될 수도 있다.

이야기는 전이(transference)의 성질을 가지고 있다. 정신 분석적 입장에서 보면 전이란 내담자의 인생 초기에 자신의 초기 대상과 의미 형성이 무의식 속에 잠재해 있다가 상담가에게 자신도 모르게 표출하게 되는 것을 말한다. 그러나 나레티브에서 말하는 전이는 그런 개인화, 그리고 무의식의 상태를 말하는 것이 아니다. 이야기의 전이란 위에서도 말했듯이 이야기의 사회화 과정이라고 했다. 마찬가지로 상담가의 경험 나누기는 내담자의 이야기에 전이 현상을 일으키기도 한다. 내담자 이야기의 물꼬를 터 주는 것만이 아니라 새로운 관점을 가지도록 하는 역할도 기대해 볼 수 있고 새로운 의미를 함께 만들어 갈 수도 있다. 이런 성향 때문에 나레티브 상담을 '함께 창조하는'(co-creating) 혹은 의미를 '함께 구축해 가는'(co-construction) (Dallos 1997:142) 상담이라고도 한다.

나의 이야기 나눔은 전이를 목적으로 하고 있다. 나레티브 상담가가 상담 과정에서 상담가 개인의 이야기를 허용하고 나누는 데 주저하지 않는다고 해서 어찌 나의 수치스런 이야기를 드러내고 싶겠는가? 그러나 그것은 절대 나의 수치를 드러내고자 하는 것이 아니고, 그렇다고 나를 자랑하고자 함은 더더욱 아니다. 지금 이 순간 나의 이야기를 읽는 독자는 내 의도와는 상관없이 나의 이야기를 접하고 있을 것이다. 무엇인가는 영향을 받았을 것이며, 무엇인가는 취했을 것이며, 또 무엇인가에는 거부 반응을 일으킬 수도 있다. 어떤 경우라 할지라도 분명한 것은, 나의 이야기 나눔으로 해서 나의 이야기는 나의 부속물이 아니라 공동체화되었다는 것이고 시공을 떠돌며 전이 현상을 일으키리라는 것이다. 그 속에서 내가 경험하지 못한 다른 의미들이 창조될 수도 있다. 나는 나의 이야기를 통해 독자 여러분이 최소한 자신들의 이야기에 귀를 기울이고, 특히 상담가 지망생이라면 자신의 이야기를 나누는 일에 주저하지 않기를 바란다.

나레티브란?

| 언어적(linguistical) 의미 |

나레티브 상담 학자들 중 혹자는 영어의 나레티브(narrative)라는 용어와 스토리(story)라는 용어의 뜻과 의미 그리고 쓰임새를 구분짓는다. 그러나 한국어 그 자체로 보면 두 단어 모두 이야기로 번역될 수 있다. 간략하게 말하면 스토리는 줄거리를 통해 어떤 사건에 대해 묘사한 것이며, 일정한 구조를 가지고 있다(Brooks 1984:52). 그리고 나레티브란 좀더 광범위한 개념으로 경험된 것을 이해하기 위한 시스템과 사건에 대한 관점, 즉 세계관이 배여 있는 것이라고 설명할 수 있다(Freedman, Epston,& Lobovits: 1997:72). 그러나 어떤 사건을 묘사할 때도 이미 나의 관점이 들어가는 것이고, 줄거리를 구성하는 데 있어서도 나의 선택이 이미 선행되어 있으며, 화자가 이야기를 할 때는 이미 자신만의 이야기 구조를 가지고 이야기하게 된다. 그러므로 나는 굳이 나레티브와 스토리의 개념을 구분할 필요는 없다고 생각한다. 그러므로 나는 이 책에서 나레티브란 용어와 이야기란 단어를 구분하지 않고 쓸 것이다.

전문 용어를 너무 무시해서도 안 될 것이지만, 그렇다고 용어에 너무 매여서 실천적 본질이 흐려지지도 않기를 바란다. 그러나 또한 용어 사용에 있어서 사회·문화적으로 퍼져 있는 느낌이나 감성을 무시하게 되면 그 용어가 내포하고 있는 참 의미가 오해 받을 소지가 있으니 그 또한 주의해야 할 것이다.

한 가지 예를 들어 보자. '설화'라는 단어와 어떤 특정 문화 간의 관계를 보자. 뜻 그 자체로 보면 혀로 말하는 이야기다. 즉 '구전' 혹은 '이야기'로 이해할 수 있다. 그런데 어떤 신앙 단체에서 진리라고 믿고 있는 것을 설화라고 하면 거부 반응을 일으키는 반면, 자신들의 신의 '이야기'라고 하면 큰 거부 반응을 일으키지 않는 것을 볼 수 있다. 두 단어 모두 뜻에 있어서는 별 차이가 없다. 그러나 그 뜻을 전달할 때는 무리가 따른다. 왜냐하면 그 뜻과 밀접한 연관이 있는 개인이나 그룹의 정서 그리고 사회·문화적으로 내포하고 있는 느낌이나 정서가 다르기 때문이다. 설화라고 하면 뭔가 꾸며진 이야기인 것 같은 인상을 지울 수 없는 반면, 이야기라고 하면 어떤 객관적 사실을 포함해서(주관적 사실이 포함되었다고 느낄지라도) 정보와 사건, 그리고 경험을 묘사한다고 사람들은 생각하는 경향이 있다. 나레티브란 단어는 이런 모든 것을 담고 있다고 나는 생각한다. 거기에는 상상된(꾸며진) 이야기, 해석된 이야기, 객관적 사실을 나열한 이야기, 과학적 절차를 밟은 이야기 등이 포함되어 있다. 그리고 이 책에서 나의 목적은 용어에 대해 논하고자 하는 것이 아니니 오해가 없기를 바란다.

철학적(philosophical) 의미

나레티브란 세계관이다. 예를 들어, 관념주의는 관념을 통해 세계를 인식하고 방법론을 제시하며, 이와는 정반대로 유물론자들은 세계의 기초를 물질에 두고 세계를 해석하며 인식하듯이, 나레티브 접근법은 이야기를 중심축으로 세계 인식과 존재, 그리고 방법론에 접근한다. 관념주의 세계관은 관념으로부터, 유물론은 물질로부터, 나레티브 접근법은 이야기가 인식의 출발점이다. 어떤 사회나 개인의 이야기는 그 사람들의 세계관이라고 할 수 있다(Morgan 2000:5). 그러므로 이야기는 개인이나 사회, 진리의 문제, 현실에 대한 인식, 인간의 정체성 등의 명제를 어떻게 이해할 것인가에 대한 인식론(epistemology)의 틀(paradigm)이며, 이 세계관이 명제들(문제들)에 접근하는 방법론과 행동 양식을 결정짓게 된다(Bruner 1986:69). 그러므로 나레티브 상담은 여타 상담 이론이 그러하듯 자신의 세계관에 대한 틀(paradigm)을 가지고 있다. 나레티브 인식론은 이야기의 성격상 모던이즘을 기반으로 한 인식론들과는 거리를 두는 반면, 포스트 모던이즘과는 철학적 궤를 같이한다. 특히 해석학적 관점에서 사회 구성주의(social constructionism)의 영향을 많이 받고 있다.

모든 상담 이론들은 인간과 그들이 몸담고 있는 세계의 문제들을 다루게 된다. 그러므로 모든 이론들은 그들만의 세계관을 가지고 있다. 그런데 내가 대학에서 강의를 하면서 느낀 안타까운 점은 상담사를 지원하는 학생들이나 연구하는 석사 이상의 과정에 있는 사람들이 자신이 선택한 상담 이론이나 기법 혹은 실제에 대해서는 상당한 수준의 지식을 가지고 있으나 아쉽게도 그와 같은 것들의 기저가 되는 철학적 틀

(paradigm)에 대해서는 관심이 없는 경우가 많다는 것이다. 그러다 보면 어떤 한 사례를 상담가가 경험했을 때 그 사례에 대한 심층적 연구와 앞으로 어떻게 발전시킬 것인지에 대한 아이디어의 궁핍을 가져올 여지가 높다. 또한 사례를 해석하고 대안을 세우는 데 있어서 어려움에 봉착하기가 쉽다. 물론 현대에는 대부분의 상담 이론들이 독자적인 이론 체계만으로 자신들의 상담 기법을 발전시키는 것은 아니다. 대상 관계에서도 나레티브 접근법을 수용하기도 하고, 행동주의는 인지주의를 병행하기도 하며, 나레티브 상담 역시 다른 여타 이론들에 도움을 받아 기법들을 창조, 발전시킨다. 그렇지만 자신들의 인간 이해나 철학적 인식론, 존재론, 방법론 없이 수용하는 것은 아니다.

예를 들어, 드라마 치유 기법을 사용한다고 하자. 그러면 게쉬탈트 이론도, 인지/행동주의도, 시스템 이론(system theory)이나 대상 관계 이론도 모두 자신들만의 노하우를 가지고 운용의 묘를 살려 드라마 치유를 할 것이다. 즉 드라마를 매개로 한다는 것은 다 같다. 그러나 그 드라마에 참여하는 사람들에 대한 인간 이해나 드라마에 대한 해석, 그리고 대안을 세우는 것은 분명 다를 것이다. 더 나아가서 사례를 연구하여 또 다른 어떤 수확물을 찾을 경우에는 엄청난 차이를 가져올 수도 있다. 그럴 수밖에 없는 원인은 인식적 세계관과, 사례에서 야기된 행동 양식에 대한 이해 그리고 해석적 틀이 다르기 때문이다. 이러한 다름은 곧 방법론(methodology)에 영향을 미칠 것이다. 예를 들어, 어떤 세계관이 객관만이 존재한다고 가정하면, 주관을 주장하는 세계관은 기법은 동일한 것을 사용할 수도 있지만 행동 양식에 대한 접근과 해석은 달라질 것이다.

세계관이란 철학이다. 철학의 중요한 명제는 진리(truth)와 실체

(reality)에 대한 인식이다. 주지하다시피 포스트 모던이즘은 '진리들'(truths)과 '실체들'(realities)은 다면적이고, 유동적이며, 다양하다고 주장한다(Denzin and Lincoln 2000:150). 이야기를 통해 진리와 실체를 말할 수 있다. 개인의 이야기든, 가족의 이야기든, 공동체의 이야기나 역사적 이야기, 혹은 과학 이야기든, 어떤 이야기라 할지라도 그들 나름의 진리와 실체에 대한 이야기를 내포하고 전수할 수 있다. 그렇기 때문에 나레티브 접근에서도 고정된 진리와 실체(fixed truth)를 주장하지 않는다. 왜냐하면 이야기는 이미 화자의 해석이 담겨 있기 때문에 주관적인 성향이 강하고, 역사적이며, 상황과 조건에 맞게 구성되었고, 더욱이 이야기는 발전하기 때문에 그 속에 담겨 있는 진리와 실체 문제도 유동적이라고 나레티브 접근에서는 생각하기 때문이다(Linstead 2004: 24).

세계관에 있어서 나레티브 접근은 또한 사회 구성주의자들의 도움을 받아 그 진리와 실체들은 사회화 과정을 거치면서 만들어진 것이며, 사회·문화적 영향 속에서 성장하고 유지된다고 생각하고 있다(Gergen 2001:11). 그렇기 때문에 진리와 실체는 구체적 배경(a specific context)을 가지고 있고, 구체적으로 존재하는 분명한 공동체(a particular community)가 생각하고 있는 진리이자 실체다(Grenz 1996:43). 나레티브 접근법 또한 이들의 생각과 일맥을 같이한다. 이야기 역시 보편적 이야기가 특수적이고 지역적이며 국지적인 이야기들(local stories)로 전승되고 분화되는 것이 아니라, 지역적이고 구체적인 공동체의 이야기가 다른 이야기들과 만나면서 또 다른 혹은 유사한 형태의 이야기들로 발전하게 된다. 그러므로 지역적이고 구체적인 이야기 속에 있던 진리와 실체도 다른 진리와 실체를 만나면서 새로운 혹은 유사한, 아니면 전혀 다른 진리와 실체를 만들 수도 있다.

그러므로 나레티브 접근법은 '진리'와 '실체'가 보편적이기보다는 구체적이고 특수적인 것으로, 객관화될 수 있다는 전제보다는 주관적인 것이라는 전제를 가지고 있다. 그리고 모던이스트(modernist)들이 주장하는 오리지널 논쟁에 대해서 나레티브 접근법에서는 오리지널이 있었다는 주장을 거부하지도 않고 부정하지도 않는다. 그러나 최소한 '지금 이 세상'에는 존재하지 않거나 증명 불가능하다고 믿고 있다. 다만 우리가 말할 수 있는 것은 "오리지널이 있었다"는 그 '이야기'에 대해 귀를 기울인다. 혹은 누군가가 "나는 오리지널을 믿는다"라고 주장한다면, 우리는 오리지널이 있다고 하는 이야기를 접하게 된다. 그리고 누군가는 이와 같은 믿음의 이야기에 동조하여 함께 그 이야기를 따르던가 아니면 웃어 넘기며 부정할 것이다. 다시 말하자면, '이야기 속에' 오리지널의 존재에 대한 믿음도 부정도 포함되어 있다는 것이다. 즉 인간은 '이야기'라는 매개체를 통해서만 진리의 실체를 접할 수 있다.

오리지널 논쟁에 또 한 가지 중요한 사조가 있다. 바로 Postfoundationalism이다. 이 철학적 틀(paradigm)은 진리와 실체 문제, 그리고 오리지널 문제에 있어 모던이즘이나 포스트 모던이즘보다 한층 유연한 입장을 취하고 실천한다. 이들의 입장은 자신들의 해석된 경험(interpreted experience)에서 형성된 자신들의 신념, 방법, 체계들과 다른 사회·문화적 네트워크들 사이에서 균형을 찾으려는 시도라고 한다(Huyssteen 2006:22, Muller 2006:6). 이들은 다른 학문들과의 대화를 중요시한다. 이들은 모던이스트들과 포스트 모던이스트들이 다른 학문이나 신념들에 대해 취하는 자세나 입장에 대해 단호히 반대한다(Muller 2005). 이들은 자신들의 근원적인 신념(예를 들어, 근원적 오리지널 문제)을 가지고 있지만, 그 역시 자신들의 지역적 세계 속에서 체계화된 것이기 때문에 다른 여타의 것들과 대화하고 도움을 받아 실천적 지혜(praxis)를 이끌어 내려고 노력한다. III장에서 더욱 깊이 논의하겠지만, 이들의 노력은 나레티브 접근법과 뗄 수 없는 관계를 가지고 있다. 한 가지 덧붙일 것은 어떤 패러다임에 기초한 것일지라도 그러한 진리와 실체들은 이야기에 의해 전승되고 구성되는 과정을 거치면서 '의미'(meaning)와 '힘'(power)(Freedman & Combs 2002:141)을 얻게 된다고 생각하고 있다. 이런 과정을 거치면서 이야기는 거대한 이야기(Meta-narrative)로 사회·문화에 스며들고, 그 사회를 지지하는 기초로 자리 잡고, 사회·문화를 전승하게 된다. 그리고 개인의 삶에 내재화된다.

사회·문화적(social-constructional) 의미

이야기는 의미이고 힘이다. 어떤 사회·문화의 이야기이든, 개인의 이야기이든 그 이야기 속에는 그들만이 가지고 있는 가치나 삶의 방향, 신념이나 의미들이 내포되어 있다. 이러한 것을 현대에는 문화의 범주에 포함시킨다. 즉 이야기는 그 이야기를 전승해 온 공동체나 개인 혹은 가족의 문화를 대변한다고 해도 과언이 아니다. 이야기 속에는 해석된 과거의 사건들과 현재의 자아(self)와 삶의 양식, 그리고 미래에 대한 열망이 내포되어 있다. 그래서 이야기는 활동 양식이고, 어떤 행동에 대해 이해하는 열쇠이며, 더 나아가서 미래의 방향성을 제공하기도 한다. 그렇기 때문에 이 이야기를 누가 만들고 누가 지배하느냐에 따라 의미가 있기도 하고 없기도 하며, 누군가에게 힘을 실어 주는 이야기가 되기도 하고 힘에 지배되도록 하는 이야기가 되기도 한다. 즉 이야기에 의해 그 사회에 소외 계층과 지배 계층이 분화되기도 한다.

그렇기 때문에 사회 구성과 행동 양식에 영향을 주는 이야기에는 앞에서도 말했듯이 열성과 우성이 존재한다. 아동 발달 심리학에서는 유아들의 성격(characteristics)에도 열성과 우성이 있다고 주장한다. 아이들의 행동 양식에 지배적으로 표출되고 이용되는 성격이 우성이요, 그렇지 않고 내재화되어 있고 행동으로 나타나지 않는 것이 열성이라는 것이다. 그러므로 그 아이의 어떤 성질을 '지지자들'이 지지하고 억제하느냐에 따라서 우성적 성격이 극대화될 수도 있고, 열성적 성격이 사장되거나 성장할 수도 있다고 한다.

이와 비슷하게 나는 이야기에도 열성과 우성이 있다고 본다. 지금 이 순간 표출(이야기화)되고 있는 것, 그리고 우리의 삶을 지배적으로 규정해 가는 이야기가 우성이다. 반면에 아무리 나에게 도움이 되고 큰 힘이 될 수 있을지라도 우성 이야기에 가려 있다면 그것이 열성인 것이다. 만약 어떤 개인에게 문제의 이야기가 지금 이 순간의 자아를 지배하고 있는 이야기라면 그것이 우성이다. 이때 한편으로는 열성 인자의 이야기들을 배양해 내고 또 다른 한편으로는 우성을 눌러 주지 않으면 그 개인은 자신의 자산을 잃어버릴 위기에 놓일 수 있다. 유아 시기에 성격이나 습관을 행동 강화 같은 것들에 의해 교정하는 것처럼 이야기도 열성과 우성 이야기를 배양과 억제 작용을 통해 그 위치를 뒤바꿀 수 있다.

이런 열성과 우성의 이야기는 경험에 의해, 그리고 그 경험을 해석하고 적용해 본 또 다른 경험을 밑바탕으로 해서 구성되었으며, 그 경험된 경험(lived experiences)을 해석, 재해석하며 발전된 것이 해석된 경험

(interpreted experience)이다. 이런 과정을 거치면서 또 다른 이야기가 구성된다. 그리고 그 이야기들은 새로운 상황에서 현재와 미래의 행동 양식에 훌륭하게 나침반의 역할을 수행하게 된다. 그러므로 나레티브 상담은 개개인의 경험을 중심으로 발전한다.

나레티브 접근과 경험

▮ 경험이 경험다우려면 ▮

철학과 심리학에서 인간의 '경험' 그 자체에 관심을 가지게 된 것은 상담학에 매우 중요하다. 그 중 하나가 실증주의(Experimentalism)에 입각한 행동주의자들(behaviorists)의 가설과 그들의 이야기라고 할 수 있다. 물론 정신 의학자인 Sullivan도 경험을 강조했다고는 하지만 경험을 화두로 이론을 발전시킨 것은 아니다. 아무튼 실증주의자들은 경험을 외부적인 어떤 요소에 대한 개인의 반응과 행동이라고 생각했다. 이들은 경험을 실험 가능한, 그리고 자연적 현상으로서 생리적 과정으로 가정하고, 경험을 외부적(outside or out-there) 요소에서 파악함으로써 경험을 단지 조건적이고, 생리학적이며, 기계적인 것으로 치부해 버렸다 (Williams 1989). 그러나 그 후 실존주의자들(existentialists) 혹은 경험주의자들(Experientialists)의 이야기의 도움을 받아 주관적 경험(subjective experience)에 눈을 뜨게 되었으며, 일인칭적인 경험(first person experience: 실존적인 경험)을 중요시했다(Stevens 1996:149). 특히 내담자 중심(client-centred) 상담의 주창자라고 할 수 있는 Rogers에 의해 개인의 독특하고 주관적인 경험에 대한 성찰은 상담학의 전기를 가져왔다고 해도 과언이 아닐 것이다. 내담자에 대한 현상적(phenomenological) 접근이나 실존적(existential) 접근을 통해 상담은 개인이 생각하는 의미, 개인이 바라보는 세계에 대한 관점, 느낌(feelings), 신념들 그리고 양적인 통계보다도 질적인 경험이 철학, 심리학, 교육학 등등의 인문학에 중요한 화두로 떠올랐다(May 1983).

나레티브 접근에서도 경험은 중요한 의제다. 경험과 이야기의 관계는 실과 바늘의 관계와도 같다. 경험 없이 이야기가 엮어질 수 없고, 이야기로 엮어지지 않은 경험 그 자체로서는 의미가 없다(White and Epston 1990:10). 경험들이 이야기로 엮어질 때 비로소 경험은 살아 있는 실체가 되고 이름을 부여 받게 된다. 이것이 경험된 경험(experienced experience), 즉 의미 있는 경험이 된다. 우리는 흔히 "무익한 경험이었다" 혹은 "유익한 경험이었다", "쓰라린 경험이었다" 혹은 "참 가치 있는 경험이었다"라는 표현을 한다. 즉 그것은 어떤 경험이 '경험' 그 자체로 남는 것이 아니라 이름 붙여지는 순간이며 의미가 부여되는 순간이다. '쓰라린'이라는 이름, '유익'이라는 이름이 붙여진 것이다. 과거의 경험은 경험 그 자체로 남아 있다. 즉 실체가 '있었다'는 것이다. 그러나 지금 이 순간의 자리에서 그 과거를 말하게 되는 그 순간부터 경험했던 과거 그 자체의 실체는 없고 해석된 과거, 묘사된 과거(a descriptive past), 이름 붙여진 과거, 의미가 부여된 과거의 경험만이 존재한다. 앞에서도 언급했지만 이것을 나는 '있었던 사건'과 '이야기되는 사건'의 차이라고 했다.

있었던 사건이란 관계론(relational theory)의 인식론에서 언급하듯이 통과 의례를 거쳐 되어 가고(becoming), 소멸되는 것뿐 고정된 존재 그 자체(being)는 아니다. 나레티브 입장에서도 일정 부분 관계주의자들의 주장을 인정한다. 그러나 과거의 경험(실체)이 소멸된다거나 상대적인 것이라고는 말하지 않는다. 다만 있었던 그 과거의 경험이 '지금 이 순간'이란 시공을 만나면 새로운 경험, 변화 가능한 과거의 사건이 된다. 이런 현상은 특히 '정서'적 표현이 깃들 때 분명하게 설명된다.

감정(emotion)이란?

영어의 감정(emotion)이란 말은 emovere라는 라틴어가 어원이다. 그 뜻은 '동요시키다, 흔들어낸다'라고 할 수 있다. '동요'와 '흔들림'은 어떤 자극이나 상태에 대한 반응이나, 혹은 그 자극 때문에 나타나는 여러 가지 생리적 변화, 즉 혈압, 맥박수, 호흡의 변화 등과 같은 것이나 행동적 반응을 말한다고 학자들은 개념 정의를 하고 있다(정옥분 2006). 그러므로 감정이란 뭔가에 대해 그 자극을 받은 그 사람의 반응하는 상태를 나타내는 심리학적 용어라고 정리할 수 있다(김재은 1984).

18세기 후반까지, 즉 Roussean의 이성주의(rationalism)가 철학적 토대를 이루고 있을 때까지만 해도 '감정'이나 '정서'란 것은 형이하학적인 것으로서 무시되는 경향이 있었다. 그러다 보니 인간 이해의 중요한 요소 중의 하나인 정서란 것은 철학적 존재론과 인식론에서 별로 주목받지 못했다. 그러나 개인의 경험을 중시하고 행동을 중요시하는 사조, 경험주의와 행동주의 혹은 실존주의가 발달하면서 개인의 경험과 그에 따른 감정이 중요한 화두로 등장하게 되었다. 그 결과 우리는 인간의 본질적 요소 중의 하나가 정서라는 것을 알게 되었고, 그 정서는 어떤 자극에 대한 현상이라는 결론에 도달하게 되었다.

그럼 반응하는 상태가 감정인가? 그것은 분명 아니다. 반응하는 상태란 표현일 뿐이지 감정의 실체가 아니다. 여기서 한 가지 고민거리는 그럼 감정의 실체가 무엇이고, 만약 실체가 있다면 어디에서부터 오는 것이냐는 문제다. 즉 슬픔이란 실체가 있는가? 어떤 사물이나 현상, 사건 그 자체가 원초적이고 본래적으로 기쁨인 것이 있는가? 만약 있다면 어디에 있는가? 생물학적으로 내 안 어디엔가 깊숙한 곳에 자리 잡고 있다가(biological states) 어떤 상태에 처하거나 자극을 받을 때 나를 '동요'시키는 것인가? 아니면 인간 밖의 외계에 존재하는 것인가? 다시 말해서, 어떤 사건이나 현상 그 자체로 고유한 감정을 가지고 있는가?

한마디로 말하면 '아니다'. 감정이란 실체는 없다. 감정이란 우리 인간의 이해의 한 형태(a form of understanding)일 뿐이다(Rosaldo 1984: 137). 사물이나 사건 혹은 현상에 대한 우리의 '이해'는 사회·문화적인 거대한 이야기와 밀접한 관계를 가지고 어떻게 사람들이 그 이야기들을 느끼고 행동하느냐는 것이다(Dallos 1997:170). 개인의 '이해'가 자신이 경험한 사건을 슬프거나 기쁘다고 표현하게 할 뿐이다. 그렇다고 해서 인본주의나 인지주의 심리학에서 이야기하는 것처럼 개인의 이해가 전적으로 개인의 인식적 틀에서 형성되는 것은 아니다. 개인의 이해는 사회·문화적 이해로부터 온 것이다. 그러면서도 사회·문화적 이해는 또 다시 개인의 구체적 상황에서 이해된 결과물에 의해 만들어진 것이다. 곧 이해란 개인과 그 사람의 사회와 문화 그리고 그 사람의 독특한 경험 사이의 변증법적 과정 속에서 만들어진 것이다.

감정은 해석

또한 그 이해는 '언어'(linguistic)라는 도구로 표출된다. 슬픔, 기쁨, 안타까움, 고통 등은 단어들이다. 이 단어들이 사물에 대한 관점, 현상에 대한 해석, 사건에 대한 이해를 돕기 위해 접미사나 접두사의 역할을 하면서 우리의 이해를 더욱 명확하게 하는 것이다. 이제까지는 감정이란 어떤 개인(a person)의 내면(그것이 뇌에 있든, 심장에 있든, 신경계와 호르몬의 활동이든) 어딘가에 자리하면서 그 개인이 조정할 수 있고 밖으로 드러낼 수 있는 '그 어떤 것'(something)이라고 생각했다(Riikonen & Smith 1997:61). 그러나 심장은 가슴 왼쪽 위에 있고, 뇌는 단단한 뼈에 둘러싸인 것을 확인할 수 있으나, 아무리 뇌를 연구하고 호르몬 체계와 우리의 혈관을 뒤져봐도 감정이란 실체는 없다. 단지 우리는 감정들이라고 하는 슬픔, 기쁨, 유쾌, 불유쾌 등과 같은 표현들을 '행동'하고 '이야기'할 뿐이다. 이해하기 쉽게 말하면, 감정이란 어떤 사건에 대한 이해의 표현이고 행동이며, 문화적으로 연결된 언어이고, 경험한 사건에 대한 해석이다. 이러한 것들은 지금 이 순간의 자아에 대한 개념이며 현재의 행동들이다(Stevens 1996:149).

고통이란 것을 예를 들어보자. 고통이란 실체가 있는가? 없다. 단지 '고통스럽다'라는 감정적 표현일 뿐이다. '고통'이라고 하는 어떤 개체가 있는 것이 아니다. 그 자체로 세상에 존재하는 것이 아니다. 고통은 실체가 없다. 존재가 아니라 접두사나 접미사로 사용되는 언어로서 하나의 이름을 만들어 준다. '고통'이라고 표현되고 이름 지어진 것이 있을 뿐이다. 어떤 사람이 사랑하는 사람과 헤어졌다고 하자. 그럴 때 '사랑하는 사람과 헤어진' 것은 하나의 사건이다. 마치 밀러의 "만종"이란 그림이 벽에 걸린 것과 같다. 벽에 그냥 그림이 있는 것이다. 그러나 그 그림이 '좋다', '나쁘다', '의미가 있다', '없다'라는 표현은 그림 그 자체가 아니다. 그림 그 자체는 변하지 않고 그림으로 벽에 남아 있다. '좋은 그림'이라고 이름 붙여졌다고 해서 벽에 붙어 있는 그림의 실체가 변한 것은 아무것도 없다. 그러나 이름 붙여진 이후 그 그림의 새로운 실체를 부여 받는 것이다. 이름 지어지면서 밀러의 그림에 대한 가치가 창출되고, 그림의 의미가 더욱 명확해진다. 누가 밀러의 "만종"을 단돈 만 원의 값어치도 안 된다고 하겠는가? 그럼 밀러의 "만종"은 그려질 때부터, 혹은 어떤 사회에서든, 아니면 어떤 사람에게든 그 가치가 수천, 수억 원의 가치를 가지고 있었던가? 마찬가지로 사랑하는 사람과 헤어진 사건은 벽에 걸린 그림과 같다. 단순히 사건은 사건 그 자체나 다름이 없다. 그러나 그 사건이 '고통'이다, 아니다라는 것은 판단에 근거하고, 판단은 선택이며, 해석이다. 다시 말해서, 고통은 실체가 아니다. 즉 '사랑하는 사람과 헤어짐'='고통'인가? 아니다. 그 사건을 경험한 사람이 '고통'이었다고 하면 그 때부터 그 사람에게서 '사랑하는 사람과의 헤어짐'은 그 사람의 오늘의 세계 속에서 과거의 실체가 아니라 오늘의 실체로 존재하고, 그 실체의 이름은 사랑하는 사람과 헤어진 '고통스런' 사건으로 존재하는 것이다.

▎사회·문화적으로 해석된 경험 ▎

그러므로 경험이 경험다울 수 있는 것은 해석이 덧붙여질 때다. 경험은 해석되어야 한다. 아무리 특이하고 진귀한 경험, 무수한 고통과 아픔을 체험했을지라도 끊임없는 재해석을 하지 않는다면 그 많은 값진 경험들은 무가치한 것이며 결코 미래를 위한 밑거름이 되지 못한다. 반면에 단지 한 번의 고통스러운 경험일지라도 그 경험을 현재와 연결하여 해석하고 또 재해석해 나간다면 단 한 번의 경험일지라도 미래에 대한 자원으로 계속 이용, 발전될 수 있는 것이다.

인지주의(cognitive) 혹은 구성주의(constructivism)의 대표적 학자 중의 하나인 Kelly가 이러한 문제를 정확히 집었다. 행동주의(behaviorism)가 설득력 있게 설명하지 못하던 "왜 사람은 같은 조건, 같은 자극에 다른 반응을 하는가?"라는 의문에 대해 답하지 못하고 있을 때, Kelly는 이 문제를 사람의 인지적 능력과 해석적 차이에서 온다고 설명했다. 그에 의하면 사람은 자신만의 해석적 틀, 구성이 있다는 것이다. 즉 경험에 대한 자신만의 해석적 틀(personal construct)이 있다는 것이다. 자신만의 해석적 틀은 자신이 이미 알고 있는 지식이나 믿음에 근거하여 발생한다고 그는 이야기한다. 이 해석적 틀은 고정되지 않은 변화 가능한 것이기 때문에 경험에 대한 재해석이 가능하다고 이야기한다(Kendler 1987).

여기서 우리는 또다시 질문해야 하는 것이 있다. 경험을 해석 가능케 하는 개인 구성 개념이란 것은 어떻게 구성되었는가? 어떤 근거, 어떤 조건에서 구성 가능한 것인가? 단지 개인의 능력, 개인의 차이에서 가능해지는 것인가? 바로 사회적 구축(social construction[1])에 의한 것이

---

1) 구성주의를 표현하는 영어 원문 constructive와 사회 구성주의를 표현하는 construction을 구분하기 바란다. 나는 개인적으로 social constructionism을 사회 구성주의로 번역하기보다는 사회 구축주의라고 번역하고 싶지만 현재 우리나라에서는 사회 구성주의라고 표현하는 것 같다.

고, 사회의 거대 담론(meta-narrative)에 의해 개인의 구성 개념은 구축된다. 정서가 개인의 내면 어디에선가 구성되고 표출되어 나오는 것이 아니듯이 해석 역시 개인의 순수 작품이 아니다.

앞에서 예를 든 '사랑하는 사람과의 헤어짐'의 사건을 다시 보자. 사랑하는 사람과의 헤어짐은 '아픔'이라는 등식이 일반 사회 속에 널리 퍼져 있고, 우리는 의식하든 의식하지 않든 이러한 등식을 질문 없이 받아들이고 있다. 바로 우리의 해석은 사회·문화적 틀에 의해서 지대한 영향을 받고 있다는 증거다. 물론 사회·문화적 해석과 관계없이 자신만의 공간 속에서 자신만의 해석을 내릴 수도 있다. 여기까지는 구성주의론자들(constructivists)의 말이 타당하다. 그러나 우리의 삶에서 자신만의 공간, 이 세상 어디서도 찾아 볼 수 없는 자신만의 창조물인 유일무이한 해석이란 없다는 전제를 나레티브는 가지고 있다. 더욱이 또 하나의 문제는 그 사회·문화적 틀 속에서 해석을 하면 그 생각은 옳은 것으로 간주하고, 만약 다르게 생각하면 그 사람은 문제가 있거나 이상한 사람으로 치부되어 버리는 경우가 종종 있다는 것이다. 즉 우리의 경험에 대한 개인적 해석은 우리 사회·문화적인 이야기들과 해석에서 자유롭지 못할 뿐만 아니라 개인의 해석적 틀에 엄청난 영향을 미치고 있다.

오늘 버거운 짐을 지고 허덕이며 나와 이야기를 하고자 하는 많은 내담자들이 의외로 사회·문화적으로 해석된 틀 안에 갇혀 있거나 그 틀 속에서만 생각하고 행동해야 한다는 강박관념에 사로잡혀 자아를 찾지 못하고 해방을 경험하지 못하고 있다. 상담가를 지망하는 여러분과 나는 오늘도 그들을 만나야 한다. 사회·문화적인 이야기가 아니라 그들의 구체적인 콘텍스트 안에서 구축된 이야기를 들어야 한다. 이때 우리의 해석적 작업을 사회·문화적 틀에 맞추려 안간힘을 쓸 이유가 없다.

상담가들은 기억해야 한다. 나의 '인생의 동무들'(Muller 1990)만의 노하우와 강점들 그리고 해석을 귀하고 귀하게 여기며, 자신의 틀로 혹은 사회·문화적 틀 속에서 그들을 인도하려고 해서는 안 된다는 것을 말이다. Muller(2000)는 심지어 상담가로서 내담자의 이야기를 해석하려는 시도조차 하지 말아야 한다고 말한다. 단지 자신의 과제는 내담자의 이야기를 가능한 한 깊이 이해하려고 시도하는 것뿐이라고 그는 우리에게 말하고 있다.

이름 붙여진(해석된) 경험

경험에 대한 '이름 붙이기'는 해석을 통해 이루어진 것이다. 해석은 위에서도 언급했지만 경험이 이야기되면서 이루어진다. 그럴 때 경험은 해석의 과정을 거치고 의미를 부여 받는다. 의미를 부여 받는다는 것은 가치를 부여 받는다는 것이다. 경험을 이야기하는 행위 그 자체가 중요한 것은 아니다. 그러나 만약 화자가 자신의 미래를 창조하고, 발전시키며, 과거의 경험들을 의미 있게 가꿔 나가려면 그 과거의 경험들을 '이야기하고'(telling a story) 또다시 이야기해 보기(re-storing)를 반복해야 한다(White and Epston 1990:10). 그런 과정을 통해 우리는 해석, 재해석의 반복 과정을 밟을 수 있다.

해석과 재해석을 통해 경험은 되살아나서 생기를 얻는다. 그리고 해석을 통해 경험은 이름을 부여 받는다. 즉 천연 그대로의 경험(naive experience) 그 자체에는 여러 각도에서 해석될 수 있는 여지를 가지고 있다. 그렇기 때문에 사회·문화적이고, 세대적이며, 개인적인 상황에 의해 여러 가지 이름이 이미 그 속에 부여될 수 있는 공간을 가지고 있다. 아빠와 네 살배기 아들이 매운탕을 먹으면서 하는 대화다. 아버지가 매운탕 한 수저를 떠먹고 "어허, 시원하다"라고 했다. 그러자 아들은 의아스럽디는 얼굴로 아빠를 바라보았다. 김이 모락모락 나는 것이 분명 뜨거울 것 같은데 아빠는 시원하다고 하기 때문이다. 아들도 한 입을 먹자마자 기겁을 하며 물을 찾는다. 그리고 하는 말이 "아빠는 순 거짓말쟁이야. 이게 뜨겁지 어떻게 시원해?"라고 한다.

아마도 맵고 뜨거운 음식을 먹으면서 시원하다고 표현하는 문화는 우리밖에 없지 않을까? 천연 그대로의 경험(매운탕)이 보기에는 뜨거울 것 같으나, 얼마나 뜨거워야 뜨겁다고 할 수 있는 것인지, 왜 하필이면 아빠는 시원하다고 표현한 것인지는 매운탕을 먹는 그 사람의 혀의 느낌(경험된 경험)과 그 감각에 대한 표현(이해), 그리고 그 매운탕을 먹는 사람의 나이나 조건(문화와 세대)에 따라서 달라질 수 있다는 예이다.

누군가가 자신의 경험에 이름을 붙여(해석) 이야기라는 매개를 통해 경험을 세상 밖으로 내보낼 때, 그 이름은 그 경험의 주인, 즉 작명가만의 작품이고, 해석이며, 창작물이면서 또한 동시에 그 경험의 주인이 해석하고 작명할 때 자신이 속해 있는 공동체의 문화와 가치관, 신념 등을 반영한 반영물이다. '이름'(해석)이란 저 어떤 세상에서(Out there) 혹은 인간이 인식하지 못하거나 발견하지 못한 어디엔가 존재하는 것을 끌어다 쓰는 것도 아니다. 그렇다고 해서 전혀 존재하지 않는 그 어떤 것을 관념 안에서 끌어낸 창조물도 아니다. 우리 일상 속에 있는 여러 가지 사건과 이제껏 경험했던 것들이 사회·문화적인 가치들과 어우러져 이름 지어지는 것이다. 그러므로 작명에는 어떤 개인의 완전한 창조란 있을 수도 없고 불가능한 것이다.

여기서 나레티브 상담가는 중요한 질문을 상담가로서의 자신에게 해야 한다. 첫째로 나는 지금 나의 선지식을 가지고 내담자의 이야기를 듣는가? 나는 나의 이야기를 중심으로 내담자의 이야기를 인도하려고 하는가? 아니면 내담자의 이야기에 나의 이야기를 접목하면서 배우려는 자세를 가지고 있는가? 내담자의 문제 이야기(problem story)나 내담자의 해석된 이야기가 사회·문화적 영향 아래 있는가? 즉 내담자가 사회·문화적 담론에 포로가 되어 자신의 독특하고 특별한 가치가 있는 해석을 어렵게 하는 원인들이 무엇인가? 내담자의 독특한 자신만의 재해석을 위해서는 어떤 질문이 필요한가? 내담자의 재해석의 '의미'는 무엇이고 재해석된 경험이 충분한 의미를 부여 받았는가? 내담자가 이야기하고 또 이야기할 수 있는 기회를 만들어 주었는가?

나레티브 접근과 의미(Meaning)

| 의미(Meaning)의 역할 |

'의미'가 심리학의 중요한 이야기거리가 된 것은 상담학에 있어서 중요한 전기를 맞게 했다. Alport는 인생의 '의미'가 개인을 동기화시키고 통제하면서 건강한 자아를 형성해 가고 삶을 영위케 한다고 했다(Schultz and Schultz 1998). 또한 '의미' 하면 빼놓을 수 없는 사람이 바로 의미 치료(logotherapy)의 선구자 Frankl이다. 그의 인간 이해에 따르면,

그는 인간을 목적과 의미를 추구하는 실존적 존재로 본다. Frankl에 의하면, 인간은 스스로의 삶을 선택해 가는 존재라고 한다. 이 실존자는 자신에게 주어진 환경에서도 자신이 추구하는 가치나 의미를 통해 자신을 주어진 환경과 분리할 수 있는(self-detachment) 존재다. 인간 행위의 동기는 '의미'를 찾는 것에서부터 출발한다. 그러므로 그의 의미 치료는 내담자가 의미를 추구할 수 있도록 의지를 북돋아 주고 의미를 찾도록 돕는 것이다(Frankl 1988). 비록 Frankl은 '의미'의 주소를 단순히 영적 존재로서의 인간 이해에서 찾는 데 문제가 있지만, 이런 선구자들에 의해서 '의미'란 것이 세상에 화두로 떠오르게 되었고, 의미의 역할이 상담과 치유 과정에 얼마나 중요한지를 깨닫게 되었다. 그리고 상담/치유에 많은 지원을 했다.

그럼 상담/치유에서 중요한 역할을 하는 이 '의미'란 것은 어떤 존재이고, 어디에 있으며, 어디에서 오는가? 이 세상에 존재하는 그 어떤 것도 그 자체로 '의미' 있는 것은 없고 '의미'를 내재적으로 혹은 천성적으로 타고나거나 내포하고 있는 것도 없다(Morgan 2000). 존재는 존재 자체일 뿐이다. 존재가 하나의 존재의 가치를 가지는 것은 의미가 부여될 때이다. 앞에서도 논의했듯이 존재가 경험되고 경험이 이해의 과정을 거쳐서 해석될 때, 그 존재는 '의미'를 가지게 되고 가치 있는 존재가 된다(Wetherell and Maybin 1996:276). 이 말을 역으로 말하면 그렇기 때문에 이 세상의 그 어떤 것도 의미 없이 세상에 존재하는 것 역시 없다고 할 수 있다. 부여된 의미가 긍정적이든지 부정적이든지, 가치가 높고 낮음은 그 다음 문제이고, 바라보고 해석하는 사람의 문제이며, 문화적이고 사회적인 것과 관계가 있는 것이다.

어느 한 사건이나 현상을 두고 모든 사람이 똑같은 의미를 부여하지는 않는다. 예를 들어 금 한 돈에 대한 물질적 가치는 사회적으로 이미 부여되어 있고, 그 가치에 대해 우리는 서로 인정하고 묵계한다. 그런데 만약 이 한 돈의 금이 청혼을 위하여 쓰인다고 하자. 그러면 금 한 돈의 가치가 아무리 사회·문화적으로 부여되었을지라도 청혼 반지의 의미를 가질 때는 그 의미 자체도 달라질 뿐만 아니라 사람에 따라서도 달라지고, 시대와 문화에 따라서도 달라진다. 이 금 한 돈의 예와 마찬가지로 한 사건이 사람에 따라, 시대와 문화에 따라 여러 가지 의미를 가질 수 있다. 이러한 예는 곧 어떤 사건이나 현상, 경험 그 자체들이 내포하고 있는 의미란 없다는 것을 반증하는 것이다.

어떤 사건을 경험했다고 했을 때, 그것은 과거의 사건이며, 그 사건 자체는 변할 수 없다. 그러나 현재 그 사건을 이야기하는 순간에 그 사건은 '의미'에 의해 변할 수 있다. 나레티브 이론가들은 이것을 '과거의 현재성'이라고 표현한다. 즉 과거라는 시간적 공간은 현재라는 시간에는 없는 존재다. 그러나 그 소멸된 과거가 현재 이야기될 때 '의미'라는 옷을 입고 현재에 존재하게 된다(Muller 1990). 그러기에 의미 있는 과거는 현재라는 공간에만 존재한다고 볼 수 있다. 그러므로 의미는 경험을 바탕으로 구성되는 것이지 순수하게 사건 자체나 혹은 뇌파 활동의 결과물이 아니다.

| 부여된 의미의 영향 |

한마디로 말하면 의미 역시 고유한 실체가 없다. 단지 부여될 뿐이고 구축되는 것이다. 그럼 의미 부여는 어떤 경로를 통해서 이루어지는가?

'의미 부여'는 개인적 성향임과 동시에 공동체적 관계성을 띠며 사회·문화적인 틀 속에서 이루어진다(Graham 1996:29). '의미 부여'는 개인적인 사색과 고민에 의해 이루어지지만, 결코 개인의 순수한 창조나 발명이 아니라 사회·문화적으로 여러 형태의 경로를 통해 영향 받은 한 결과물이다. 또한 자신만의 '의미'이지만 사실은 다른 사람, 사물들에 대한 '반응'(response)이며, 그 반응은 그들과의 연결 고리 속에서 이루어진 '협상'(negotiation)이라고 할 수 있다(Freedman and Combs 2002: 141). 이 반응과 협상은 다시 말하면 사회적으로 동의된 '가치'와 '의미'에 부합하는 것이다. 그 가치와 의미에 부합한다는 것은 그 사회 속에 어떤 그룹에 의해 주창되고 신봉되는 것을 적극적으로든 아니면 수동적으로든 따르는 것이거나 최소한 묵인하는 것이다. 즉 그 사회의 지배 그룹이나 그들의 이론이나 이데올로기에 순응하는 것이다. 만약 '의미 부여'가 공동체에 대한 반응 그리고 협상에 대한 고려 없이 개인적 성향에만 국한되면 그 개인은 그 사람의 사회·문화 공동체로부터 '미성숙', '비정상' 혹은 '이해할 수 없는 사람'으로 취급될 것이다.

어린이 중심으로 나레티브 상담을 구사하는 실천가들의 이야기를 들어 보면 위와 같은 현상은 어린이와 어른의 세계가 충돌할 때 더욱 두드러지게 나타난다고 한다. 어린이들은 아직 사회·문화적으로 형성된 '의미'에 의해 깊이 영향을 받지 않았기 때문에 자신만의 경험 속에서 자신만의 '의미'에 더 깊이 그리고 주체적이며 실존적으로 충실하다고 한다(Cattanach 2002:3). 예를 들어, 장례식장에서 아빠를 잃은 어린 아이가 슬프고 숙연한 분위기와는 상관없이 천진하게 노는 모습을 우리는 종종 볼 수 있다. 이 아이에게 죽음의 '의미'는 어른이 경험하고 사회·문화에서 배운 죽음에 대한 '의미 부여'와 크게 다를 수도 있다. 아이들의 죽음에 대한 '반응'과 그 의미에 대한 사회·문화적 '협상'은 어른의 그것과는 다른 형태를 띠게 될 수도 있다. 사람들은 이 아이를 보면서 "아휴, 어린 것이…"(미성숙), "어휴, 답답한 것…"(이해할 수 없는)이라고 규정지어 버린다. 그리고 우리는 "쯧쯧쯧, 불쌍한(비정상) 것들"이라고 하면서 그 아이들의 정체성을 규정한다. 아이의 '의미 부여', 가치, 경험과는 상관없이 아이는 자신의 공동체에 의해 규정된다. 아이의 의지와는 전혀 상관없이 이 아이는 앞으로 '불쌍한 아이'가 되는 것이다.

다른 한편, '의미 부여'가 개인적 성향을 억누르고 공동체적이며 사회·문화적인 것에 대한 반응과 협상에 매이게 되면, 그가 가지고 있는 더 넓고 깊은 세계와 열린 가능성을 묻어 버리는 결과를 가져올 수도 있다. 경험된 사건은 현재를 살아가는 데 있어서 에너지의 원천이요 자원이다. 그러므로 끊임없이 재해석되어야 한다. 그런데 의식적이든 무의식적이든 강요된 '의미 부여'를 따르지 않으면 '미성숙', '비정상'으로 내몰릴 수 있기 때문에 개인은 사회적 합의를 따르려는 경향을 가진다. 그러나 합의된 가치관으로 자신만의 세계를 규정해 버리면 자신의 열린 가능성을 묵혀 버릴 개연성이 크다고 할 수 있다. 이런 현상은 어른들의 세계나 힘의 역학 관계가 존재하는 세계에서 특히 두드러진다. 또한 전문가 집단에 의하여 이러한 현상은 고착화되기도 한다. 상담사 역시 하나의 전문가다. 그들이 규정하는 그 어떤 것은 곧 내담자에게는 그것이 정답이라는 것처럼 들릴 수 있는 공산이 크다.

나는 예전에 재혼 가정을 리서치하면서 위와 같은 현상을 자주 목격하게 되었다. 이미 사회·문화적으로 굳어져 있는 전통적인 가족관은 '혈연'을 중심으로 한 가족이다(first married family) - 여기서 말하는 가족이란 법적인 혼인을 통한 가족을 의미한다. 이와 같은 혈연 가족 구성, 그리고 가족 상호간의 역할 규정 등이 모든 가족 형태에 기준이 되고, 다른 형태의 가족의 생활 - 예를 들어, 법적 절차 없이 동거를 통해 구성된 가족이나 재혼 가정, 혹은 동성간에 가족을 꾸린 형태 - 을 측정하는 잣대가 되는 것이 오늘날의 가정에 대한 구축된 생각이다. 이러한 전통적 가족관은 또한 사회·문화적으로도 가족에 대해 엄청나게 많은 담론을 생산해 냈다.

나의 어린 시절 이야기로 한 예를 들어보겠다. 이 이야기는 아직도 내 머리 속에서 씁쓸한 여운을 남기고 있다. 나의 어머니는 내가 어렸을 때 당신의 남편을 잃으셨다. 그런데 내가 조금만 잘못하면 늘 지겹게 따라다니는 정말 듣기 싫은 소리가 있었다. 아버지 없는 아이가 뭔가 잘못을 하면 그 아이에게 붙여지는 '애비 없는 호로 자식'이란 말이다. 이것은 다시 좀더 세련된 학문적 용어를 덮어 썼는데 그것이 바로 '결손 가정'이다. 아마도 나는 추측하건대 지금 독자들께서도 결손 가정이란 단어를 듣자마자 뭔가 자동적으로 매치되는 것이 있을 것이다. 바로 '결손 가정'='아이가 문제아가 될 여지가 많은 가정'이란 등식이다. TV에서 비행 청소년 문제를 다루는 프로그램이 있다면 당연하게 빠지지 않는 단골 단어가 바로 '결손 가정'이다.

나는 상담을 진행할 때 이런 경우를 흔히 경험한다. 예전에 어떤 네 살배기 아이가 유치원에서 여자아이를 괴롭혀서 그 유치원 선생님과 잠깐 상담을 한 경우가 있다. 그때 그 선생님이 예외 없이 짚고 넘어간 말이 "아이 부모가 모두 이혼했어요"였다. 그리고 지금은 할아버지 집에서 산다는 말을 덧붙였다. 물론 그 선생님은 나와 상담하는 동안 그래서 아이가 문제가 많다든지, 정신적 문제가 있다든지 하는 표현은 하지 않았으나, 그 선생님이 그 말을 한 이유를 금방 알아차릴 수 있었다. 그뿐인가? 거기에 더불어 결손 가정의 아이가 사회적으로 인정하는 성공을 하게 되면 어떤 속담이 떠오르는가? 바로 "개천에서 용 났다"이다. 좋은 의미에서 말을 했겠지만 그 속에는 이미 사회적 편견과 차별이 내포되었다고 해도 과언이 아니다. 이런 현상은 개인이나 가족이 성장하는 데 커다란 장애가 되고 그들에게 자신들의 가족 형태에 대해 수치심을 가지게 하기에 충분하다. 아직 우리나라 사회에 커다란 소리가 나오지 않아서 그렇지, 이런 문제들이 성전환(transgender) 가족 형태나 법적인 결혼을 하지 않은 동거 가족 형태와 같은 다양한 가족 형태가 이 사회에서 비중을 차지하게 될 때는 우리에게 많은 혼란을 가져올 것이다.

특히 종교적 가치관이 사회·문화적 가치관(물론 종교적 가치도 하나의 사회·문화적 가치이지만)에 더해졌을 때는 그 현상은 더욱 두드러진다. 예를 들자면, 종교를 가진 재혼 가정이나 동성 가족이다. 이들은 위와 같은 문제가 더 첨예하게 드러나는 경향을 보인다. 나 역시 기독교인으로서 재혼 가정이다. 나만이 아니라 많은 기독교인 재혼 가정 부부들은 자신들의 가정을 숨기고 싶어하는 경향들을 보인다. 내가 만난 어떤 전도사님은 이혼 후 신학을 하여 목사가 되기를 소망했다. 그래서 신학교를 성공적으로 졸업하고, 교회에서 봉사도 열심히 했다. 그러나 소속 교단에서 이혼 경력을 문제 삼아 목사 고시를 치를 자격을 주지 않았다고 한다. 왜냐하면 이혼은 교리에 위배되는 것이기 때문이라고 한다. 우리 사회는 사별이 원인이 된 재혼에 대해서는 관대한 반면, 이혼에 의한 재혼에 대해서는 그리 너그러운 시선을 보내지 않는다. 우리나라보다 이혼과 재혼에 대해 더 유연할 것 같은 미국의 재혼 가정의 예가 이런 현상을 더욱 명백히 드러내고 있다. 미국의 이혼에 의한 재혼 가정은 자신들의 가정이 밝혀지는 것에 대해 그 수치심이 사별자 가정보다 더 심한 모습을 보인다고 한다(Ganong & Coleman 1994:33-35). 그 이유는 그들의 사회·문화적 요소에는 자신들의 종교적 가치관이 깊게 자리하기 때문일 것이라고 한다.

그뿐 아니다. 나는 리서치를 하는 동안 재혼 가정에서 자녀 교육이나 규율 문제는 누구에게 더 큰 비중을 두어야 하는지, 가정 살림(경제)은 누가 주도적으로 이끌 것인지에 관한 문제들에 대해 재혼 가정은 많은 혼란을 겪고 있다는 것을 알게 되었다. 각 가정 가정의 특수 상황은 무시되고 사회적 틀 속에 갇혀 전통적인 남녀의 역할과 가정의 기능에 충실해 보려는 시도로 인해 더욱 큰 갈등을 겪고, 급기야 소진되어 가고 있음을 볼 수 있었다. 또한 재혼 가정의 많은 아이들이 생모, 생부 개념 없이 자신들의 재혼 가정을 받아들이려는 반면, 주위는 이미 그들을 어떤 한 부류로 분류해 놓고 '취급'하려는 경향을 볼 수 있었다. 재혼 가정의 엄마의 역할은 전통적으로 강요되어 오던 엄마의 역할과 다를 수 있음에도 불구하고, 두 역할을 모두 감당해 보려는 눈물겨운 시도와 또 그에 따른 좌절과 고통을 겪는 모습을 나는 수없이 나의 내담자들을 통해 경험했다. 한 여성이 재혼을 할 때는 한 여성으로서 결혼을 하는 것만이 아니라 사회적 통념에 의해 강요된 '생모의 사랑을 구사하는 엄마'로 거듭나야 한다. 사회·문화적 통념이 그러하기 때문에 남편 역시 아무 고민이나 갈등 없이 사회 통념적으로 구축되어 있는 재혼 여성이 감당해야 할 역할, 즉 '생모의 사랑을 구사하는 엄마의 자리'를 자신과 결혼한 여인에게 부과한다. 여성 역시 당연히 그래야 한다고 생각한다. 문제는 마음은 원이로되 그게 잘 되지 않으니 급기야 스스로 자신의 인간성까지 의심하고, 결국 자기 파괴 과정을 걷는 경우가 종종 있다는 것이다. 사회적 통념이 강요하는 모습은 이들에게 두 가지 짐을 부과하는 경향이 나타나기도 한다. 이것이 힘의 불균형이요, 각 가정만이 가지고 있는 에너지를 소모케 하고 열린 가능성을 닫는 역할을 하는 것이다.

| 의미에 대한 사회·문화적 영향 |

어떤 사건에 대한 '의미 부여'는 그 사건을 단순하게 '해석'하고자 하는 것만이 아니라 '이해'를 하려는 시도이며, 앞으로의 자신의 행동 양식을 위한 시금석을 만드는 것이다. 긍정적으로든 부정적으로든 해석의 시도는 과거 사건의 변화를 시도하는 동시에 현재의 자신과 현상, 그리고 미래를 위한 행위다. 이때 사회·문화적으로 '의미가 부여된' 이해와 해석들이 개인의 삶과 영역에 광범위하게 영향을 미친다. 이러한 것을 사회·문화적 담론(meta-narrative or social discourse)이라 하며 이 담론의 영향 아래 있는 이야기들, 그리고 이 담론의 영향을 벗어나지 못하고 있는 이야기들을 나레티브 상담에서는 '주입된 이야기' 혹은 '고정관념'(socially saturated stories)이라고 한다.

메타(meta)라는 말은 라틴어에서 온 것으로서 '뒤에 숨은' 혹은 '…의 기초가 되는'이라는 뜻으로 풀이될 수 있다. 즉 메타 나레티브란 우리들의 직관이나 일상 생활의 기초를 이루고 있다. 그리고 이러한 기초가 '의미 부여'라는 우리의 활동에 지대한 영향을 미치고 있다. 그러므로 나레티브 상담은 개인의 이야기를 듣고 이해하려고만 시도하는 것이 아니라, 그 개인을 둘러싸고 있는 메타 나레티브를 파헤치고 재해석을 위한 해체(deconstruction) 작업을 하는 것도 매우 중요한 과제 중의 하나다.

나레티브와 담론(Discourse)

앞서 언급했듯이 메타 나레티브는 사회·문화적 담론에 의해 둘러싸여 있다. 담론이 꼭 부정적인 것만은 아니다. 담론은 우리들의 삶 속에 녹아 있으면서 개개인의 삶을 한 방향으로 몰고 가고 범주화시키려는 부정적인 측면의 것들도 있지만, 반면에 긍정적으로 사회 구성원의 행동 양식의 좌표를 제시하기도 한다. 사회 구성원들은 사회·문화적 담론에 의해 의식적으로든 무의식적으로든 자신들의 행동 양식을 결정하고 판단의 근거로 삼기도 한다(Hall & Grieben 1992:291). 이것이 곧 담론의 사회화 과정을 거치는 것이다. 이러한 담론의 사회화 과정 속에서 어떤 담론은 소멸 혹은 소외되고(marginalized), 어떤 것들은 우월적인 지위를 확보하여 생존하고, 사람들에게 지대한 영향을 미치게 되며, 담론 자체 내에 막강한 재생산 구조를 가지게 된다.

담론은 역사적이고, 사회적이며, 교육적인 신념과 의미로 형성되었기 때문에 이것만의 독특한 구조와 범주를 가지고 있다. 그리고 어떤 주제(topic)에 대한 언어의 유희이며, 신념과 의미로 형성된 문화의 단면을 언어라는 매개체를 통해 드러낸 것이라고 할 수 있다(Scott 1990:135). 언어의 유희라는 표현이 거슬리는 측면이 없지는 않으나, 담론이 어떤 실체나 살아 있는 경험을 좌지우지할 수 없다는 것을 강조하기 위한 표현에 불과하다는 것을 염두에 두기 바란다. 그럼에도 불구하고 담론은 사회적 지위를 가지고 우리들의 삶에서 힘을 발휘할 수 있다. 왜냐하면 담론이란 － Lowe(1991:144), Talbot(1995:24)에 의하면 － '문화적 활동' (cultural activities)으로서 뭔가가 생산된 결과물로서만이 아니라 그 자체가 과정이기 때문이다. 다시 말하면, 담론이란 어느 특정한 콘텍스트 안에서 대화자들에게 '의미'를 나르는 의미 전달자 역할을 함과 동시에 그 문화에 맞는 행동 양식을 지시하는 지시자 역할을 한다.

이러한 문화적 활동으로서의 담론은 또한 직·간접적으로 대화자들의 대화를 좌지우지하는 중심적인 역할을 하거나 혹은 배경(background)이 되기도 한다(Zimmerman & Dickerson 1996:63). 이것이 담론의 또 다른 힘이다. 쉽게 말해서, 대화자들은 의식적으로든 무의식적으로든 사회에 떠도는 담론을 오랜 기간 쌓여 온 선현들의 지혜라든지, 가장 적절히 경험들을 표현해 주는 경험적 이야기로 받아들이기 때문이다. 사람들은 이런 담론을 당연한 것으로 받아들이고 살아간다. 그 결과 담론은 사람들에게 당위적 사고를 강요하여 사람들이 자주 쓰도록 하는 완곡한 표현이 있다. 바로 '반드시', '꼭', '절대로'와 같은 표현이다. 이것은 표현으로 끝나는 것이 아니라 개인의 삶에 내재화되기도 한다. 이런 단어를 통해 담론이 가르치고 선전하는 것들을 반드시 실천하고 이행해야만 한다는 어떤 압박감을 가지게 하며 개인에게 세뇌되게 한다. 이렇게 내재화된 담론은 종종 사람들에게 '의무감의 학대'(the tyranny of ought) 속에서 살도록 강요한다고 Horney는 지적했다(1987). 이것이 담론이 가지는 힘이다.

프랑스의 철학자 Foucault는 자신의 여러 저작에서 이러한 사회·문화적인 담론 속에는 '힘'의 논리와 계층 구조를 유지하려는 목적이 숨어 있기도 하다고 밝히고 있다. 이러한 힘은 항상 사회 속에 편재해 있고, 개인은 그 속에서 자유로울 수 없다는 것을 Gordon은 강하게 비판한다 (1980:141). Foucault에 따르면 힘은 지식이고, 지식은 곧 힘이다. 이 힘은 상관적(relational)인 것으로서(Townely 1994:7) 우리 일상의 대화 속에, 인간관계 속에 항상 존재하며 활동한다. 이러한 힘을 가진 담론은 어떤 특정한 집단이나 사람들이 어떤 특정한 구조를 유지하는 수단이나 교육적 목적을 가지고 생산해낸 것일 수도 있다. 비근한 예가 장자, 노자, 공자와 같은 사상가들의 고전적 동양 사상이 아니겠는가? 사회를 유지하는 통치 이념이 되고, 이데올로기가 되며, 때론 특정 집단을 지키고 확장하는 무서운 도구가 되기도 한다. 이러한 담론이 행동 양식의 표준과 규범으로 사회 속에 자리 잡게 될 때, 그와 다른 경험이나 행동 양식은 자신들만의 담론을 드러내고 형성하는 데 수동적이며 두려워할 수밖에 없다.

어렸을 때부터 들어 왔던 이야기들을 통해 효의 미덕을 배우고, 심청전이나 신데렐라, 헨델과 그레텔 혹은 콩쥐 팥쥐와 같은 동화들을 통해 우리들은 재혼 가정의 비극, 재혼으로 인해 만난 새 엄마의 비인간성을 주입받는다. TV를 통해 상품성을 극대화하기 위해 다듬고 만들어진 많은 남·여 배우들로 인해 근육질의 남성상, 상업화된 여성상이 마치 우리 공동체의 자연인이라고 착각하며 살아가는 경우가 많다. 꿈에 그리던 드라마 속의 가정 생활, 광고 선전화된 수퍼 우먼 등이 우리의 사고와 삶을 규정한다. 또한 담론은 개인의 정체성을 규정한다. 그러므로 당연히 그 정체성에서 야기되는 역할까지도 담론에 의해 규정된다. 사회생활에서 남녀의 역할, 가정에서 남녀가 할 일, 아버지와 어머니의 교육 방식의 차이 등까지 지도하는 것이 담론이다. 심지어 가정 구조의 표준을 정해 주기도 한다.

나는 재혼을 할 때 참으로 재미있는 경험을 했다. 재혼 전 나의 두 아들이 자기 사촌들에게 아빠의 재혼을 자랑했던 것이다. 그런데 나의 조카들이 깜짝 놀라서 자기 엄마(형수)에게 작은 아빠의 재혼을 적극적으로 막아야 한다며 난리법석을 부린 깜찍한 사건이 있었다. 그 이유인즉 자기들의 작은 아빠는 지금 여자에게 속고 있다는 것이었다. 내가 재혼하자마자 자기들의 사촌들(내 아들들)은 버림받고 학대당할 것이라는 두려움 때문이었다. 그때 내 조카들의 나이가 아홉 살, 여덟 살이었다. 어디서 그런 생각을 하게 되었을까? 왜 그렇게 생각했을까? 무엇이 그들을 그렇게 생각하도록 영향을 주었을까?

담론 역시 하나의 이야기이며, 그 자체로 고유한 구조를 가지고 있다(Flaskas and Humphrelys 1993:35). 나레티브 접근법 입장에서는 정신분석도, 실험 심리학도, 진화론도, 자연 과학에서 주장하는 이론들도 하나의 '설' 즉 이야기로 생각하며, 그 자체로 자신들의 이야기를 하고자 하는 그들만의 이야기 구조를 가지고 있다. 그러므로 나레티브 상담에서는 이와 같은 과학이라는 이름이 부여된 담론 역시 대화의 주요 주제이며 이들과 대화가 필요한 것이다. 나레티브 접근법은 이러한 주제들과 대화하면서 또 다른 새로운 것을 발견하고 관점을 찾아보기 위해 이러한 담론들이 의미하는 것들과 주장하는 것들을 당연하게 받아들이는 것이 아니라 해체(deconstruction) 작업을 하기도 한다. 그러나 나레티브 상담이 이 해체의 작업을 필수로 한다고 할지라도 사회·문화적 담론을 무조건 부정하거나 무시한다는 뜻은 아니다. 단지 나레티브 상담 실천에서 내담자의 이야기 속에 내재하고 퍼져 있는 담론과 대화를 시도하고 재해석하며 재구성하려는 의도이며, 내담자와 상담가가 협력하여 자신들만의 고유한 담론을 구성하고 창출하는 데도 노력을 경주하기 위함이다. 다만 이런 과정을 밟으면서 나레티브 상담가는 선험적인 지식이나 자신이 가지고 있는 과학 담론이 어떻게 내담자들의 삶에 영향을 미치고 있는지를 항싱 의식하고 있어야 한다. 또한 자신이 가지고 있는 전문가라는 타이틀로 인해 발생하는 힘의 역학 관계를 항상 의식하고 내담자가 여유 있고 자신의 이야기에 대해 자신 있게 이야기할 수 있는 공간을 창출해야 한다.

예를 들어, 상담에 임하는 여러분이 만나고 있는 내담자가 어디에선가 '우울증'(학명)이라는 진단을 받았다고 하자. 그러면 여러분은 당연히 과학에서 말하는 우울증이라는 '설', 우울증 담론에 대해 전문적 지식을 가지고 있어야 한다. 다른 한편 여러분들이 나레티브 접근으로 여러분의 내담자의 이야기를 들으려 한다면, 그의 지금의 문제(우울증)가 정신 의학적 소양이든, 인지주의적 판단이든, 어떤 과학의 이름으로 불리는 이론이 되었든지 이런 모든 것들을 하나의 '설', 즉 이야기로 보기를 나는 제안한다. 그리고 그 이야기에 덮여 있는 내담자의 열성적 이야기들을 발견하고, 그 열성적 이야기가 밖으로 나올 수 있도록 조력해야 한다. 그뿐만 아니라 전문가들이 이야기하는 우울증에 관한 이야기와 대화를 시도하고 재해석하는 작업도 병행해야 한다. 나레티브 상담가는 과학자들과 심리학자들이 우울증에 관한 과학적 발견들과 그들의 치유 처방을 무시하거나 가치가 없다고 생각하지 않는다. 그들에 의해 인간 행동에서 나타나는 문제들(소위 신경증)에 대해 인식의 지평이 넓어졌을 뿐만 아니라 문제로 인해 고통 받고 있는 많은 사람들이 도움을 받았다. 우울증이란 병명도 마찬가지다.

그러나 나레티브 접근에는 우울증이란 병명은 없다. 단지 우울한 경험만이 있을 뿐이다. 전통적인 정신 의학이나 심리학의 관점처럼 그 사람을 '우울증 환자'라고 규정하는 것은 그 사람의 개인적인 결점(client's deficits)에 초점을 맞추는 것이다(Smith & Nylund 1997:61). 즉 내담자의 삶 속에서 내담자 자신이 주체가 아니라 병명이 주체가 되게 된다. 바로 그 사람이 우울증이고, 우울증이 그 사람이다. 또한 개인의 구체적인 상황과 문화적 요소, 그리고 개인이 자신의 세계와 인간 관계를 인식하고 이해하는 과정과 서로 얽혀 있는 부분을 간과한다. 그러다 보면 그 사람이 속해 있는 사회·문화적 요소나 암암리에 흐르는 사회적 강제, 그리고 그런 것을 통해 강요된 자신의 해석적 안경(interpretive lens)에 대해서는 무관심할 경우가 종종 있다(Fee 2000:257). 다시 말해, 개인이 우울증이라고 진단을 받게 되면 자신의 모든 문제를 우울증이란 안경을 쓰고 자신과 관계된 모든 것을 해석하려는 경향을 보인다. 사회 심리학이나 교육 심리학에서는 이런 것을 흔히 '낙인 이론' 혹은 '피그말리온 효과'라고 한다. 반면에 나레티브 상담가는 상담실에서 우울증을 대상으로 만나고 있는 것이 아니라, 우울한 경험을 경험한 혹은 경험하고 있는 내담자를 만나고 있다는 것을 각인해야 한다. 즉 주체를 정확히 분류할 줄 알아야 한다. 상담가는 사람을 만나고 있고, 치유의 대상은 그 사람이 아니라 우울한 이야기의 변경이다. 즉 상담가는 내담자를 치유하는 것이 아니라 우울한 경험에 싸인 이야기를 치유하려고 하며(고민영 2003), 그 우울한 이야기를 치유하기 위해 지금 내담자와 연합을 이루고(co-construction) 있는 것이다. 그와 더불어 앞에서 언급한 것처럼 개인의 자살을 개인의 자살로만 보지 않고 공동체의 타살에 대해 고민하듯이, 상담가와 내담자는 상담 테이블에 놓여 있는 우울한 경험 이야기를 개인의 문제로만 보지 않고 공동체의 문제로 보는 것이 매우 중요하다.

이야기 분류

현대에는 상담 분야에서뿐만 아니라 많은 분야에서 학문적으로 이야기의 중요성을 인식하고 나레티브 접근법을 발전시켜 오고 있다. 학문적으로 추구하는 분야마다, 그리고 그 분야가 적용되는 실천 영역마다 이야기의 틀을 여러 가지로 세분화하는데, 나는 여기서 실제 상담을 할 때 필요한 부분을 소개하겠다. 나레티브 상담가는 내담자의 이야기를 크게 세 가지로 분류하여 상담에 적용할 수 있다고 생각한다. 이야기를 분류한다는 것은 어떤 규범(criteria)에 의해 이야기에 범주(category)를 정하려는 것이 아니다. 다만 나레티브 상담이 진행될 때 상담가가 내담자의 이야기를 이해하는 데 도움이 되고자 분류할 뿐이다. 그리고 이러한 분류는 상담을 할 때 순서적으로 이루어져야 하는 것이 아니다. 또 한 가지 지적하고 넘어가야 할 것은, 나는 이 책에 나오는 이야기에 대한 용어들을 호주의 이야기 치료의 선구자 White가 사용한 용어를 위주로 하면서 나의 은사 Muller(남아공)의 용어를 병행하고자 한다는 것이다. 이야기는 1) 문제 이야기 혹은 결핍성 이야기(problem or thin descriptive story), 2) 문제 이야기와 다른 이야기들 혹은 풍부한 이야기(thick descriptive story), 3) 대안 이야기 혹은 새로운 미래 이야기 혹은 다시 쓰는 이야기(alternative or preferred future story or reauthored story), 이렇게 세 가지로 분류할 수 있을 것이다.

결핍성 이야기(The Story of Thin Description: the Story of Thin)

결핍성 이야기는 문제가 내담자의 삶을 지배하는 이야기다. Muller(1990)는 이 이야기를 내담자의 '필요의 이야기'(the story of the need)라고 부른다. 내담자가 상담실의 문을 두드릴 때는 이유 없이 두드리는 것이 아니라 뭔가 필요하다는 뜻이 아니겠는가? 즉 내담자가 자신의 문제를 해결하고자 하는 욕구, 필요가 들어 있는 이야기다. 필요의 이야기란 자신이 지금 일상에서 문제와 싸우고 있으며, 현재 진행형의 경험을 하고 있는 이야기다. 그리고 그 경험에 자신들이 의미를 부여한 것들은 종종 문제 전체를 볼 수 있는 이야기가 아니라 아주 좁고 얕은 개울과 같은 이야기가 대부분이다. 이런 이야기는 내담자의 삶을 충분히 묘사하지 못하고 문제에 지배된 부분만 나타난 것으로 우성적 이야기다. 이것을 나레티브 상담에서는 '결핍성' 이야기 혹은 내담자가 느끼고 있는 필요의 이야기라고 한다.

이런 결핍성 이야기는 내담자 자신도 인식하지 못하는 가운데 사회·문화적으로 영향을 받은 것으로서 당연하게 받아들여야 하는 논리, 의미, 개념들로 채워진 고정 관념(taken for granted)이며, 이 고정 관념으로 묘사된 이야기가 대부분이다. 자신만의 느낌, 그리고 자신만의 특별한 의미 부여는 열성의 성향을 띠고 있고, 심지어 사장되도록 강제된 경우가 허다하다. 내담자가 이야기하고 있는 그 순간, 이러한 결핍성 이야기는 문제가 주도하는 비슷한 사건이나 상황들만 선택되고 기억되게 한다. 그렇기 때문에 이 결핍성 이야기와 대척되는 다른 이야기나 사건들은 화자에 의해 의식적이든 무의식적이든 빠지게 되고 이야기의 주 메뉴로 채택되지 않는 운명에 처하게 된다.

이야기는 화자(story teller)에 의해 선택된 것이다. 화자가 뭔가를 이야기할 때, 마치 기관단총이 동시다발적으로 한 총구에서 수백 발을 한꺼번에 쏟아내는 것처럼 한 입으로 한 번에 여러 가지 이야기를 동시에 말할 수는 없다. 어느 한 주제의 이야기를 한다고 할 때, 그때 그 순간에 선택된 사건들만 이야기할 수 있다. 그 사건들은 지금 하고자 하는 이야기와 비슷한 성향들이고, 그 이야기와 이질적인 사건들은 채택되지 않는다. 지금 하고자 하는 이야기와 이질적인 사건들은 잠시 동안 혹은 오랜 시간 기억되지 않을 운명에 처하기도 하고 영구히 제외되기도 한다. Morgan(2000:7)은 이러한 이야기의 특징을 그림으로 잘 설명하고 있다.

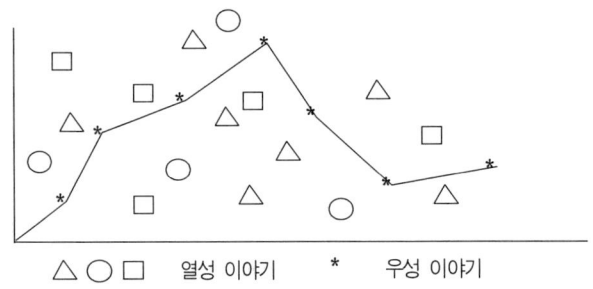

대부분 내담자가 결핍성 이야기(필요의 이야기)를 할 때는 주로 자신의 결핍성 이야기와 유사한 경험, 그리고 결핍성 이야기가 지배하고 있는 것들을 중심으로 이야기를 하게 된다. 결핍성 이야기가 내담자의 이야기들 중 강한 우성적 특성을 보이고 그 외의 다른 이야기들은 열성이 되어 있는 것이다.

이러한 결핍성 이야기의 해악은 내담자의 부정적인 정체성을 규정하여 '사실화'시켜 버리는 데 있다. 그리고 그 사실화된 자아는 다시(in turn) 부정적인 자아를 내면화시킨다. 그 내면화된 부정적 자아는 결핍성 이야기를 자신의 모든 이야기로 착각하며 살게 한다. 심지어 이 결핍성 이야기가 모든 것을 보는 안경이 되어 버리기도 하고, 다른 부정적인 것들을 끌어들여 몸집을 불린다.

이러한 결핍성 이야기는 내담자를 어떤 '증'을 앓고 있는 환자 취급을 하면서 발전하는데 내담자 속에 있는 부정적인 부분만을 골라서 드러내고, 마치 불가사리와 같이 그러한 이야기와 함께 몸집을 불려 나간다. 더욱 무서운 해악은 내담자와 그의 가족이 이러한 결핍성 이야기에 둘러싸여 있을 때, 내담자만이 아니라 그의 가족의 사고까지 고정되어 있을 수밖에 없고, 사고의 고정은 결국 그들의 행동반경을 좁히고 만다는 것이다. 사고와 행동반경의 고정은 그들만이 가지고 있는 강점들과 능력들을 점차 잃어 가고 충분히 발휘할 수 없는 지경에까지 이르게 되며, 종국에는 어떤 외부의 도움 없이는 그들 자신의 힘으로는 잃어설 수 없게 된다. 또한 충분히 내담자의 우군이 될 수 있는 주위의 사람들 – 예를 들어, 가족 – 사이를 분열시켜서 내담자를 고립되게 하는 경향이 있다.

우리 가족들은 나를 '길치'(어딘가를 찾아갈 때 길을 못 찾는 사람)라고 부른다. 그러다 보니 나의 가족들은 나를 엉뚱한 길로 가기로 유명한 '엉뚱맨'이라고 한다. 급기야 나는 아내로부터 '방향치'라는 별명을 하나 더 얻게 되었다. 그리고 어디를 찾아 갈 때는 아내뿐만이 아니라 아이들까지 늘 아빠에게 훈계(?)하기 시작했다. 결국 나는 네비게이션이라는 길 찾아 주는 기계를 하나 샀다. 나는 어디를 갈 때면 늘 이 손바닥만한 것이 지시하는 대로 따라가게 되었다. 이 조그마한 현대 과학의 산물인 기계가 없으면 어디를 갈 때 아예 차를 몰고 갈 엄두를 내지도 못한다. 또한 이 기계에 의존하여 다니다 보니 수십 번 오간 길인데도 어디에

뭐가 있는지조차 모른다. 그런데 이상한 것은 이 기계가 1미터나 2미터의 차이가 있는 길은 인식을 하지 못하고 나를 엉뚱한 곳으로 인도할 때가 있다는 것이다. 그리고 다른 하나는 새로 생긴 길은 죽었다 깨어나도 내가 업그레이드를 시켜 주지 않으면 절내로 나를 인도해 주지 못한다는 것이다. 이렇게 이 녀석 때문에 몇 번 낭패를 보고 난 후에는 아예 내가 지도를 보고 길을 익힌 후 집을 나서게 되었다. 그런데 문제는 내 가족들이다. 내가 이 네비게이션을 없애 버린 후, 가족들은 내가 길을 찾지 못하고 어디선가 미아가 되어 헤매고 있을까 봐 더욱 불안해하고 공포(?)에 떤다.

내담자에게 있어서 결핍성 이야기는 나의 '길치'의 현상과 다름이 없다. 내가 '길치'라고 판명되고 나서 그 '길치'라는 '증'은 결국 '방향치'라는 자기 아군을 끌어들여 나를 완전히 자기의 노예로 만들어 버렸고, 내 주위의 모든 사람들은 나를 '길치'에다가 '방향치'로 고정시켰다. 또한 나 역시 그렇게 믿게 되었다. 그와 같이 내담자의 고정된 이미지는 그 자신을 더욱 깊은 어떤 '증'으로 내모는 결과를 초래한다. 급기야 그것은 내 가족과 나를 분열시켰다. 그 결과 나는 과학이라고 하는 것에 의존해야 했다. 즉 과학적 처방을 받은 것이다. 네비게이션이라는 손바닥만한 기계에 나의 길을 맡겨야 했고, 그 손바닥만한 기계 없이는 나는 어떤 길도 찾아 갈 수 없는 사람이 되었다. 마찬가지로 내담자의 결핍성 이야기는 과학이라는 이름의 어떤 손바닥만한 진단과 처방약이 아니면 아무것도 할 수 없는 사람이 되도록 하고, 이런 것들에 인생을 맡겨야 하는 기구한 운명을 만들어 낼 뿐만 아니라 내담자 주위의 사람들까지 내담자에게서 멀어지게 한다.

그러나 우리의 삶이란 것이 그렇게 쉽게 예견 가능한 것만으로 짜여진 것은 아니다. 무수히 많은 예외적인 것과 일탈적인 것들이 도처에 깔려 있다. 나레티브 상담의 입장에서 보면 모든 이야기들은 무수히 많은 공간이 있다고 생각한다(White & Epston 1990:13). 왜냐하면 이야기는 언어의 사용이 필수적이기 때문이다. 그런데 내담자가 나타내고자 하는 것을 언어로 충분히 전달하기에는 한계가 있다(Graham 1996:21). 이런 무수한 공간 속에 예외적 사건들과 기대하지 않았던 이야기들이 숨어 있을 수 있다. 그런 숨은 병기들은 내담자만이 자신 속에서 꺼낼 수 있다. 전문가의 과학적 진단표에 의한 진단과 인위적인 전문가의 처방은 그러한 부분에까지 손이 미치지 못한다. 만약 이런 것들에 의존해서 내담자를 도우려고 한다면, 결과적으로 내담자는 계속적으로 상담소를 찾아가야 하고, 상담소에서 제시하는 프로그램에 자신을 맡기고, 그 속에서 심신의 해방감을 느끼게 된다. 그러나 일상에 돌아오면 다시 예전과 비슷한 문제에 봉착하게 된다. 이것을 우리는 내담자의 '회귀 현상'(relapse)이라고 한다. 이런 회귀 현상이 일어나면 또다시 상담소의 문을 두드리거나, 아니면 다른 프로그램에 참여하고 또다시 그 속에서 심신의 카타르시스를 경험하고 또 되풀이되는 현상을 반복한다. 나는 이러한 현상을 '상담 중독'이라고 표현하고 싶다. 상담실을 찾은 의외로 많은 사람들이 이와 같은 경험을 하고, 이러한 경험을 몇 번 되풀이하다 보면 자신의 결핍성 이야기가 자신의 피할 수 없는 이야기인 것처럼 믿을 뿐만 아니라 스스로 패배 의식에 사로잡혀 자신을 신뢰하지 못하는 경우도 있다.

한번은 재혼 3년차 된 한 여성이 나를 찾아왔다. 이 여성은 굉장히 낮은 자기 효능감을 가지고 있었다. 이야기를 듣다 보니 이 여성은 아이에게나 남편에게 자신이 상당히 폭력적이라고 이야기를 했다. 그리고 그 폭력성 때문에 초혼에 실패했다고 했다. 우리는 서로의 이야기를 나누면서(상담하면서) 여성의 결핍성 이야기를 '여폭'이라고 이름 지었다. 독자 여러분은 지금 이 여성이 폭력적이라고 하니 이 여성의 생김새나 행동이 어떨 것이라고 생각하는가? 그런데 우리의 상상과는 다르게 그녀는 굉장히 애교가 많고 수줍음을 많이 타는 여성이었다. 그런데 이 여성을 괴롭히는 '여폭' 때문에 이 여성의 가정사 이야기는 꼬이기 시작했다.

여성과 여폭의 이야기(결핍성 이야기)를 듣다 보니, 여폭이 이 여성의 일상에 제일 강하고 지속적이며 눈에 띄게 끼어드는 상황이 있었다. 그것은 바로 관계였다. 이 여성의 과거의 가족 관계, 처녀 시절의 관계 등이다. 여폭은 이 여성의 모든 관계에서 이유 없는 모멸감을 가지도록 선동한다. 그러면 이 여성은 자신(여폭)을 불러들이고, 자신에게 의존한다는 것이다. 그 결과물이 이혼이었고, 전 남편과의 사이에서 낳은 금쪽같은 딸은 지금도 이 여성을 만나고 싶어하지 않는다고 한다. 또한 그의 주변의 모든 가족들도 이 여성을 여폭과 동일시하는 것뿐만 아니라 모든 문제의 발단으로 여긴다는 것이다(실제로는 이 여성이 문제의 발단이 아니라 여폭이 문제의 근원이자 발단이거늘). 여폭이 승리의 쾌감을 느꼈을 만한 순간이다.

이 여성은 어느 상담 치유 센터에서 한 남성을 만났다. 그 남성도 초혼의 아픔이 있는 사람이었다. 그래서 이 남성도 치유 센터를 찾아서 심신의 평안을 얻고 있는 상태였다. 그들은 사귀는 사이가 되었고, 급기야 재혼을 하고 사랑했다. 그런데 여폭은 이 가정까지 이 여성을 따라왔다. 재혼 가정이 위기를 맞을 때, 다시 이 여성은 상담 프로그램에 참여했고, 모 상담 기관의 상담 과정을 3차 과정까지 수료했다고 한다. 나와 대화를 할 때도 상담에서 나오는 용어를 많이 사용했다. 이 여성에 의하면 상담 프로그램이나 학기 중에는 거의 구름을 밟는 듯한 생활 같은데, 시간이 지나면 자신의 과거 모습(여폭을 지칭)으로 돌아가고, 그로 인해 남편도 이제 그녀에게 지쳤다고 한다. 남편은 급기야 여성의 신앙(기독교인)까지 들먹이며 불신하기까지 했다고 한다. 그리고 자신도 자신을 포기했고, 자신은 정말로 악마의 근성이 있다고 생각했다고 한다. 이 여성의 긴 이야기를 짧게 결론만 말한다면, 나중에 자신의 주위 관계로 인해 새롭게 자신을 돌아보고 지금은 여폭을 자신의 삶에서 쫓아 버리고 평화를 만끽하고 있다는 편지를 받았다.

위의 여폭의 이야기에서처럼 상담은 자칫하면 내담자들을 중독되게 할 여지가 충분하다. 그것은 특히 감성만을 자극하는 상담 프로그램이나 인간관계 훈련에 참여했던 많은 사람들이 경험했던 문제다. 더욱이 부부 간에 문제가 있을 때, 이런 프로그램에 참여했던 커플이나 아니면 한쪽 배우자에게 이 회귀 현상이 나타날 때면 서로가 더욱 불신하고 비난하는 경우가 종종 있다. 그 결과 내담자 자신이 자신을 불신하게 되기도 하고, 자신의 문제를 내면화시켜 자신의 것으로 고착화해 버리기도 한다. 어느 약국을 가더라도 종합 감기약은 있게 마련이고, 그 약 한 봉만 먹어도 순간 거뜬함을 느낄 수 있다. 그러나 그 사람의 감기가 떨어질 수 있겠는가?

대안 이야기(Alternative Story)

나레티브 상담가는 이러한 결핍성 이야기에 항상 경계심을 가져야 한다. 의구심을 가져야 한다. 내담자의 이야기가 사회·문화적 담론에 의해 단순화되어 버린 것은 아닌가? 그 속에 힘의 역학 관계가 있는 것은 아닌가? 특히 내담자가 다른 각도에서 자신의 문제를 보고 싶어하거나, 다른 이해를 가지고 있는 것은 아닌가? 그조차 없다면 왜 그럴까? 내담자는 결핍성 이야기와는 또 다른 성질의 이야기를 가지고 있는가? 어떻게 내담자는 그러한 결핍성 이야기 속에서도 자신의 삶을 꾸려 나올 수 있었을까? 어떤 노하우들이 있는 것은 아닐까? 그 결핍성의 이야기와 관계하여 내담자가 원하는 삶은 어떤 것인가? 이런 것들을 찾아내서 이야기를 재구성하고 미래의 이야기로 발전시키는 것을 나레티브 상담에서는 또 다른 이야기 혹은 대안 이야기(alternative story)라고 한다 (White & Epston 1990:32, White 2000).

나레티브 상담이 개인주의에 입각해서 내담자의 책임성을 강조하는 내담자 중심 상담(client-centred)이나 낭만적 상상을 통해 발전적 미래를 가꿔 보려고 하는 성장 상담과는 다른 접근법이라고 말할 수 있는 이유 중의 하나가 바로 이 대안 이야기 때문이라고 해도 과언이 아닐 듯싶다. 대안 이야기의 원천, 대안 이야기를 찾고, 구성하는 방법들이 위의 방법론들과 현격한 거리가 있다.

대안 이야기는 크게 두 가지로 나눌 수 있다. 첫째로, '문제의 이야기'에 가려진 이야기의 요소들이다. 수많은 사건들과 이야기를 구성하는 요소들이 한 줄거리로 선택되면서 또 다른 많은 이야기의 요소들이 무시되거나 소외되었을 것이다. 이와 같은 다른 요소들의 발견을 나레티브 상담에서는 '독특한 수확물'(unique outcomes)이라고 한다(White & Epston 1990:41, White 2000). 이러한 요소들을 선택하여 줄거리가 구성될 때 대안 이야기로 자리매김할 수 있다. 보통은 이런 대안 이야기는 똑같은 사건이지만, 혹은 비슷한 시간과 공간대를 가지고 있지만, 어떤 요소들은 이야기의 줄거리를 만드는 데 선택되고 다른 요소들은 포함되지 않고 사장되었던 것들을 발굴하여 구성된다. 혹은 문제의 이야기와 대척되었던 이야기들이 재발견되어 기저를 이루면서 새로운 이야기로 다시 쓰는 것이라고 할 수 있다(re-authored story)(Epston & White 1994 :127).

대안 이야기의 다른 한 가지는 미래의 이야기를 의미한다. 혹은 '상상된 새로운 이야기'라고도 할 수 있고(imaginative future oriented story), 아니면 내담자가 '선호하는 미래의 이야기'(preferred future story)라고도 할 수 있다(Roberts 1994:72). 이와 같은 미래의 대안 이야기 역시 전자의 대안 이야기의 연장선상에서 추출되는 경우가 대부분이다. 대안 이야기 만들기란 내담자와는 전혀 상관없는 어떤 소설을 쓰는 것이 아니다. 내담자의 삶과 동떨어진 전혀 새로운 이야기가 아니라는 것이다. 마치 소설(fiction)이 현실을 반영하여 쓰여진 것처럼, 마치 소설이 현실을 떠나 태어날 수 없듯이, 내담자의 대안 이야기 역시 자신의 과거 혹은 현재 어디에선가 자신의 삶의 요소였던 것들 속에서 만들어진다. 그렇기 때문에 내담자가 '선호하는 미래의 이야기'는 소설 같으나 현실 속의 반영이요, 미래적 허구가 아닌 실제적 현실이며, 현재 이야기되는 미래다.

왜 우리는 대안 이야기를 찾고 창조해야 하는가? 그 이유는 대안 이야기가 우리의 삶 속에서 차지하는 역할 때문이다. 앞에서도 말했지만 이야기는 우리가 사물과 세상을 바라보는 세계관이요, 그 세계에 대처하는 행동 양식이며, 우리의 삶과 앞으로의 행동까지도 인도한다고 했다. 사람이 결핍성 이야기에 싸여 있으면 그 결핍성 이야기 형태의 행동 양식을 나타내는 경향을 보이는 경우가 많다. 만약 누군가가 '우울증'이라고 낙인찍히면 그 사람의 현재 이야기는 우울증이라는 렌즈를 통해 모든 것을 해석하고 대처하려는 경향을 보인다는 것이다.

그러나 대안 이야기는 내담자를 괴롭히는 문제의 영향권에서 자신이 자신을 한 발 떨어져서 바라볼 수 있게 하는 역할을 한다. 어떤 사람이 만약 A라는 사물을 묘사하거나 판단하고 평가하려고 한다고 하자. 그때 B나 C라는 사물이 없이 A라는 사물 그 자체만을 가지고는 A를 온전하게 묘사할 수 없고 평가하기도 어렵다. A라는 사물과 관계가 있는 다른 것들과 비교하고 대비할 때 조금이라도 A라는 것에 근접할 수 있는 것이다. 마찬가지로 내담자의 대안 이야기는 자신이 싸우고 있는 문제에 맞서 자신과 문제 간의 관계, 힘의 균형, 문제의 틈새 등을 더욱 확실하게 볼 수 있다.

더욱 중요한 것은 자신의 과거 이야기 속에 내재해 있는 강점들과 노하우들을 찾는 데 도움이 된다. 그리고 새로운 가능성들을 찾아내고 도구화한다. 대안 이야기는 내담자에게 힘의 원천이 되기도 한다. 이런 대안 이야기는 결국 내담자의 새로운 미래를 열어 가는 밑거름이 된다.

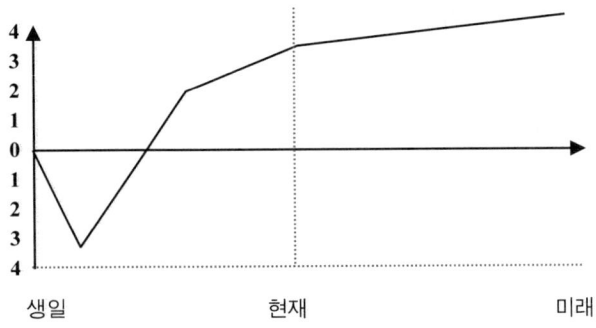

나레티브 상담은 내담자의 이야기의 흐름을 따라가는 것이 원칙이다. 그렇지만 종종 내담자가 자신의 결핍성 이야기에 눌려 있어서 자신의 이야기를 발전시키지 못하는 경우가 있다. 아무리 상담가가 여러 가지 가능성과 호기심(curiosity: 나레티브 상담가가 가져야 할 하나의 중요한 자세)을 가지고 질문을 하고 상담의 횟수가 거듭되어도 내담자의 이야기가 결핍성 이야기에서 맴도는 경우가 있다. 그럴 때, 내 경험에서 비춰 보면 내담자 이야기의 흐름을 방해하지 않는 범위 내에서 상담가는 대안 이야기부터 다시 시작해 보는 것도 좋을 성싶다. 그러면 내담자는 자신의 결핍성 이야기에서 다른 이야기로 방향 전환이 더욱 용이하게 이루어지는 경우를 나는 경험했다.

그러면 왜 내담자는 자신의 과거 이야기와 기억 속에서 자신의 강점과 노하우들을 발견하지 못했는가? 왜냐하면 이제까지는 내담자 자신이 자신의 문제의 이야기, 즉 결핍성 이야기에 묻혀 있었기 때문이다. 그러다 보니 자신을 '있었던 사건'에서만 판단하고, 평가하고, 심지어 폄하했던 것이다. '있었던 사건'은 고정된 자아만을 강요하고 고정된 상황 이해를 강요한다. 특히 결핍된 이야기는 있었던 사건, 즉 '상황'의 또 다른 모습이 꿈의 가능성을 이야기하고 있다는 것은 미처 깨닫지 못하게 한다. 이러한 고정된 자아는 사회·문화적 담론에서 양산하는 해석과 가치가 덧붙여지거나, 그 영향 아래 둘러싸여서 내담자 자신이 자신을 완전히 고정시키고 고립시키는 결과를 가져오는 경우가 허다하다.

또한 결핍성 이야기는 '기억된 사건'으로만 구성된 것으로 내담자의 행동 양식에 대한 선택의 폭이 좁아지는 결과를 가져온다. 즉 기억을 고정화시키고 행동 양식의 폭 또한 좁게 한다. 그러나 대안 이야기는 '기억할 수 있는 사건', '기억해야 할 사건' 그리고 공동체와 함께(상담가나 내담자 가족, 혹은 친구들 등) '기억을 꺼내오는' 작업을 가능케 한다(Tharp & Gallimore 1988). 내담자와 상담가 사이에 형성된 이러한 모습을 참여적 의식(participatory consciousness)이라고 한다(Heshusius 1994: 16). 이후에 다시 논의하겠지만 이렇게 내담자와 상담가가 함께 내담자의 기억을 꺼내는 작업을 하는 특성 때문에 지시적 상담이나 비지시적 상담과는 구별하여 나레티브 상담을 '참여적 상담'(participatory)(Clandinin & Connelly 1991:265)이라고도 한다.

나는 약 세 달 동안 샤메인(한국인: 가명)이란 여성으로부터 매일 편지를 받았다. 어떤 날은 두 번씩 편지가 왔다. 샤메인은 남매가 있는데 두 딸이 있는 남성과 재혼을 했다. 전 남편은 술주정꾼에 폭력도 서슴지 않았다. 샤메인의 부모님은 가난했고, 그녀는 항상 경제적인 고통을 겪어야 했다. 그런데 지금의 남편을 만나고도 그 경제적인 고통은 여전히 자신을 괴롭히고, 남편은 생활비를 전혀 주지 않아 자신이 벌어서 살림을 한다고 했다. 한 술 더 떠서 다른 아이들은 문제가 없는데 남편의 막내 딸(수잔 7살)은 아빠를 샤메인에게 뺏겼다고 생각하는 듯 항상 둘 사이를 이간질하고 거짓말을 밥 먹듯이 한다는 것이다. 그럴 때면 남편은 자신의 편을 들어주는 것이 아니라 수잔의 말을 듣고 좀더 사랑해 주고 다독여 주라고 한다는 것이다. 그뿐 아니라 수잔이 유치원에서 문제 행동을 하면 유치원 원장도 수잔에게 사랑이 부족해서 그렇다고 하며 샤메인을 다그친다고 했다. 샤메인이 아무리 잘해 보려고 해도 수잔도 남편도 변하는 기색이 전혀 없다는 것이다. 그리고 머리로는 수잔을 사랑해 줘야 한다는 것을 알면서도 수잔을 보면 미움만 싸이고, 그러다 보니 수잔을 감싸고 도는 남편도 밉다고 했다. 샤메인의 매일같이 계속되는 편지의 내용은 항상 "죽고 싶다. 답답하다. 어떻게 하면 좋은가?"

라는 내용으로 가득했다.

　나는 샤메인의 결핍성 이야기를 충분히 들었다고 생각하고 다음 과정으로 넘어가 보도록 '이름 짓기'를 해보고, 우리는 그녀만의 독특한 결과물을 찾는 데 성공했으며 그것들을 서로 나누기도 했다. 또한 그 과정에서 나의 아픈 이야기를 나누기도 했다. 그러나 조금 진척되었는가 싶으면 매번 다시 원점으로 돌아와 결핍성 이야기에서 헤어 나오지 못하는 상황에 빠지곤 했다. 상담가로서 그 때의 솔직한 심정은 나 역시 어떤 질문을 해야 샤메인의 이야기를 진행시킬지 막막하기만 하다는 것이었다. 그러다가 모든 이야기를 뒤로 하고 대안 이야기를 한 번 상상해 보고 그 대안 이야기에 이름을 지어 보도록 나는 권했다. 그리고 우리 둘은 그 대안 이야기로 지금껏 진행되었던 이야기를 비춰 보고 평가해 보기로 했다. 또한 대안 이야기가 왜 지금의 결핍성 이야기를 싫어하는지, 결핍성 이야기는 어떤 방법으로 샤메인을 조정하고 매어 놓으려는 수작을 부리는지, 누가 이런 상태를 좋아할 것인지를 우리는 탐구해 보았다. 처음에는 그 원흉을 샤메인은 수잔이라고 했다. 그러나 대안 이야기가 점점 풍부화되어 갈수록 그 원흉은 수잔이 아닌 어떤 '악마'라고 이름 지었다. 샤메인의 가정 문제의 원인이 수잔에게서 문제 그 자체로 옮겨지는 과정이었다. 지금까지 샤메인의 주적은 수잔이었는데, 이제는 수잔 역시 그녀의 동반자인 것이다. 그리고 남편과 수잔 사이에 그 악마를 떼어놓는 작업에 필요한 아이디어를 쏟아내기 시작했다. 샤메인의 사례에서 보듯이 내담자가 결핍성 이야기와 분리되지 못할 때 어떤 대안 이야기나 상상된 이야기의 도움을 받아 분리 작업이 가능케 되기도 한다.

　여기서 꼭 기억하고 넘어가야 할 것은 내담자의 대안 이야기가 영구한 해결책이라든지, 아니면 문제가 없는 이야기라고 착각해서는 안 된다는 것이다. 현재 내담자가 직면한 문제와 상이한 이야기로서 문자 그대로 대안이 되는 이야기이며, 더 낫고, 더 효과적이고, 더 창조적이고 덜 소모적인 이야기일 뿐이다. 소설에는 이야기의 끝이 있으나, 삶에서는 이야기의 끝이란 없다. 인생의 단원 단원마다 각 단원을 정리하고 넘어가는 단원의 마침은 있을지라도 완전히 마무리되는 인생의 단원은 우리가 신 앞에 서는 날 이외에는 없을 것이라는 생각을 나레티브 상담가들은 가지고 있다. 그러므로 나레티브 접근법에서는 '치유'나 '치료' 혹은 '종결'이나 '해결'이란 단어를 쓰기를 거북해 한다. 단지 새로운 가능성, 새로운 이야기를 선호할 뿐이다.

대안 이야기는 하늘에서 뚝 하고 떨어지는 것이 아니다. 대안 이야기는 마치 우리 몸 속에 병균이 침투했을 때 몸 안에 있는 백혈구가 대항균이 되어 병균과 싸우는 것과 같다. 즉 친환경적 대안을 찾는 것이라고 할 수 있다. 이런 방법을 은유적으로 표현한다면 배의 밸러스트(ballast) 효과와 같다. 밸러스트란 배가 거친 바다를 항해할 때 뒤집히는 것을 방지하기 위해 부력과 중력의 불균형을 조절하는 방법이다. 옛날에는 배 밑창에 돌을 실었다. 그러나 현대에 들어오면서 배 밑창의 U자형 탱크에 바닷물을 집어넣어 조절한단다. 돌을 싣는 것보다는 세련되고 더욱 과학적인 방법이다. 그러나 세계가 하나의 지구촌화되면서 배들이 한 나라 안에서만 움직이는 것이 아니라 이 나라 저 나라를 항해하는데 바닷물을 싣는 방법은 문제를 일으키게 된다. 바로 생태계의 혼란이다. 미국 바닷물을 한국 바다에서 중량 조절을 하면서 쏟아 부을 때, 순수 염분의 물만 쏟아지는 것이 아니라 미국 생태에 적응된 각종 생물들이 한국 토종 생물에게 위협을 주고, 한국 바다 생태계에 혼란을 가져온다고 한다. 이러한 문제의 대안이 최근에 연구되는 친환경적 밸러스트를 만드는 것이라고 한다.

나레티브 대안 이야기도 이와 같다. 세상을 떠다니는 내담자의 이야기는 그 자신과 때론 이질적이고, 때론 공동체 사회에서 균형을 맞추며 항해를 해야 한다. 여기에 필요한 내담자 이야기의 밸러스트는 상담가의 방법도 전문가들의 과학적 처방도 아닌 바로 그 자신만의 친환경적 방법으로 만들어져야 한다. 아무리 대중적이고 효과가 탁월하다고 잘 알려져 있는 대안(처방과 방법)이라고 할지라도, 그것이 보편이란 이름을 가지고 희망적이고 발전적인 모습으로 비칠지라도, 내담자에게 친환경적 대안 이야기가 될 수는 없다. 대안 이야기는 과거도 아니고 미래도 아닌 지금 이 순간 내담자 자신의 손으로 손수 만들어져야 한다. 내담자가 살아왔던 과정 속에서, 지금도 가지고 있는 인간관계 속에서 찾아지고 만들어진다. 심지어 자신이 읽었던 책들 속에 있는 주인공들과 연계해서 만들어지고 찾아질 수도 있다. 즉 자신의 어떤 삶의 영역에서든지 자신의 백혈구를 찾아내어 지금 문제라는 병균에 대해 대항마를 만드는 것이고, 벤치마킹하여 '배양' '이식'하는 것이 '대안 이야기 찾기'이며 '대안 이야기 살기'다.

이것을 위해 상담가는 참여적 상담(participatory)을 통해 내담자와 서로 미래의 이야기를 만들어 가는 것이다(storymaker). 그러므로 나레티브 상담은 극히 개인주의적이고 상담가의 참여를 극단적으로 제약하는 내담자 중심 상담(client-centred)이나 낭만적 상상을 통해 내담자를 인도해 보려고 시도하는 성장 상담과는 일정 정도 거리가 있다. 아무튼 이러한 대안 이야기는 내담자의 독특한 수확물(unique outcomes)들에 의해 기초가 이루어지고, 이 독특한 수확물이 풍부하면 풍부할수록 단단

한 대안 이야기가 구성될 수 있다.

| '독특한 수확물'(Unique Outcomes) |

대안 이야기를 어떻게 찾을 것인가? 무엇을 찾을 것인가? 어디서부터 찾을 것인가? 누구에 의해 찾을 수 있는가? 바로 내담자의 이야기가 전개되는 순간순간 그 어떤 것들, 즉 이야기 과정 중 드러나는 독특한 수확들(unique outcomes)이 있을 것이다. 이것을 White는 Goffman의 이론을 빌려서 '독특한 수확물'이라고 명명했다(White 1987, 1988, White & Epston 1990 41). 이야기 과정 중이라는 것은 내담자가 주체적으로 이야기의 화자가 되고 상담가도 내담자 이야기의 주체적인 참여자로서 부지의 자세(not-knowing position)와 관심어린 호기심(curiosity)을 가지고 '질문하기'를 통해 이루어지는 것을 말한다. 이러한 것들이 바로 내담자 이야기를 풍부화시키는 결정적인 역할을 하게 될 것이다.

이야기의 구조를 그림으로 그려 본다면 이렇게 말할 수 있다.

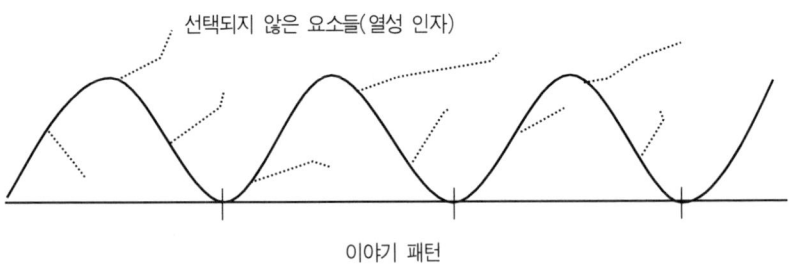

위의 그림과 같이 이야기는 한 줄거리를 가지고 진행된다. 그렇지만

그 진행되는 과정 속에서 때때로 줄거리와는 별 상관이 없을 것 같은 혹은 전혀 관계가 없는 다른 사건이나 경험들이 언급되기도 한다. 누군가 상대에게 이야기를 할 때 준비된 강의 노트나 발표물과 같은 것을 준비하지는 않는다. 그렇기 때문에 이야기는 좀더 자유롭고 유연하게 줄거리를 벗어난 사건들이 드러나기 쉬운 구조를 가지고 있다. 흔한 말로 하면 사족이 많이 붙는다는 것이다. 그런데 이러한 줄거리와 관계없을 것 같은 사족들(a fraction of experience)(Epston & White 1994:126) 속에서 내담자의 대안 이야기를 도와줄 어떤 수확물들을 만날 수 있다. 또한 내담자 자신의 대안 이야기를 만들기 위해 자신의 이야기 속에서 무엇을 숙고하고 찾아낼 수 있는지에 대한 길을 열어 주기도 한다. 이것을 독특한 수확물이라고 한다.

　내담자의 독특한 수확물은 내담자의 문제와는 대척되는 경험 이야기들(경험 그 자체가 아닌 내담자의 해석된 경험)이다. 이러한 독특한 수확물들은 예상치 못한 곳, 혹은 이야기 중에 느닷없이(pop out), 생각지도 못했던 것들이 나타나는 경우가 많다. White는 독특한 수확물을 시제적(time)으로 과거적, 현재적, 미래적 수확물로 나눈다(White & Epston 1990:56, 59, 60). 모든 시제는 과거 그 자체나 미래 그 자체가 아니라 모두 현재에 이야기되는 과거, 현재, 미래의 수확물이다. 즉 모든 수확물들의 시제는 현재를 기반으로 한다.

| 과거 이야기로부터의 독특한 수확물(Historical Unique Outcomes) |

　상담 과정 중 상담가는 내담자의 과거 이야기를 듣게 될 것이다. 그

때 상담가는 내담자의 문제가 내담자를 옭아맨 사건만 듣지 말고 내담자가 단 한 번이라도 문제를 극복했던 것이나, 그 상황을 성공적으로 컨트롤한 사건들이나 사실들, 혹은 문제와는 전혀 상관없던 일화들을 이야기해 보도록 질문하거나 상담가 자신의 경험된 이야기 등과 같은 것을 통해 도와줘야 한다. 즉 내담자가 다시 과거 사건들이나 사실들을 방문하도록 돕는 것이다.

'과거 이야기로부터'라는 표현은 과거 사건 그 자체를 의미하는 것이 아니다. 즉 독특한 수확물이 더 이상 과거의 사건 꾸러미와 그 자체에서 나오는 것이 아니다. 과거의 사건을 지금 이 순간 상담실에서 재방문해 보고, 재해석하고, 다시 이야기하면서 의식적으로 찾아내야 하는 것들이다. 그래서 '과거 이야기로부터'이다. 이제껏 잊혀졌던 것들 혹은 관심과 조명을 받지 못했던 것들, 즉 이야기되지 않았던 것들이 세상에 나오는 순간이다. 더불어서 당연시했던 해석을 넘어서서 다른 각도에서 사회 담론에 이끌린 해석이 아니라 자신만의 해석을 해보는 것이다. 이러한 독특한 수확물들은 굳이 상담가가 개입하여 대화를 이끈다든지 가르치거나 설명하지 않더라도 이야기 과정에서 공동적인 노력 속에 끊임없이 나타날 수 있다.

내담자의 과거 이야기로부터 '드러내는'(externalizing) 독특한 수확물은 과거 사건이 현재 재경험되는 것이다. 그것은 인지의 과정(cognitive process)과 인과적 결과물(cause and effect)이 아니다. 즉 독특한 수확물이 인지주의에서 말하는 인지 과정의 산물이랄지 개인적인 인지 구조의 틀에서 나오는 것이 아니라, 내담자의 경험된 것들이 현재 대화하는 중에 재경험되는 것이다. 내담자는 자신의 과거의 독특한 수확물을 통해 자신의 경험을 새롭게 재구성하고, 새로운 의미를 부여하는 작업을 할 수 있다. 또한 자신으로 하여금 자신이 경험한 것들에 대해 자신만의 독특한 설명을 하고, 새롭게 다시 해석하고, 질문할 수 있도록 가능성을 열어 준다. 이러한 과정이 내담자에게 자신의 이야기를 다시 쓸 수 있도록(re-authoring) 기회를 제공하기도 한다. 이것이 미래의 이야기를 여는 초석이다.

여기 White가 경험한 사례를 통해 과거 이야기로부터 찾아내는 독특한 수확물과 어떻게 그 과정을 진행시키는지를 경험해 보자(White & Epston 1990:57). 26세의 Katherine이 엄마와 함께 White를 찾아왔다. 그녀는 열세 살 때 허리를 크게 다쳤는데, 그 때부터 케서린은 육체적 고통도 고통이지만 정신적인 고통이 더 심했고, 특히 그녀의 대인관계에 심대한 영향을 미쳤다. 그 결과 그녀는 우울증과 편집적 증상까지 겪고 있었다고 한다.

그녀와의 상담 초기에 White는 케서린과 그녀의 엄마에게 자신들에게 다가온 고통이 어떻게 자신들의 인간관계와 삶에 영향을 미치고 역할을 했는지에 대해 맵핑(mapping)을 해보도록 권했다고 한다(3장: 상담 실제에서 맵핑에 대해 언급하겠다). 맵핑 속에 나타난 여러 가지 중에서 특히 케서린을 가장 힘들게 한 한 가지는, 처음 보는 사람이나 새로운 사람을 만날 때였다고 한다. 그럴 때마다 자신은 그 자리를 도망가고 싶고, 항상 숨으려고만 하고, 자신을 고립시켰다고 한다. 이 대목에서 White는 케서린에게 혹시 위와 비슷한 상황임에도 불구하고 그녀가 다른 때보다는 좀더 자신감을 가지고 어떤 사람을 만났는지, 그러한 고통을 자신이 의도적으로 거부한 상황이나 경험이 있는지에 대해 물었다. 그랬더니 케서린은 약 20분 간을 생각하다가 3년 전에 있었던 한 사건을 이야기했다. 그녀는 집에서 멀지 않은 곳에서 산책을 하고 있는데 앞에 누군가가 오는 것을 느꼈다고 한다. 그런데 얼핏 보기에 그 남자가 친절하게 웃어 주면서 가볍게 인사를 하는 것 같았다. 그래서 자신도 모르게 자기도 고개를 끄덕하면서 가볍게 인사를 하며 그 남자를 지나쳤다고 한다.

케서린에게 이 사건은 아주 짧은, 순간의 시간이었다. 그녀 자신도 가볍게 넘겼던 사건이고, 자신이 누군가 앞에서 자신의 장애를 의식치 않고 행동했던 예상치 못했던 사건이었다. 그런데 이러한 사건은 케서린과 그의 어머니에게는 그리 중요하거나 관심의 표적이 되지 못했던 것이다.

White는 계속해서 케서린과 그녀의 어머니에게 그 사건을 중심으로 의미를 부여해 보도록 권하고 이런 질문을 했다고 한다. 그 처음 본 남자가 가까이 다가올 때 케서린은 어떻게 자신의 두려움에 대처했는가? 그와 같은 두려움이 케서린에게 몰려올 때 어떻게 그 두려움을 뒤로하고 그것을 멈추게 했는가? 이러한 상황에 대처할 수 있도록 자기 자신에게 뭔가를 준비케 한 것이 있는가? 만약 그 당시에 자신이 대처한 행동이 중요한 것이었음을 인식했다면, 그 상황이 (사람과 같이 생각하고 말할 수 있다면) 그녀의 발전적인 모습에 어떤 반응을 했을까? 그리고 그 상황은 케서린에 대해 뭐라고 말할까? 만약 이런 발전적인 상황을 계속해서 그녀의 삶으로 끌어들이고 그와 같이 행동을 취했다면 지금 이 순간에 어떤 차이들이 나타날까?

위와 같은 과정을 통해 케서린과 그녀의 어머니는 새로운 시각으로 과거의 사건을 재경험하게 되었다. 그리고 여러 가지 다른 독특한 수확물들을 발견하고, 재경험하며, 재해석해 가면서 몇 달 후에는 둘 다 자신들의 새로운 지식을 생활에 적용하고, 친구 관계를 넓혀 갔다고 한다.

나레티브 상담 실제에 들어갔을 때 우리는 문제를 '밖으로 드러내기 대화'(externalizing conversation)라는 과정을 만나게 될 것이다(White 2000:81). 이 '밖으로 드러내기' 과정을 거치면서 문제의 특성과 그와 대척되는 사건들과 경험들, 즉 바로 '독특한 수확물'(unique outcomes)을 만나게 된다. 이제껏 문제의 이야기에 가려 주목 받지 못했던 것들, 문제의 이야기와는 다른 '그 어떤 것들', 불특정한 것이지만 내담자 자신을 새롭게 볼 수 있는 기회를 제공하는 것들이 드러나기를 우리는 기대한다. 이러한 독특한 수확물들이 아무리 불특정한 것, 예측 불가능한 곳에서 튀어 나온다고 할지라도 내담자의 이야기를 풍부화시키고 대안 이야기를 강화시키는 데 톡톡히 효자 노릇을 할 수 있는 것들일 수 있다는 점을 간과해서는 안 된다. 내담자에 의해 바로 열성의 특성을 가지고 있던 이야기들이 선택될 수 있는 기회가 부여되는 것이다. 다양하게 산재해 있던 사건 사건들을 다시 이야기들로 엮어 보는 것이다. 독특한 수확물은 내담자에게 가능성과 열린 미래를 자신이 직접 보게 할 수 있다. 또한 문제에 밟혀 사는 무기력한 존재가 아니라 그보다 더 많은 힘과 노하우를 가지고 있는 자기 자신을 검증 받게 하는 중요한 것들이다. 그러므로 독특한 수확물을 많이 찾으면 찾을수록 내담자의 미래 이야기, 대안 이야기는 더욱 단단한 구성을 가지며 실천적 적용이 용이한 성격을 가지게 된다. 그러므로 상담가와 내담자는 이러한 독특한 수확물이 나타나는 순간순간에 주의를 게을리하지 말아야 한다.

풍부한 이야기(Thick Description)

어떤 이야기를 들을 때나 소설을 읽으며 작가의 치밀한 설명과 구성의 짜임새를 볼 때 우리는 잘 짜여진 이야기 또는 줄거리가 탄탄한 이야기라고 한다. 이와 같이 나레티브 상담가는 내담자의 대안 이야기를 한층 더 높여 짜임새 있고 탄탄한 이야기가 될 수 있도록 도와주어야 한다. 대부분의 내담자 이야기에는 많은 공간들, 즉 내담자의 대안 이야기를 토대로 해서 주 작가인 내담자와 협력 작가인 상담가가 함께 대안 이야기에 살을 붙이고, 더욱 세밀하고 구체적인 이야기로 만든 것이 '풍부한 이야기' 혹은 '탄탄한 이야기'(thick description)다.

다시 말해, 풍부한 이야기는 결과적으로 대안 이야기를 탄탄하게 하고 구체화한 이야기라고 할 수 있다. 반면에 내담자의 문제의 이야기는 이야기가 풍부해지면 풍부해질수록 고립되고 좁아지게 된다. 그만큼 문제의 이야기의 활동 반경이 좁아지는 것이다. 더 나아가서 풍부한 이야기는 문제 이야기를 해결하는 이상으로 내담자가 새로운 이야기, 새로운 자신에 대한 이미지, 다른 사람과 사물의 관계에서 새로운 가능성을 열고, 새로운 미래에서 살 수 있도록 돕는다(Freedman & Combs 1996: 16).

풍부한 이야기를 만드는 데 있어 독특한 수확물은 매우 유용하게 사용된다. 독특한 수확물들을 얼마나 풍부하고 깊이 있게 확보하느냐가 풍부한 이야기를 만드는 데 성패를 좌우한다고 해도 과언이 아니다. 이 독특한 수확물들을 요소로 해서 내담자의 대안 이야기를 강화하게 된다. 또한 이렇게 재구성된 풍부한 이야기가 문제 이야기의 대항마(문제를 극복할 수 있도록 도움이 되는 것)이자 내담자가 원하는 대안 이야기의 기반이 된다. 풍부한 이야기는 내담자의 삶과 밀접한 관계가 있는 것들로 구성되었고, 내담자 자신이 단 한 번이라도 자신이 경험했던 것들로 구성되었기 때문에 내담자에게는 친근한 것들이고 가장 실천 가능한 것들로서 내담자 친환경적이다. 그러므로 전문가의 명석하고 과학적인 분석을 기반으로 해서 나온 해결책보다 내담자 자신에게만큼은 – 비록 다른 사람에게는 적용 가능한 것이 아닐 수 있을지라도 – 더욱 효과적이며, 지속적으로 미래 지향적인 요소들을 제공할 수 있다.

상상과 이야기

나레티브 상담의 또 한 가지 특징은 여타 상담에서 거부하는 상상화된 이야기를 적극적으로 수용하고 활용한다는 것이다. 심지어 나레티브 접근법은 리서치 과정에서 인터뷰에 임하는 사람이 혹여 거짓말로 자신이나 상황을 과장했다고 할지라도 잘못된 것, 신뢰할 수 없는 정보 혹은 불필요한 것이라고 치부하지 않는다. 그것은 지금 이 순간에 화자가 이야기하고 있는 하나의 이야기 종류이고 상상일 뿐 그 이상도 그 이하도 아니다. 자신이 원하는 그 무엇이고, 자신이 지금 이야기하고 싶은 이야기다. 상담 상황에서도 마찬가지다. 내담자가 거짓으로 무엇인가를 묘사한다거나 설명한다고 할지라도 그것을 잘못된 것, 즉 윤리적 잣대가 내포된 의미에서 '거짓' 혹은 신뢰할 수 없는 이야기라는 전제를 나레티브 상담가는 갖지 않는다.

| 상상과 이해(Understanding) |

　상상은 어떤 개인으로 하여금 사고의 폭을 넓힐 수 있는 특유한 도구다. 우리의 일상 생활은 상상의 연속이라고 해도 과언이 아니다. 대화 속에서도, 과거를 이야기하는 데 있어서도, 앞으로의 계획에 대해서도, 책을 읽을 때나 텔레비전을 볼 때도, 심지어 강의를 들을 때도 우리는 상상이라는 매개체 통해 듣고, 느끼며, 이해한다. 인간은 상상을 통해서 주어진 무언가를 이해하려 하며, 문제에 직면했을 때 상상을 통해 유추해 보고 통찰하려는 경향을 보인다.

　특히 어떤 이야기(대화 포함)를 '이해'하기 위해서는 상상은 필수 불가결한 것이다. 어떤 내담자가 결혼 생활의 어려움을 토로한다고 하자. 상담가가 그 상황을 이해하는데 내담자의 이야기 그 자체로 이해가 가능하겠는가? 상담가의 상상을 통하지 않고는 이해가 어렵다. 내담자 역시 자신의 이야기를 충분히 전달하기 위해 상상을 통해, 그리고 상상적인 방법 즉 심벌이나 은유적 표현 등으로 자신의 이야기를 엮어 갈 것이다. 다시 말하면, 대화 자체가 상상이라는 다리를 거쳐 서로의 이야기가 오고 가는 것이다. 내담자가 사랑이라고 했을 때, 갈등이라고 묘사했을 때, 고통이라고 표현했을 때, 상담가는 자동적으로 자신의 상상으로 내담자의 그것을 조망하게 될 것이다. 그 조망은 내담자의 그것과 똑같을 수 없다. 그러므로 나레티브 상담가는 항상 자신이 이해한 부분을 다시 내담자에게 확인하고 재질문하는 일을 게을리하지 않으며, 자신이 충분히 이해했다는 교만을 버려야 한다.

상상과 상담(Therapy)

　상상은 또한 상담 과정에서뿐만 아니라 일상 생활에서도 새로운 방향을 모색할 때 적극적으로 활용된다. 왜냐하면 일상 생활에서 상상은 그 사람의 행동 양식에 지대한 영향을 미치기 때문이다. 어떤 회사원이 급한 출장을 갈 때 어느 길을 택할 것인가, 어떤 교통 수단을 이용할 것인가 등은 자신의 경험을 기반으로 해서 자기가 갈 길에 대해 이미 상상 속에서 계산되고 구조되어 행동으로 옮겨지는 것이지, 뇌의 자동화된 시스템 즉 뇌 구조의 산물이 아니다.

　나레티브 상담가인 White의 말을 빌리자면 이야기 자체에는 채워져야 할 공간들이 많이 있다(White & Epston 1990:13). 또한 Brooks도 언급하기를, 이야기는 화자가 사용하는 언어적 한계나 문화적인 것들로 인해 어떤 이야기든지 그 이야기가 내포하는 의미들이나 표현하고자 하는 것들이 온전히 드러나기란 그리 쉬운 작업이 아니라고 했다(1984:52). 위에서도 언급했듯이 이야기는 줄거리를 통해 어떤 사건을 묘사한 것이기 때문에 그 줄거리를 구성할 때 사건을 구성하고 있는 다른 요소들은 선택되지 않은 것들이 많이 있을 것이다. 또한 가치의 표현이나 사건에 대한 의미는 화자의 다양한 삶의 공간에 따라, 그리고 그가 살아가고 있는 시간이란 것에 따라, 혹은 인간관계나 경험 등에 따라서 달라질 수 있다. 그런 이야기들의 공간들을 채울 수 있는 도구가 바로 상상이다.

　우리는 이 상상을 통해 고대 사람과도 대화가 가능하고, 미래의 사람과도 대화가 가능하다. 또한 이 상상을 통해 우리는 과거의 이야기를 재구성할 수도 있고 미래의 이야기를 꾸며 볼 수도 있다. 현재의 나에게 과거나 미래란 시간과 공간이 있는가? 아니다. 실체가 없는 과거, 미래라고 해서 무시되거나 불필요한 것인가? 그것은 더욱 아니다. 이런 실체 없는 시공간의 개념을 연결해 주고 탐구할 수 있는 유일한 도구가 바로 상상이다. 그래서 상상은 지금 이 순간의 우리에게 과거와 미래의 교량 역할을 함과 동시에, 오늘 이 시간을 과거와 미래의 총체적인 것으로 묶어 주는 역할을 한다. 상상을 통해 우리는 무궁무진한 세계를 탐험할 수 있고 그 탐험 속에서 우리가 원하는 세계를 선택하고 자신이 바라는 행동 양식을 찾아 갈 수도 있을 것이다. 나레티브 상담은 그렇기 때문에 내담자의 상상을 촉진하고 풍부화시키는 촉매제의 역할을 충실히 수행해야 한다.

　내가 만난 준시는 어린 시절 부모의 이혼 때문에 원치 않게 아버지와 헤어져 살게 되었다. 아버지는 다른 사람과 재혼한 상태로서 준시의 집에 경제적인 도움도 주지 않았고 7년 동안 부자지간의 만남 자체가 없었다. 단지 준시의 부탁으로 두 번 정도 전화 통화만 했다고 한다. 그로 인해 준시는 아버지에게 버림받았다고 생각하고 있었고, 자신의 학창시절을 함부로 보내는 이유가 아버지에 대한 분노와 복수의 일환이라고 했다. 준시는 이렇게 말했다. "당신이 나에게 관심이 없으면 나 역시 나 자신에게 관심이 없어요." 나는 많은 시간 동안 준시의 이야기를 들었고, 상담 말미에 준시의 과거에 대한 것뿐만 아니라 미래에 자신이 원하는 자아상을 상상을 통해 그려 보기로 했다. 여기에 준시가 한 말을 그대로 옮겨 보겠다(이 내용은 '대안 이야기 강화하기'에서 다시 소개하겠다).

　상담가: 준시야, 지난 시간에 미래의 너 자신에게 이름을 한 번 붙여 보라

고 했는데 준비해 왔니?

준시: 예, 처음에는 사실 독수리라고 이름을 지었었어요. 왜냐하면 독수리는 모든 것을 볼 수 있고, 자신의 것을 쥐고 하늘 높이 날면 누구에게도 뺏기지 않고 자신의 것으로 소유할 수도 있잖아요. 그런데 음, 독수리 하면 떠오르는 것이 '두려움', '위협', '공격', 뭐 이런 것들이다 보니까 싫더라고요. 그래서 '빛'이라고 지어 봤어요. 빛은 두려움을 주는 것이 아니잖아요. 물론 어둠에 있는 사람들에게는 위협적이지만…. 그래도 그들의 길을 밝혀 주잖아요. 음, 빛처럼 나 역시 빛이 될 거예요. 나는 더 이상 나의 어둠 속에서 살지도 않을 것이고, 어둠을 유지하는 것은 더더욱 안 할 거예요. 더 이상 어둠에 갔다 빛으로 왔다 하지 않을 겁니다.

많은 내담자들이 상담 순간에는 삶을 역동적으로 변화시키겠다는 의지를 불태우다가도 막상 현실 속으로 들어가면 곧 그 불꽃이 사그라지는 경우를 종종 보게 된다. 준시도 그럴지도 모른다. 그래서 나는 상담가의 입장에서 준시의 미래의 모습인 빛이 준시의 일상에서 어떤 영향을 끼칠 것이고, 어떤 역할을 할 것인지 그리고 준시에게 앞으로 어떤 의미를 부여할 것인지가 궁금했다. 그리고 나와 준시는 함께 준시의 미래에 빛의 활동을 구체적으로 리스트로 만들어 보기로 했다(행동 전망과 정체성 전망을 맵핑하는 것과도 비슷하다). 그 이유는 준시의 대안 이야기를 강화하는 측면과 더불어 준시가 상담실을 나가는 순간부터 자신의 미래 이야기 속으로 들어갈 수 있는 문들, 즉 행동 전망들을 만들어 보기 위해서다.

준시는 상상된 자신의 행동 전망을 학교 생활에서부터 시작했다. 준시는 자신의 미래인 빛이 학교에서 수업 시간을 알차게 보낼 것이고, 특히 친구들과 더 좋은 관계를 유지하고 활동할 것이라고 했다(여기서 빛이란 미래의 실체로서 마치 사람과 같은 인격체다). 또한 나와 준시는 함께 빛에게 이런 질문을 만들어서 질문해 보았다. "빛아, 너는 학교 생활에서 수업에 집중할 때만 존재할 수 있니?", "빛아, 너는 준시만 돕고 싶고, 도울 수 있니? 아니면 다른 친구들을 도울 때 더 만족하니?", "빛아, 너는 남을 도울 때 너의 능력 안에서만 가능하다고 생각하니? 너 자신을 과거의 너인 준시의 능력 안에 가두고 싶니?"

이런 과정을 거친 후 나는 준시의 상상된 이야기를 간단하게 정리해서 그에게 주었다. 물론 준시의 이야기에 대한 요약본을 그에게 주고 혹시 내가 자신의 이야기를 가감했는지 확인했다. 이러한 확인 작업은 나레티브 상담가에게 필수적이다.

그의 미래 이야기는 시의 형식을 빌려 요약해 보았다.

〈빛〉
옛날 옛날에
빛이 태어났답니다.
….
….(중략)
빛은 보고 싶은 그리움(그의 생부)을 용서했답니다.
빛은 나(준시 자신)에게 용서를 가르쳐 주었답니다.
빛은 서로 함께 함의 귀중함을 배우게 했답니다.
….
….(중략)
나(준시)는 선언합니다.

"나는 빛"
"나 자신을 위한 빛"
"아픈 이들을 위한 빛"
옛날 옛날에….

▌ 상상과 현실 ▌

　상상 기법을 상담이나 리서치에 적용하려고 할 때, 문제는 학문 세계, 특히 모던이즘에 기반을 둔 과학이라는 이름으로 이루어지는 학문 영역이다. 모던이즘적 학문 세계의 눈으로 보면 상상은 과학적이지 않은 것이다. 왜냐하면 과학은 객관화되고 보편화되어야 하는데, 상상은 지극히 주관적이고 개인적이기 때문이다. 비록 우리의 일상이 상상 속에서 살아간다고 할지라도 과학적이지 않다는 것은 학문적 가치가 없을 뿐만 아니라 현실성이 없다는 것이다. 과학주의자들의 기준에 따르면 상담에서의 상상 기법은 현실성 없는 무의미한 노력일 뿐이다.

　모던이즘의 과학은 상상의 세계와 현실을 동떨어진 두 세계로 인식하는 경향을 보인다. 상상을 판타시(fantasy)라고 하여 '터무니없는' 혹은 '비현실적인' 것으로 치부하고, 현실은 실제(reality)적인 것으로 '확실한 사실'로 구분 짓는다. 그러나 나레티브 상담은 (최소한 상담에 있어서는) 상상의 세계와 현실 세계의 경계가 모호한 것일 뿐 아니라 경계를 구분할 필요도 없다고 주장한다(Lamarque & Olsen 1994: 225). 현실 세계와 상상의 세계는 마치 고리의 연결과도 같다. 상상의 세계는 현실의 반영이며, 현실의 세계는 그 상상의 세계를 추구하며 발전한다. 이야기는 이야기 자체가 가지고 있는 힘을 잃지 않고 현실 세계이기도 하면서 상상의 세계이기도 하다. 그렇기 때문에 이야기는 사실이냐 거짓이냐보다는 이야기의 목적, 그 이야기가 어디로 흐르고 결과가 어디에 귀착하느냐가 더 중요한 것이다(Dallos 1997:64).

일례로 우리는 소설을 픽션(fiction), 즉 '허구'라고 한다. 그러나 어떤 장르의 소설가에게 물어 보아도 현실에 기반을 두지 않은 소설이 존재할 수 있다고 할 소설가는 한 사람도 없을 것이다. 그리고 그들은 자신들의 소설을 통해 단지 흥미만 만족시키려는 것이 아니라 자신들만의 어떤 메시지를 담고 있을 것이다. 그들의 독자들은 그들의 메시지에 긍정적으로든 부정적으로든, 의식적으로든 무의식적으로든 반응할 것이며, 그들의 반응은 곧 현실의 세계가 상상(허구)의 세계와 관계하는 것이다. 이때 독자들이 상상의 세계를 자신들의 현실로 끌어들이려는 노력을 할 수도 있고, 반대로 거부할 수도 있다. 다시 말하면, 현실과 상상이 변증법적인 고리를 가지고 서로 발전해 가는 것이다.

상담에서도 마찬가지다. 상담 과정 중에 상상된 이야기를 무가치한 것이라든지 혹은 비현실적인 것이라고 치부해 버리는 것은 바람직한 방법이 아니라고 생각된다. 왜냐하면 내담자의 상상된 이야기는 새로운 방향에 대해 선택의 폭을 넓히고 있다는 증거이기 때문이다. 그리고 실제로 선택의 폭을 넓혀 준다. 내담자가 이제까지 문제의 이야기에 덮여 문제가 제공하는 이야기만 선택할 수밖에 없는 처지였다면, 내담자에 의해 상상된 이야기는 내담자의 앞으로의 행동 전망(landscape of action)과 의식의 전망(landscape of consciousness)에 대해 보다 폭 넓은 선택을 할 수 있도록 만들어 줄 것이다.

나와 나레티브 상담을 같이 연구하고 임상하던 동료들은 매달 모여서 자신들의 임상 과정을 서로가 점검해 주고 아이디어를 제공하고 평가 받는 자리를 가졌다. 그런데 하루는 청소년 집단 상담을 이끌고 있던 한 동료가 상담 중에 내담자가 거짓말을 한다고 판단될 때 어떻게 해야 하느냐는 문제를 내놓았다. 집단원 중의 한 아이가 청소년이라고는 믿기지 않는 이야기들을 늘어놓는다는 것이었다. 우리는 이 동료의 문제를 놓고 오랜 시간 논의를 한 적이 있다. 그 결과 우리는 나레티브 상담은 어떤 이야기에 대해 진실인가 혹은 거짓인가 하는 잣대로 이야기의 진의를 파악하기보다는 그 이야기가 전하고자 하는 의미와 바라는 바에 초점을 맞추는 것이 바람직하다는 결론을 내렸다. 나레티브 상담을 실천하고 있는 상담가라면 이것은 불필요한 고민이라고 우리는 생각했다.

'거짓말'이라고 했을 때는 최소한 두 가지를 암시하고 있다. '허구' 즉 '상상'이라는 것과 '윤리'적인 잣대 즉 '나쁘다'라는 부정적인 의미가 함축되어 있는 것이 '거짓'이라는 표현이다(나레티브 상담의 윤리 문제는 뒤에서 다루기로 하겠다). 소설가를 거짓말하는 '나쁜' 사람이라고 정죄하는가? 아니다. 위의 질문을 엄밀하게 말하면, 내담자가 사실(facts)만을 말하는가, 아니면 자신의 해석을 곁들인 것인가, 혹은 자신이 바랬던 것이나 앞으로 바라는 것을 꾸며서 이야기한 것을 상담할 때 받아들여야 하는가에 대한 질문이다. 다른 한편으로 보면 과연 상담은 객관적 사실에만 근거하여 이루어져야 하는가, 아니면 주관적 판단이나 해석 그리고 상상된 이야기를 포함할 수도 있는가 하는 문제다. 그렇다면 앞에서도 언급했지만 과연 우리가 어떤 사건에 대해 이야기를 들을 때나 이야기를 할 때 전혀 주관이 개입되지 않은 객관적인 자세가 가능한 것인가에 대해 묻지 않을 수 없다. 한마디로 말하면 그것은 거의 불가능하다. 결론적으로 말한다면 상상과 현실의 경계는 불분명한 것이고, 특히 상담에서는 '상상'이란 적극적으로 활용되어야 할 중요한 도구다.

상상은 현실의 반영이라고 했다. '현실'이란 과거, 현재, 미래라고 하는 시간적 구분임과 동시에 그 현실을 구성하고 있는 문화, 전통, 가치 등의 요소들을 포함하고 있는 공간적 배열이다. 그렇기 때문에 상상에 대한 접근은 시공간적인 접근이 필수적으로 요구된다. 과거에 대한 이야기든 현재나 미래에 대한 이야기든 이야기 속에는 상상에 의해 엮어진 내용이 포함되어 있다. 그것이 심벌을 통해 혹은 메타포나 추상적인 용어를 사용하면서 자신의 세계를 그려 나가는 한 행위인 것이다. 상담가가 이러한 이야기를 듣고 이해하려고 시도할 때 자신의 시공간적 요소들을 배제하고 객관적으로 듣는다는 것은 팥을 상상하면서 매주 쑤는 이야기를 듣고 있는 것이나 진배없다.

나레티브 상담에서 내담자의 이야기를 듣는 것은 내담자에 대한 정보 수집이 주 목적이 아니다. 그러므로 내담자의 이야기를 들을 때는 어떤 틀을 가지고 분석하려 하기보다는 이해하고, 추상적이지 않고 과학적이며 감정적으로 치우치지 않는 객관적 자세를 유지하려 애쓰기보다는 감성적인 합일과 몰입을 하는 것이 더욱 중요하다고 나는 생각한다. 그러할 때 상담가는 내담자의 이야기를 더욱 깊이 이해할 수 있을 뿐만 아니라 내담자의 이야기를 통해 서로 배울 수 있는 것이고, 그 과정 속에서 내담자의 상상 이야기는 사회화, 현재화로 전이되어 가는 것이다. 상상은 과거, 미래, 현재의 교량 역할을 하는 현재화된 이야기다.

감정 이입법(Empathy)

　전통적인 접근 방법에서 보면 리서치를 할 때 추측, 즉 가설을 세워 리서치가 시작된다. 상담 역시 별 차이가 없다. 단지 상담에서는 시작점이 내담자의 이야기에서 시작된다는 것이다. 그렇지만 상담이 회를 거듭하고, 상담 과정 중 갈등이나 병리에 대한 개념 정리에 들어가면 상담은 결국 가설이 먼저 선행된다. 예를 들자면, 어떤 내담자가 폭력적인 자아에 시달리고 있다면, 그 사람에 대해 과거 혹은 가계의 누군가로부터 영향을 받았을 것이라는 추측이나 가설 하에 상담은 과거 분석부터 시작된다. 그 중의 대표적인 케이스가 가계도를 알아보는 것이 아닌가. 혹자들은 3대까지 가계도를 그려 보면 대부분의 병리적 원인을 파악할 수 있다는 가설을 신빙한다. 어떤 상담 기법이든 그 나름대로의 강점이 있기 때문에 나는 이 방법이 전혀 근거가 없다거나, 아니면 효과가 없는 무의미한 것이라고 여기지는 않는다. 다만 강조하고 싶은 것은 나레티브 접근법은 추측이나 가설은 금물이라는 점이다.
　어떤 상담 기법을 사용하는 상담가라 할지라도 우리나라 정서상 그들은 자연스럽게 자신들의 내담자와 감정을 공유하는 따스한 풍경이 나타난다. 비록 그들의 방법론이나 이론에서 감정 이입을 부정할지라도 말이다. 그런데 나레티브 접근법은 이러한 것을 상담 현상에서만 용인되는 것이 아니라 이론적으로도 적극적으로 채택되어야 한다는 생각을 가지고 있다. 내담자와의 감정 교류와 내담자에 대한 감정 이입은 금지해야 할 것이 아니라 상담에서 도리어 장려되어야 할 것이라고 생각한다.

우리나라는 어느 나라, 어느 언어에도 없는 '정'이라는 단어, 정이라는 문화가 있다(학명 사전을 보면 지금은 영어로 'jung'이라고 직접 표현하기 시작했다). 이런 문화 덕택에 대부분의 상담가들은 감성의 측면에서 내담자와 쉽게 하나가 됨을 볼 수 있다. 나는 요즘 우리나라에 풍미하고 있는 내적 치유 방법론에 의해 운영되는 많은 프로그램에 참석해 볼 수 있는 기회가 있었다. 그 곳에서는 상담가, 프로그램 운영자 혹은 주 강사 그리고 대부분의 참여자들이 서로를 느끼며 함께 감성을 나누는 아름다운 모습을 볼 수 있었다. 그로 인하여 서로의 상처를 감추기는커녕 어렵지 않게 함께 공유하고 도우려는 자연스러운 노력들이 이루어지는 현장이었다. 바로 이것이 감정 이입의 강점인 것이다.

그러나 혹여 상담이나 인간관계 프로그램이 눈물샘만을 자극하는 감성 최루적인 프로그램이나 감성을 유발시키려고 하는 유혹에 빠져 있다면, 그 선한 의도와는 달리 도리어 내담자의 풍부한 이야기를 놓치는 결과를 가져올 것이다. 더군다나 프로그램을 운영한다든지 기획한다는 것 자체가 내담자들의 풍부한 경험과 이야기들을 재단하는 도구가 되거나 사장시켜 버리는 결과를 가져올 것이다. 감성 자극적 프로그램에 참여했을 때 후련함을 경험하는 것은 좋으나, 그 후에 오는 허탈감과 현실에 들어갔을 때 오는 절망감과 좌절감은 결국 상담 현실을 갉아 먹는 결과를 가져올 것이다.

감정 이입: 현재 이야기부터

그렇다면 감정 이입은 어디서부터 시작되는가? 그것은 '과거 후벼 파기'가 아닌 '현재 이야기 듣기'부터다. '현재 이야기 듣기'부터 감정 이입이 되려고 노력해야 한다. 대부분의 전통적인 상담 기법에서도 '경청'이란 단계가 첫 단추일 것이다. 경청하고 지지하는 단계를 간과하지 않는다. 그러나 나레티브에서 말하는 '현재 이야기 듣기'와 전통 기법에서 말하는 경청의 목적은 확연히 다르다. 전통 기법에서의 경청과 지지는 내담자에 대한 정보 수집에 목적을 둔다. 정보 수집은 분석을 위한 것이며, 분석은 진단을 하기 위한 전 단계다. 진단이 이루어지면 곧 병명, 다시 말해 개념 정리가 이루어질 것이고, 병명이 붙여진 후에는 처방이 따르게 된다.

그러나 나레티브 상담에서의 경청이나 이야기 듣기란 정보 수집도 분석을 위한 목적도 없다. 다만 내담자를 힘써 이해하려는 단 하나의 목적이 있을 뿐이다. 물론 어떤 삶의 이야기와 사람을 이해한다는 것, 더군다나 몇 시간, 몇 번의 만남으로 이해한다는 것은 불가능한 현실이다. 그럼에도 불구하고 최소한 내담자의 아픔과 복잡한 심정, 그가 처한 상황은 공유할 수 있다. 그렇기 때문에 상담가의 감정 이입이 중요하다.

여기서 감정 이입이란 감성 유발(stimulating emotion)을 끌어내기 위한 어떤 자극 프로그램을 말하는 것이 아니다. 감정 이입을 통해 내담자의 이야기 속으로 더 깊이 들어가서 가능한 한 내담자와 같이 느껴 보려고 노력하는 자세일 뿐이다.

만약…라면(as if)

감정 이입은 "만약…라면"("as if")이라는 가정 하에 내담자의 이야기를 느끼는(듣는 것이 아닌) 것이다. "만약 나라면"이라는 자세는 감정 이입을 위한 것만이 아니라 더욱 깊이 감정을 이해하기 위해 질문할 수 있는 여지를 상담가에게 제공한다. 위에서 언급했듯이 나레티브 상담에서 '듣기'는 이야기하는 사람의 정보를 얻거나 수집하기 위함이 아니라, 이야기와 그 이야기를 하는 사람의 지금 이 순간의 위치를 확인하고 '느끼는'(feeling) 과정이다. '느끼기'는 정보에 의해 이루어지는 것이 아니라 감성 그리고 동류 의식이 이루어질 때 가능한 것이다. 정보는 '분석하기'를 위한 것이지만, '느끼기'는 '이해하기'와 '동류되기'를 위함이다. '느끼기'는 옳고 그름을 따지기보다는 그 사람 자체를 받아들이는 사랑의 과정이다. '이해하기'와 '동류되기' 과정을 거칠 때(Kotzé & Kotzé 2001:29) 나레티브 상담의 '참여적 상담'의 특징이 살아날 수 있다. 또한 상담가의 선경험은 도움이 되기도 하고 버려야 할 것이 되기도 한다(Rubin & Rubin 1995:13). 이 같은 문제를 이해하는 데 나의 무지했던 경험이 좋은 본보기가 될 듯싶다.

앞에서 소개했던 청소년 준시와의 사이에 있었던 일이다. 그때 준시는 열다섯 살이었다. 준시의 생모는 재혼을 했기 때문에 준시는 어머니의 새 동반자와 함께 살고 있었다. 준시는 생부와 다섯 살 때 헤어졌고, 그 후 약 10년 동안 단 두세 번의 전화 통화 이외에는 생부와 대화를 나눠 본 적이 없다고 한다. 그의 어머니가 혼자 살 때 그는 외할아버지에게 맡겨졌다. 그의 외할아버지는 매우 엄하고 신앙 생활에 철저한 분이었다. 하루는 외할아버지 집에서 교회 식구들이 모임을 갖고 있을 때 준시가 커피를 엎질렀다. 그 순간 외할아버지의 솥뚜껑만한 손이 준시의 얼굴에서 무수한 별을 만들고 "이런 칠칠치 못한 놈"이라는 말이 그를 덮쳐 왔다고 한다. 외할아버지와의 생활은 늘 그렇게 긴장의 연속이었다. 그러다가 어머니가 직업을 갖게 되어서 드디어 사랑하는 어머니 (준시는 어머니를 끔찍이 사랑한다는 것을 나는 그의 이야기를 통해서 알 수 있었다)와 함께 살게 되었다. 한편, 어머니의 잦은 이사로 준시는 친구를 사귈 수 있는 시간적인 여유를 가지지 못했다. 근 칠 년 동안 열 번 가량이나 이사를 했다고 한다. 급기야 준시는 다른 사람들과 관계를 맺는 것을 회피하는 지경에까지 이르렀다. 준시의 어머니는 준시가 열네 살 때 재혼을 했고 지금의 새 파트너와 같이 살고 있는 것이다.

준시는 나를 찾아왔을 때 다른 아이들이 부모나 학교 선생님의 권유로 오는 경우와는 다르게 자신이 직접 상담의 필요성을 가지고 왔다. 이 녀석의 문제는 자신은 전혀 문제가 없는 평범한 아이인데 다른 사람들은 자신을 말 그대로 학교에서나 가정에서 '문제의 근원'이라고 생각한다는 것이었다. 그로 인해 외톨이 신세가 되었다고 했다. 그리고 자신은 지금 모든 일에 흥미가 없다(자신이 우울증에 걸렸다고 표현했다)는 것이었다.

준시가 자신의 이야기를 다양하게 해 주는 동안 나로서는 전혀 이해가 되지 않는 것이 있었다. 이 녀석은 자신을 모든 일에서 '흥미 없음'으로 만드는 원흉을 자기 새 아버지에게 두고 있었다. 그리고 그 '흥미 없음'에서 탈출할 수 있는 유일한 길은 오직 생부와 사는 것이라고 생각하고 있었다. 또한 생부가 자주 연락해 주기는커녕 근 7년 동안 두세 번만 통화한 것, 그리고 단 한 번도 오지 않는 편지 등으로 인해 준시는 생부에 대해 분노의 수준에까지 이르게 되었다. 그 결과로 이 녀석은 자기 파괴적인 수순을 걷고 있었다. 여느 호기심 많은 청소년이 그렇듯이 술을 마시고 담배를 피우고 싸움을 하기가 일쑤였다. 구체적으로 준시는 자기 파괴적 행위의 원인을 이렇게 말했다. "아버지(생부)가 나에게 관심이 없다면 나 역시 나 자신에 대해 고민할 이유가 없어요."

이 부분이 나로서는 이해하기 어려운 부분이었다. 바로 나의 선이해가 준시를 이해하는 데 장애물이 되는 순간이었다. 준시와 이야기를 나누는 동안 나는 준시의 심정으로 그리고 그 아이의 나이에 이미 들어가고 있음을 나 자신이 느꼈다. 그러므로 비록 내가 어른이라고 할지라도 그 아이와 '동류' 의식을 가지고 있었다고 생각한다. 그런데도 준시의 생부에 대한 그의 마음은 이해가 가지 않았다. 왜냐하면 나의 선경험, 즉 아버지를 일찍 여위고 어린 시절을 지나는 동안 아버지의 정을 전혀 느껴 보지 못했고 '아버지'라는 개념조차 없는 나에게 준시의 행동은 이해가 가지 않았기 때문이다. 아버지가 연락을 두절했다는 것이, 아버지가 자신의 가족을 놓고 떠났다는 것 때문에 자신을 자기 파괴적 행위로 몰 수 있는 것인가? 그리고 내 인생에서 어머니는 마치 나의 모든 것과 같은 존재이었듯이 준시 역시 자기의 어머니가 원하는 것이라면 무엇이든지 하려고 하는 아이였다. 그런 아이가 어떻게 단지 자신에 대해 무관심한 생부 때문에 어머니의 마음을 아프게 할 수 있을까? 나는 이해할 수 없었다. 이렇게 나의 아버지와 어머니에 대한 선경험이 준시의 아버지에 대한 경험에 깊이 들어가지 못하게 하는 걸림돌 역할을 했다.

반면에 나의 선경험은 우리의 이야기에 또 다른 돌파구를 마련해 주었다. 나는 솔직하게 나의 경험을 나누었다. 즉 준시의 삶에 나의 감정이입을 통해 적극적으로 참여하는 자세를 취한 것이다. 먼저 내가 경험한 나의 아버지, 그리고 그분에 대한 나의 느낌과 지금 나의 삶에 대한 비중을 이야기했다. 그리고 나는 준시에게 조금은 추상적으로 질문을 했다. "아버지의 관심을 얻는 것이 너에게 그렇게 중요하니?" 준시에게는 당연한 답이 있었겠지만, 그렇다고 내 나름으로 규정하고 추측하는 것은 잘못된 접근법인 것을 나는 알고 있었다. 그의 대답은 "예"였다. 나는 다시 그가 생각하는 중요한 것이 감성적(emotional)인 것인지 현실적인 필요인지를 물었다. 그리고 덧붙이기를, 자신의 삶을 계획하고 준비해 가는 데 아버지의 관심이 중요한 몫을 차지하는지도 질문했다.

그런데 이 질문에서 준시는 앞에서처럼 쉽게 대답을 하지 않고 오랫동안 시간을 끌더니 불쑥 질문과는 다른 말을 했다. 바로 '예상치 못한 것', '기대하지 않았던' 독특한 수확물을 얻었던 순간이다. 그 녀석은 말하기를 "우리 엄마는 늘 내가 필요할 때마다 그 자리에 있었어요. 지금도 나는 엄마가 뭔가 하실 때 그 옆에서 이야기하는 것이 좋아요. 나는 그런 엄마를 위해서라도 학교 생활 잘 하고 공부도 열심히 할 거예요" 하는 것이었다. 나는 일단 여기서 우리의 대화를 마치면 어떻겠느냐고 제안했다. 앞에서 이미 소개한 것처럼, 준시는 그 후 상담 기간 중 자신이 학교 생활을 어떻게 잘 할 수 있도록 자신을 다듬을 것인지를 구체적으로 계획하고 만들어 나갔다.

나는 아쉽게도 준시가 자신과의 대화를 지켜 나가는지를 끝까지 지켜 봐 주지 못했다. 그러나 나는 믿어 의심치 않는다, 준시가 끊임없이 자신과 대화하면서 자신을 갱신해 나갈 것을. 왜냐하면 그는 자신만의 이야기 속에서 자신에게 무한히 널려 있는 자신만의 노하우와 잠재력을 발견했고, 또 어떻게 자신의 삶 속에 적용할 것인지를 터득했기 때문이다.

나와 준시의 대화에서처럼 상담가의 선경험은 어떤 경우에는 도움이 되기도 하지만, 어떤 경우에는 깊은 이해와 감정 이입을 방해하는 방해꾼이 되기도 한다. 선경험은 더 나아가서 해석을 하고 앞으로의 행동을 결정하는 데도 때론 결정적인 영향을 미친다. 그러므로 상담가는 자신의 선경험(전문 지식과 임상 경험을 포함)을 어떤 상담 콘텍스트에서도 신뢰해서는 안 된다. 그러나 다른 한편으로는 자신의 선경험이 구체적이고 이해의 폭을 넓힐 수 있도록 '질문'과 '관심'(curiosity)을 적절하게 유발시키는 원천이 되기도 한다는 것을 명심해야 한다. 그럼 왜 '질문'을 하게 되고 '관심'이 유발되는가? 바로 상담가 자신이 가지고 있는 지식이나 경험이 내담자의 이야기를 총체적으로 이해하기에는 부족하다는 인식, 즉 겸손이 전제되기에 가능한 것이다. 이러한 자세를 나레티브 상담에서는 '부지(不知)의 자세', 영어로는 not-knowing position이라고 한다.

부지의 자세(Not-Knowing Position)

나레티브 상담에서 빠질 수 없는 중요한 자세 중의 하나는 바로 부지의 자세다. 이 부지의 자세는 내담자가 이제껏 경험하고 일구어 왔던 삶의 이야기에 대한, 그리고 그들만이 가지고 있는 강점과 지혜와 지식 – 이것을 현장 지식(local knowledge)(Geertz 1983:168)이라고 한다 – 에 대한 진지한 자세이며 경의의 표현이다. 그들이 발전시켜 왔던 나름대로의 삶의 지혜와 지식은 그들이 속한 문화 속에서 때론 같은 방법이지만 다양하게, 때론 다른 방법이지만 역동적으로 형성되어 온 독특하고 실천적인 것들이다. 이러한 지식은 보편성을 뛰어넘어 구체적이고 실생활적인 특징을 가지고 있다.

'이해'(Understanding)를 위해

이런 지식을 깊이 알기 위해서는 보편이라는 전문가의 지식으로 카테고리를 정하려 할 것이 아니라 부지의 자세를 가지고 좀더 깊이 이해하려는 자세가 필요하다. 이 부지의 자세를 다른 식으로 표현한다면 내담자의 이야기를 '이해하기'(understanding) 위해 under-standing하는 것이지 above 혹은 beside-standing하는 것이 아니다(Anderson & Goolishian 1990:157). 정확히 말하자면, 누가 누구를 '이해'한다는 것, 특히 상담 상황에서 십수 년씩 쌓여 온 한 인간의 삶과 이야기를 단 며칠, 몇 시간으로 이해하겠다는 것은 어불성설이다. 그렇다고 상담을 하면서 피할 수도 없는 것이다. 그래서 이해를 좀더 좁혀 보기 위해서 상담가는 내담자의 눈높이가 아니라, 그 아래에 자리해야 한다. 그것이 부지의 자세다.

혹자들은 이 부지의 자세를 로저스가 주창한 내담자 중심(Client centred)과 같은 맥락이라고 오해하는 경향이 있다. 물론 나레티브 주창자들이 로저스의 이론에 의해 영향을 받았을 수 있다. 그러나 모든 이론들과 실천적 방법론들이 그러하듯이, 나레티브 상담 역시 어느 이론에서 영향을 받았을지라도 자신만의 독특한 방법과 이론들로 발전시켜 왔다. 그 중의 하나가 부지의 자세다. 로저스의 이론에서는 내담자가 강조되다 보니 상담사의 고유 영역과 위치가 상대적으로 수동적이다.

Muller는 "상담가의 부지의 자세란 '화자인 당신은 알고 상담가인 나는 모른다'라는 뜻이 아니다. 그렇다고 '화자 당신도 모르고 나도 모른다'는 것은 더더욱 아니다. 다만 상담가 자신의 선이해, 선경험, 선지식 등을 상담가 자신이 인식하고 있다는 것이며, 대화 파트너인 내담자 당신과 상담가인 나 자신이 앞으로의 미래 이야기가 어떻게 전개될 것인지, 또한 내담자 당신의 이야기 속에서 어떤 독특한 수확물들이 나올 것인지, 그리고 어떤 치유책이 나올 것인지를 우리는 모두 모른다는 것이다"라고 말한다.

상담가의 전문성을 남용하지 않기 위해

부지의 자세를 견지한다는 것은 또한 상담가가 자신이 들었던 이야기에 대한 이해(understanding)를 과신하지 않고 내담자에게 매번 확인하는 확인 절차를 거쳐야 한다는 것이다. 이런 확인 절차를 거칠 때, 내담자의 풀어 헤쳐 묘사된 언어들을 좀더 정교하게 혹은 축약된 언어로 요약할 수 있다. 이때 상담가는 열린 가능성을 함께 덧붙일 수 있다. 예를 들어, 나의 내담자 중에 자존감이 매우 약한 학생이 하나 있었다. 이 아이는 반 아이들이 괴롭히거나 하면 그냥 웃어넘길 줄도 알고 친구들을 포용력 있게 감싸 준다고 했다. 그런데 재미난 현상은 자신이 자신의 입으로 그렇게 말했으면서도 자신의 그런 행동은 바보 같은 것이라고 했다는 것이다. 그리고 체중을 줄이려고 노력한 결과 거의 10킬로그램이나 뺐다고 한다. 그런데 그런 자신의 끈기에 대해서는 그 어떤 가치도 부여하지 않는 아이였다. 나는 이 녀석의 말들을 마치 지도를 그리듯이 하나하나 정리하고 내가 가감한 것이 있는지 그 정리한 말들을 아이에게 확인 절차를 밟았다. 그리고 아이의 말을 정리할 때 나의 열린 미래를 지향하는 언어로 바꾸어서 확인을 받기도 했다. 예를 들자면, 아이가 친구들의 괴롭힘을 웃어 넘겼다고 한 것을 참을성 있는 아이로, 친구들을 감싸 준다는 말을 리더 혹은 사업가의 덕목이 있다는 말로 바꿔서 말했다.

┃ 내담자의 세계관을 이해하기 위해 ┃

부지의 자세란 또한 내담자의 인식의 세계에서 나오는 언어, 개념, 묘사 등을 간단히 지나쳐 버리지 않는 자세다. 왜냐하면 상담가 역시 똑같은 언어를 쓰고, 사물에 대한 묘사 방법이 같은 문화적 배경을 가지고 있기 때문이다. 상담가는 사전적 의미를 모르는 것도 아니고, 내담자와 보편적 정서를 공유하고 있기 때문이다. 그러다 보니 내담자의 특수적이고 국지적인 인식과 문화를 간과하는 경향이 있다. 그 결과 내담자가 사용하는 개념들을 추측 예단하게 된다.

예를 들어, 만약 내담자가 '희망'이란 단어를 사용했다고 하자. 어느 누가 한글의 뜻 '희망'을 모르겠는가? 상담가 역시 마찬가지로 쉽게 내담자가 말한 희망을 자신이 알고 있는 단어의 뜻으로 간과해 버리는 경우가 있다. 그러나 만약 상담가가 부지의 자세를 명심하고 있다면 당연히 내담자가 말하는 희망이란 뜻이 무엇인지, 어떤 상황의 희망인지를 물어야 할 것이다.

내가 찬돌이 엄마를 만났을 때의 일이다. 찬돌이는 어렸을 때부터 귀가 어두운 관계로 말을 배울 시기를 놓쳐 말이 어눌했다. 그로 인해 찬돌이는 친구들에게 놀림감이 되기가 일쑤였다. 그런 모습에 또 상처를 받고 고통스러워하는 사람이 찬돌이 엄마였다. 찬돌이 엄마가 나를 찾은 이유는 바로 거기에 있었다. 그런데 상담이 진행되는 동안 나와 찬돌이 엄마가 발견한 것은 실상 찬돌이는 자신의 일상에서 친구들 때문에 상처를 받거나 고통스러워하지 않는다는 것이었다. 도리어 엄마 자신이 문제였다. 찬돌이 엄마는 자신에게 희망이 결여된 것이라고 말했다. 이 부분에서 나는 찬돌이 엄마가 말하는 '희망'이라는 뜻, 그녀가 생각하는 '희망'이라는 개념에 대해 물었다. 물론 나도 희망이란 말의 사전적 의미를 안다. 그런데 찬돌이 엄마가 말하는 희망이란 내가 알고 있는 사전적 의미와는 달랐다. 그녀는 나의 질문에 "희망이란 서로간에 신뢰를 가지는 것"이라고 개념 정리를 해 주었다. 나는 그녀를 통해 희망이란 서로간에 신뢰를 가지는 것이라는 실천적 의미를 하나 더 배우게 되었다.

기존의 상담 방법론에서는 가설을 가지고 내담자를 분석한 후 상담가가 가지고 있던 여러 가지 치유책을 적용시키는 처방을 한다. 그와는 다르게 나레티브 상담에서의 부지의 자세는 내담자가 과거로부터 현재에 이르기까지 쌓아 왔던 것들을 찾아내고 그들의 세계관을 배우려는 자세다. 또한 그들 자신에게 가장 알맞는 방법을 찾는 것이고, 그 방법이 어떤 희망을 일구어 낼지는 내담자도 상담가도 모른다는 것이다. 단지 모든 상황 상황에 맞는 방법에 대해 과거나 현재에 묻혀 있는 그 무엇을 찾아 적용해 보고, 최종적으로 이야기가 새로운 이야기를 창조하는 것을 기다리는 자세가 부지의 자세다. 즉 상담 파트너들(내담자와 상담가)이 이야기를 창조하는 것이 아니라, 이야기가 이야기를 창조하는 것이다. 상담가와 내담자가 모르고 있는 것은 단지 둘 다 자신들이 이야기하고 있는 것이 어떻게, 그리고 어떤 모습으로 새로운 국면을 창출할 것이냐는 것뿐이다. 그러나 분명하게 인식하고 있는 것은 지금 이 순간 상담가와 내담자는 둘의 삶에 '새로운 의미 있는 이야기를 창조'하는 데 열중하고 있다는 것이다(Kotźe et al. 2002:154).

참여적 상담

부지(不知)의 자세는 위에서도 언급했듯이 "내담자는 알고 상담가는 모른다"는 것도, "상담가는 전문가이고 내담자는 피전문가이다"라는 것도 아니며, 쌍방 모두가 자신들이 미래 이야기의 결과나 열매를 모른다는 것이다. 그러나 그들은 미래의 이야기를 써 나가는 데 있어서 쌍방 모두가 미래의 이야기에 미칠 수 있는 영향들을 인식하고 있어야 한다. 그러므로 내담자와 상담가 쌍방 간의 상호적이며 능동적인 참여를 요구한다. 기존까지는 상담 방법의 범주를 '지시적', '비지시적', '절충적'인 것으로 분류했다. 그러나 나레티브 접근법이 상담계에 참가하면서 '참여적' 방법이 또 하나 추가된 것이다.

'참여적'이란 말은 이제까지 쌓이고 구축된 어느 한 시스템에 들어감을 뜻하는 것이다(Kotze et al 2002:149). 이러한 시스템은 그것이 속한 공동체의 사회·문화에서 언어와 묘사 방법, 담론, 속담, 가치, 신념, 이야기의 구조 등을 빌려다 사용하고 있고, 어떤 경우에는 마치 그 빌려 온 것들이 그 시스템의 고유한 것처럼 착각하기도 한다(Gergen & Joseph 1999: s.p.). 상담가가 참여적 상담을 한다는 것은 내담자의 세계에 참여한다는 것이고, 바로 이러한 시스템에 들어가는 것이다. 내담자의 시스템에 참여함에 있어 가장 우선시되어야 할 상담가의 자세를 나는 부지의 자세라고 생각한다.

상담가의 입장에서 부지의 자세를 취한다는 것은 전문가로서 가지는 위치의 특권을 내려놓는 겸손이어야 한다. 또한 내담자를 알아 가겠다는 의지의 발로이며, 그 의지는 내담자의 삶에 적극적으로 참여하겠다는 자세를 말하는 것이다. 즉 사람에 대한 열정으로서 공동체적 책임감의 발로라고 할 수 있다(Combs & Freedman 1999:27). 참여한다는 것은 개인의 이야기에 감정 이입을 통해 참여하는 것만이 아니라, 상담 과정에서 상담가가 수동적이고 자신을 객관화하는 것을 거부하고 능동적으로 자신의 주관적인 느낌과 경험까지 상담에 끌어들이고 내담자와 나눈다는 것이다.

참여적 방법: 상담가 이야기 나누기

상담가가 과정에 참여하는 하나의 방법은 자신의 이야기를 나누는 것이다. 위의 준시와 나의 예에서처럼 물이 흐르다 길을 찾지 못해 한 곳에 고여 있을 때 물길을 터 주듯, 나의 이야기를 통해 이야기의 물길을 터 줄 수도 있다. 그러나 전문가로서의 처방이나 지시를 내려서는 안 된다. 또한 과정에 참여하는 것은 상담가가 여러 가지 사회·문화적 담론이나 다른 케이스의 이야기들을 소개해 주고, 또 질문을 통해 다른 각도에서 이해할 수 있는 폭을 넓혀 보는 것이다. 이러한 과정을 통해 기존의 규범이 되고 표준이 되는 담론들을 새롭게 재구성해 보고 해석하는 과정을 함께 걸어가는 것이다(Weingarten 2000:402). 만약 재혼 가정의 부부가 상담을 한다고 할 때, 상담가는 자신의 책장에 꽂혀 있는 책들로부터 재혼 가정에 대한 이론들을 충분히 숙지하고 그 부부에게 소개할 수 있다. 그리고 그 이론들이 왜 꼭 그래야 하는지 마치 자신이 재혼 가정의 일원인 것처럼 느끼면서 질문해 보고 내담자와 토론할 수 있다. 왜 재혼 가정의 표준이 초혼 가정이나 전통적 가정 형태의 그것과 같아야 하는지, 왜 재혼 가정의 남성, 여성의 역할은 전통적으로 내려온 역할과 같은 것을 강요당해야 하는지 등에 대해 진지하게 묻고 토론해야 한다.

| 참여적 방법: 내담자가 상담 일정에 참여함 |

참여적 상담은 또한 내담자가 상담 일정에도 적극적으로 참여하는 것을 말한다. 스케줄이나 회기의 지속 여부, 상담가가 이해한 이해의 교정, 상담 과정의 평가가 상담가 자신이 아닌 내담자의 손을 거쳐야 한다. 아무리 배관공이 배관에 관한 한 베테랑이라 할지라도 그 집의 전체적인 구조 그리고 집주인의 상황에 맞지 않으면 배관 수리가 어렵듯이, 내담자 자신이 다음 회기의 참여 여부, 상담 과정에서 도움이 되었던 것과 그렇지 않은 것을 자유롭게 말할 수 있어야 하고, 상담가는 그런 분위기 조성에 힘써야 한다.

나의 경험으로 볼 때 위의 것들 중 회기를 내담자 마음대로 정하는 것은 그리 효과적이지 않음을 실감한다. 그러나 다른 한편으로 보면 상담가가 회기를 지속시키려는 상업적 의도는 막을 수 있을 것이다. 그리고 만약 상담가가 상담이 더 필요하다고 생각되면 적극적으로 자신의 의견을 개진할 수도 있지 않을까 생각한다. 다만 조심스러운 것은 상담가의 위치 때문에 내담자가 거부할 수 없는 분위기가 형성되는 것이다.

상담은 과학 이전에 윤리다.

| 내담자의 책임성 강조 |

내담자에게 인식시켜야 할 참여의 자세 중 가장 중요한 부분은 상담의 키는 자신이 가지고 있으며 그 열매도 자신이 가지고 있다는 것이다. 이제껏 우리는 상담이란 단어를 떠올리면 마치 상담가는 해결책을 주어야 한다고 믿어 왔다. 그러나 누가 누구에게 인생의 해결책이 "이거요"라고 하며 줄 수 있겠는가? 상담가 역시 배우는 자다. 해결 방도를 일러 주겠다는 의지는 곧 하나님의 자리를 대신하겠다는 것과 진배없다. 오직 자신만이 자신의 이야기를 써내려 갈 수 있고 풍부히 할 수 있음을 내담자 역시 각인해야 한다.

나의 상담 홈페이지에 글을 올리거나 전화를 해 오시는 분들 중 백 퍼센트 똑같은 내용이 하나 있다. 사연과 어려움을 토로하고 그 사연 역시 각각이지만 모든 사연의 마지막 한마디는 "어떻게 해야 할지 가르쳐 주세요"이다. 이럴 땐 나 역시 가슴이 탁 막힌다. 물론 그들과 비슷한 사연, 사례가 없는 것이 아니다. 또한 많은 책에서 이럴 땐 이렇게 하고 저럴 땐 저렇게 하라고 조언하기도 한다. 그러나 분명한 나의 입장은 "나는 종합 감기약은 사용하지도 않고, 있지도 않다"는 것이다.

┃ 사회·문화에 참여 ┃

　참여적 상담은 '사회 운동'이다. 이는 내담자가 들고 온 문제를 개인으로 국한시키는 것이 아니라 자신이 속한 사회·문화 공동체의 사안으로 인식하는 것을 말하며, 공동체로 승화시키는 것을 말한다. 비근한 예가 가정 안에서 여성의 지위 문제다. 가정 안에서 여성과 남성이 해야 할 일을 우리 사회는 분명하게 가름해 주고 있다. 그런데 만약 그와 다른 형태의 삶을 한 성이 다른 성에게 요구한다면, 그 부부에게 사회·문화적 요소는 필연적으로 갈등을 부추기는 요소가 될 것이다. 혹은 그 부부가 가정에서의 부부의 역할을 사회·문화적인 신념과 다른 삶의 형태로 실천하고 있다면, 그들은 필시 그 공동체에 의해 '이단아', '비정상'이란 딱지가 붙을 것이다. 좀더 좋게 표현해서 '특이한' 부부로 자리매김 될 것이다. 참여적 상담은 자신들만의 세계를 유지하고 발전시킬 수 있도록 돕고, 그들이 속한 공동체의 변화를 위해 노력하는 것이다. 그 변화는 공동체와 개인이 동시에 공존하고 발전할 수 있는 변화다. 어느 한쪽의 희생이 요구되어서도 강요당해서도 안 된다.
　나레티브 상담이 기대하는 사회란 어떤 것이냐고 묻는다면 나는 수달을 예로 들고 싶다. 나는 일전에 캐나다의 역사학자를 만난 적이 있다. 그에 의하면 캐나다는 국가를 대표하는 동물로 비버를 선정했다고 한다. 왜냐하면 비버의 삶은 그들이 추구하는 국가관을 잘 표현해 준다고 보기 때문이란다. 그의 설명에 의하면 비버는 자신들이 살 댐을 지을 때는 함께 공동 작업을 한다고 한다. 그리고 댐이 완성되었을 때는 자신들만의 영역을 가지고 개체적인 삶을 영유한다고 한다. 즉 개체적 삶을 살면서도 공동체적인 삶을 산다는 것이다. 물론 나레티브 상담 학자들이 모두 이와 같이 생각하는지는 나도 모르겠다. 그렇지만 내 개인적으로는 나레티브 상담을 공부하고 실천할 때마다 느끼는 점이다.

나레티브 상담가의 기초적 전제 조건

내가 상담가의 자질에 대해 논할 수는 없다. 상담가의 자질을 논한다든지 기본 자세를 말해야 한다면, 아마도 우리 한국 사회에서 오랜 기간 임상하고 상담학의 한 축을 형성하고 계시는 많은 어른들께서 하셔야 하지 않을까 싶다. 그럼에도 불구하고 내가 여기서 나레티브 상담가에게 필요한 기본적인 전제 조건을 말하고자 하는 것은 단지 상담에 관심을 가지는 적잖은 예비 상담가들의 질문에 대한 답을 나름대로 정리해 보기 위함이며, 또한 나레티브 상담을 실천할 때 필요한 기본 전제를 말하고자 하는 것이다. 미리 밝혀 두는 것은 내가 제시하는 전제들이란 것이 나의 개인적이고 경험적인 것이지 나레티브 상담학자들의 논의를 거친 규정이 아니라는 것이다.

사람에 대한 열정이 있는가?

상당히 많은 사람들이 상담가의 길에 관심을 가지고 질문하는 것이 자신에게 상담가로서의 달란트가 있는지, 있다면 어떻게 체크할 수 있는지에 관한 것이다. 이 질문 속에는 이런 뉘앙스가 있다고 생각한다.

상담가라고 하면 말을 잘 한다든지, 누군가의 고민을 들어줄 때 아주 지혜로운 말들을 해 주거나 명쾌하게 분석하여 화자도 인식하지 못했던 것을 시원하게 풀어 주는 사람을 쉽게 떠올리는 경우가 많다. 분명 이것 역시 달란트임이 확실한 것 같다. 그러나 나는 상담가에게는 달란트가 강조되기보다는 "사람에 대한 열정이 있는가?"라는 자기 체크 업이 먼저 되어야 한다고 생각한다. 상담가는 삶을 상대하는 사람이다. 삶의 주체는 사람이다. 그렇기 때문에 상담가는 사람에 대한 순수한 열정이 우선되어야 한다고 나는 믿는다.

일에 대한 열정이 있는 사람 역시 상담을 잘 진행할 수 있다. 아니, 어쩌면 사람에 대한 열정이 있는 사람보다 더 뛰어나게 할 수 있을 것이다. 왜냐하면 이런 사람은 보통 일을 조직하고 기획하고 과정을 이끌어가는 데 탁월한 능력을 발휘하는 경우가 많기 때문이다. 상담 역시 그렇게 진행할 수 있을 것이다. 특히 이런 사람은 집단 상담 프로그램을 개발한다든지 추진하는 데 아주 적합하지 않을까 싶다. 그러나 이런 사람이 사람에 대한 열정이 없다면 삶의 주체인 내담자를 객체화, 그리고 대상화시킬 염려가 있다고 나는 생각한다. 또한 심하게 말해서 프로그램 지상주의에 빠져 단말마적이고 말초적인 프로그램 진행에 집착할 수도 있다. 왜냐하면 프로그램이 성공작이어야 하니까 말이다. 이때 아프고 쓰린 가슴을 안고 참여한 많은 사람들은 상담 프로그램 중독에 빠질 우려가 있다.

그러나 사람에 대한 열정이 있는 사람은 일 중심으로 내담자를 만나는 것이 아니라 사람 중심으로, 가슴으로 만난다. 그렇기 때문에 감정이입이 가능한 것이다. 사람에 대한 열정이 있다 함은 내담자를 상담 과정에서 한 주체로 여기며, 위에서도 언급했듯이 삶의 한 전문가이자 인생의 동반자로 보는 것이다. 즉 그에게 이미 해결책이 있고 자기만의 노하우가 있다고 보는 것이다. 그러나 지금 이 순간 상담실에 앉아 있는 이유는 자신의 그 무엇인가를 찾기 위해 도움을 필요로 하는 어느 한 인생의 동반자를 만나고 있는 것이다.

오픈할 수 있는가?

앞에서도 언급했듯이 나레티브 상담은 내담자나 상담가가 동등선상에서 참여적 자세를 가져야 한다. 참여 과정에서 특히 내담자의 이야기 흐름에 도움이 될 수 있다면 상담가의 이야기를 오픈하는 것도 마다하지 않는 자세가 나레티브 상담에서 필요로 하는 덕목이다. 나는 지금 덕목이란 단어를 썼다. 왜냐하면 어느 누군가의 이야기가 이야기되었을 때 그 이야기는 더 이상 한 개인의 소유된 이야기가 아니며, 개인의 소유가 되어서도 안 된다고 생각하기 때문이다.

나레티브 상담가로서 나의 경험상 나 자신을 연다는 것은 무척이나 힘든 과정이었다. 자신을 보여 준다는 것 이상으로 나의 아픈 상처를 말하고 또 한다는 것은 그리 쉬운 것이 아니었다. 그러나 그 상처를 계속적으로 밖으로 퍼내는 것은 내담자 개인에게만이 아니라 나 자신에게도 유익하다는 것을 느꼈다. 이야기의 회가 거듭될수록 나의 상처에 대한 이해와 해석은 진화해 가는 경험을 했다.

이야기가 이야기되었을 때는 어떤 목적과 의도가 있었던 것이기에 이미 긍정적으로든 부정적으로든 사회화되는 것이다. 마찬가지로 상담가로서의 나 자신의 과거의 아픔이나 현재 직면한 문제들, 혹은 더 나아가서 미래의 원하는 이야기들은 - 최소한 상담가의 길을 가겠다고 한다면 - 나만의 것이 되어서는 안 된다. 상담가 자신이 내담자에게 무엇인가 도움이 될 수 있다면 기꺼이 나누고 거기에서 보람을 느낄 수 있어야 한다고 생각한다. 이러한 참여 속에서 내담자의 이야기는 더욱 풍부화될 수도 있고, 막힌 이야기 줄기가 터지는 경험을 할 수도 있다. 즉 내담자의 기억과 상상을 더욱 극대화할 수 있다는 것이다.

투명(Transparency)할 수 있는가?

내가 말하는 투명성이란 공무원 사회나 교육자 세계 같은 곳에서 요구되는 투명성이 아니다. 자신의 선지식이나 혹은 종교적 성향을 내담자에게 강요하거나 암시하지 않을 수 있느냐는 것이다. 누구든지 선지식, 선경험과 이해 그리고 종교적 신념이 있다. 상담가도 마찬가지다.

상담가는 그 대상인 내담자에게 교육자와 비슷한 영향력과 위치를 선점하고 있다. 교육자의 단순한 말 한마디일지라도 교육 수혜자는 그 것을 단순하게 받아들이지 못하는 구조가 교육자와 수혜자 사이에는 존재한다. 상담 구조도 마찬가지다. 그렇기 때문에 상담가는 교육자와는 다르게 자신의 선지식이나 종교적 신념이 내담자에게 암시 혹은 강요되지 않도록 최대한 주의를 기울일 필요가 있다. 종교적 신념에 얽힌 내담자의 이야기는 충분히 의미 있고 가치가 있는 것이다. 그렇다고 해서 상담가의 그것과 동일시한다면 커다란 우를 범하는 것이다.

이 문제는 상당히 중요한 것이다. 지금 이 사회에서 상당히 민감한 문제 중의 하나를 예로 든다면 동성 커플 혹은 트렌스 젠더 문제다. 또한 이혼이나 황혼의 재혼 문제 등도 들 수 있다. 현재 우리 사회에서는 지금 내가 예를 든 것들에 대해 쉽게 상담가가 투명한 모습을 가지기는 어려운 것이 현실이다.

나레티브 접근법에서 항상 주의를 기울이고 있는 것은 사회·문화적 담론이다. 상담가나 내담자가 이 사회·문화적 담론을 분석, 관찰하는 것만이 요구되는 것이 아니라 해체와 재해석까지 요구된다. 우리 문화 속에서는 상담가가 가지고 있는 종교적 신념이나 선지식들에 의해 구성되어 있는 것들도 많다. 즉 상담가의 선지식들과 신념들도 분석과 해체 그리고 재해석의 대상이다. 그런 대상을 내담자에게 주입하거나 암시한다면 나레티브 접근법에서 요구하는 윤리적 자세와는 거리가 멀어진다.

기억과 이야기

상담가 자신을 오픈한다는 것은 단지 상담가의 덕목인 것만은 아니다. 위에서 말했듯이 내담자 자신이 자신의 기억 속을 탐험하는 데 유용한 역할을 해 줄 수 있다. 개인의 이야기와 관계들은 시간과 공간적 배열 속에 있는 기억에 많이 의존하고 있기 때문이다. 보통 전통적인 상담기법에서는 정교하고 심오하게 의식과 무의식의 세계를 분석하고 무의식 속에 잠재해 있는 무엇인가를 과학적 접근을 통해 찾아내어 치료에 도구로 사용한다. 이러한 기법들은 무의식의 세계를 곧 '그 어떤 곳'에 있는 '그 무엇'이라고 본다. 혹은 삶의 수면 위로 나타나지 않은 '잃어버린 세계'나 '잊어버린 기억' 등으로 간주한다.

또 다른 관점은 뇌의 작용, 즉 우리 몸에 있는 물체의 활동 영역으로 간주하기도 한다. 인간의 '기억'도 이 무의식의 한 영역으로 간주되어 '기억'이란 뇌의 작용이요, 뇌의 한 부분이 기억을 관장하는 것으로 이해한다. 뇌의 화학 작용으로 인해 기억의 극대화나 장애가 이루어진다고 생각한다. 그리고 여기에 심리적 요소들이 추가된 것으로 본다고 할 수 있다.

이러한 관점은 인간을 자연 진화론과 심리적 진화론에 기초하여 보고 있다고 할 수 있다. 이러한 관점에 의하면 결국 기억이란 개인 속에 내재한 능력이며 책임이란 등식이 성립된다. 다시 말하면, 기억이란 부모에게서 물려받은 귀한 자산이 될 수도 있고, 재앙이 될 수도 있다는 것이고, 또한 신비한 것으로서 개인의 능력에 의해 얻어지는 것이라고 할 수 있다. 한마디로 말하면, 기억은 극히 개인적인 것이다.

| 참여적 기억(Participatory Memory) |

그와는 다르게 나레티브 접근법에서는 기억에 대해 다른 인식론을 가지고 있다. 그렇다고 해서 기억에 대한 전통적 접근과 연구를 폄하하지는 않는다. 단지 또 다른 측면의 '기억'이란 것을 강조하고 싶은 것이다. 사회 구성주의 학자 Sampson(1989)은 기억이란 단지 개인의 영역이 아니라 사회·문화적으로 구성된 것이며, 사회·문화적 담론 내에서 서로간의 연결된 결과물이라고 주장한다. 어느 한 사람의 기억은 그 자신이 사회·문화 속에서 배운 지식과 생각, 개념, 가치, 행동 양식에 대한 처리(manage)로서 반응(response)과 반사(reflection) 행동이다. 사회적

으로 인정된 방법이나 요구에 부합하여 자신이 가지고 있는 정보를 시공간(time and space) 속에서 그 사회・문화의 배경에 맞도록 처리한 것이 기억이다. 기억을 한마디로 말하면 '연합 행위'(joint action: C. Smith & D. Nylund 1997:338)라고 할 수 있다. 그래서 사회 구성주의자들은 이러한 기억의 특성을 '참여적 기억'(participatory memory) 혹은 '참여적 인식'(Participatory cognition)(Fogel 1993:122)이라고 부른다.

Tharp와 Gallimore(1988:14)가 이해하기 쉬운 예문으로 기억의 문제를 설명했다. 어느 날 자신의 여섯 살 난 딸이 장난감을 잃어버렸다. 딸은 속이 상해서 아빠에게 투정을 부렸다. 그때 아빠가 딸에게 어디서 잃어버렸는지 기억이 나지 않느냐고 물었다. 그랬더니 딸은 "기억할 수 없어요"라고만 말했다. 아빠는 계속해서 딸에게 물었다. "네 방을 찾아봤니? 밖에는? 혹시 토미네 집에 두고 온 건 아니야?" 딸의 반응은 "응, 아니"라고만 했다. 그러던 순간 아빠가 "차 안에 두고 내린 것 아니니?"라고 물어 봤을 때, 딸의 얼굴에는 화사한 미소가 돌면서 이렇게 외쳤다. "아, 그렇다. 거기에 두고 온 것 같아."

이 이야기 속에서 우리는 딸이 온전히 기억했다고 보기도 어렵고 그렇다고 아빠가 기억했다고 볼 수도 없다. 잃어버린 장남감에 대한 기억을 끌어낸 것은 '연합된 성취물'(joint accomplishment)의 결과다. 딸은 아빠의 도움을 받은 후에, 그것을 가지고 자신의 기억을 회생해 낸 것이다. 즉 기억이란 사회적이고 상호 공동체적으로 구축된 것이고, 구체적인 콘텍스트 안에서의 회생이다. 기억의 재생이 무엇과 연관되느냐, 어떤 것과 관계하느냐, 기억이 어떤 상황에서 요구되느냐에 따라 기억의 회생은 차이를 보인다. 또한 어떤 동기와 목적 그리고 관점에 의해 처리되느냐에 따라 그 차이는 달라진다. 그러므로 나레티브 접근법은 개인의 기억을 개인의 능력이나 생리적인 것 혹은 인지주의가 말하는 뇌의 구성 물질 혹은 화학적인 반응만으로 규정하여 개인적 유능성이나 개인적 능력의 차이로만 판단하려 하지 않고 사회적이며, 공동체적이고, 구체적인 콘텍스트를 통해서도 바라보려는 시도를 하고 있다.

나레티브 상담의 실제

이 장에서는 이제 좀더 실천적인 방법들을 다뤄 보기로 하자. 위에서 이미 설명한 개념이나 용어들이 다시 중복되어 설명될 것이다. 이 점을 양해해 주기 바란다.

나레티브 접근법이 기초가 되는 상담을 실천할 때는 기존의 상담 기법과는 사뭇 다른 실천적 방법들이 요구된다. 한 예로, 나레티브 상담에서는 정교하게 짜여진 대화의 구조나 어떤 구체적인 정보를 듣기 위한 유도성 질문을 거부한다. 나레티브 상담에서는 Rogers 학파들(Rogerian)이나 시스템 학자들에게서 자주 언급되는 상담 전략이나 처방이라는 단어는 찾아 볼 수 없다. 왜냐하면 나레티브 상담은 내담자에게 전략적 접근을 하지 않으며, 상담가의 처방책을 내리는 것을 목표로 하지 않기 때문이다. 그러므로 나레티브 상담에서는 내담자에 대한 심리 테스트나 검사 등과 같은 체크 리스트가 없으며, 내담자에 대한 정보 수집, 분석, 그에 따른 판독(해석) 등도 없다. 이야기 상담(치료)의 가장 중요한 것은 이야기가 이야기로 흐르게 하는 것이다.

그렇다면 나레티브 상담에는 과연 내담자에게 접근하는 구체적인 것과 치유의 툴(therapeutic tool)이 있는 것일까? 내담자에 대한 정보 없이 그리고 분석 없이 상담(치유)이 가능한 것일까? 해석과 판독 없이 처방을 내릴 수 있단 말인가? 사실 많은 사람들이 "나레티브 상담은 어떤 툴을 사용하는가? 그리고 과연 툴이란 것은 있는가?"라는 질문을 많이 한다. 정확히 말한다면 "없다"가 답이라고 생각한다. 왜냐하면 나레티브 상담의 성패는 툴이나 기법(skill)에 있지 않고 접근(approach)의 자세와 이야기의 흐름에 있기 때문이다. 툴이나 기법이란 기술적 방법들을 말하는 것이고, 접근하는 자세란 철학적 패러다임(paradigm)을 전제로 한다. III장에서 구체적으로 다시 논하겠지만 나레티브 상담의 철학적 패러다임은 상담에 대한 총체적 변환(total shift)을 요구한다. 그 총체적 변환은 방법론과 윤리적 패러다임의 변환을 동시에 요구하고 있다. 때문에 모던이즘(Modernism)에 기반을 둔 상담은 효과적이고 유효한 기법을 강조하는 반면, 나레티브 상담은 상담에 대한 기본 인식부터 달리하기 때문에 기법이 아닌 인식적 접근과 자세가 먼저 요구된다.

교류를 통한 접근

나레티브 상담은 이름 그대로 이야기 상담이다. 이야기 상담이라고 해서 단지 이야기를 '하는 행위', 즉 대화를 가지고 이야기 상담이라고 하지는 않는다. 이야기 상담에 관심이 있는 많은 사람들이 이야기를 하면서 하는 것이 이야기 상담이라고 오해하기도 한다. 그러나 그렇지 않다. 이야기란 인식론이고 존재론이다. 이 인식론적이고 존재론적인 것들이 포함된 이야기가 어떻게 발현되고, 삶에서 어떤 역할을 하고, 어떻게 다른 사람에게 전달되는지를 고민하는 것이 이야기 상담이다.

그 방법 중의 하나가 바로 커뮤니케이션(communication)의 방법들이다. 원활한 커뮤니케이션을 위해서는 여러 가지 것들이 내담자와 상담가에 의해 선택되어 이용된다. 그 중 대표적인 것 중의 하나가 말로 하는 '대화'(conversation)일 뿐이다. 나레티브 상담은 효과적인 커뮤니케이션을 위해 여러 가지 방법들을 사용하는데, 대체적으로 놀이, 예술, 역할극, 드라마, 심벌, 상상 등을 활용한다. 혹 대화를 기저로 한다면 '효과적인' 대화보다는 '바람직한' 대화, 유효한 '기법'보다는 '윤리적인'

자세에 강조점을 둔다.

| 대화란 |

어떤 형태의 대화이든 대화는 인간관계 안에서 이루어진다. 서로가 좋은 관계이든 나쁜 관계이든, 사업상이든 이해 관계가 있든 없든 간에 어떤 목적을 가지고 이루어지는 것이 대화다. 그 목적 안에서 대화 파트너끼리 대화를 통해 서로를 알아 가고자 하는 것이며, 궁극적으로는 목적을 위해 서로가 영향을 주거나 받기 위해 시도하는 방법 중의 하나가 대화다.

영어에서 대화를 의미하는 단어로는 컨버세이션(conversation) 외에 다이알로그(dialogue)가 있다. 이 말의 헬라어 어원을 보면 그 의미를 더 정확하게 알 수 있다. 다이알로그는 'dia'와 'logos'의 합성어다. 즉 생각이라는 단어의 dia와 말, 의미 혹은 함께 모은다는 단어의 logos가 합쳐진 것이다. 즉 생각을 말로 구체화한다, 혹은 생각을 함께 모은다, 또한 말을 통해 의미를 확실시한다고 볼 수 있다.

그러므로 대화는 사회적 상호 작용이라 할 수 있다. 대화를 통해서 사람들은 자신의 의식 세계와 경험에 대한 의미, 삶을 보는 관점 등을 다른 사람에게 인식시키려고 시도한다. 그렇기 때문에 나레티브 상담에서는 내담자와 상담가의 관계성을 중시한다. 관계성이란 사회적 상호 작용을 원활히 하기 때문이다. 이것은 곧 상담 대화의 질과 깊이를 더하는 중요한 점이다.

더불어서 대화는 사회적 상호 작용의 측면만 있는 것이 아니라 개인적인 측면도 가지고 있다. 대화를 통해 사람은 자신의 내적 성장의 축을 만들고, 그것을 내면화(internalization)한다. Dallos에 의하면 대화를 통해 내면화된 것들이 개인의 기억이나 주의력, 개념들, 가치, 문제 해결 능력 등의 근본을 이룬다고 역설한다(1997:63). 즉 순기능적이든 역기능적이든 대화의 결과들은 개인의 내면 세계에 영향을 준다고 볼 수 있다.

개인과 개인 간에 대화가 진행될 때 서로의 관계 변화를 꾀하는 역학 관계(power relation)가 형성된다(Gordon 1980:141). 이 말은 어느 한쪽이 다른 한쪽을 힘으로 누른다든지 하는 역학 관계가 아니라, 대화 파트너 간에 오고 가는 언어와 단어의 의미들이 대화의 내용과 흐름, 그리고 방향에 지대한 영향을 끼친다는 것이다. 대화자들 중에 먼저 말을 시작한 사람의 언어나 내용, 태도, 톤 등에 의해 대화 파트너가 할 수 있는 말, 하고 싶은 말, 쓰려는 단어 그리고 파트너의 반응에 지대한 영향을 끼치게 된다.

예를 들자면, 갈등을 겪고 있는 부부가 서로 갈등 해소를 위해 대화를 시작했다고 하자. 먼저 말을 시작한 사람이 파트너에게 "사랑하는 XXX"라고 시작하던가, 아니면 "말이 안 통하는 OOO"라는 단어로 시작했다고 하자. 그럴 때 큰 변수가 없는 한 대화 파트너에게서 돌아오는 내용은 현격한 차이가 있을 것이다. 그리고 전자의 언어가 사용되었든 후자의 언어가 선택되었든 그 단어에 걸맞는 태도 또한 대화 파트너의 반응을 좌우할 것이 자명하다. 이처럼 대화에 사용되는 언어나 시점, 태도 등은 힘의 역학이 발생하게 된다. Shotter는 이것을 언어적으로 구성된 관계(linguistically constructed relationship)라고 말한다(1993:23). 그에 의하면 대화는 기존의 관계에 변화를 주기도 하고, 더 나아가서 또 다른 새로운 현실을 창출하기도 한다.

그렇기 때문에, 나레티브 상담에서 대화의 우선권, 언어의 선택권 등은 상담가에게 있는 것이 아니라 내담자에게 주어져야 한다. 내담자가 자신의 이야기를 시작하고, 선택하고, '문제 드러내기'에 있어서 주체다. 그리고 대화 상대인 상담가는 비중심적 주체(a decentred centre)가 되어야 한다. 즉 지금(상담 중) 이야기되고 있는 이야기의 주체는 아니지만 그 이야기에 지금(상담 중) 참여하는 하나의 주체적인 참여자라는 뜻이라고 할 수 있다. 그러므로 나레티브 상담은 상담가에게 '부지의 자세'로 자신을 견인해 나갈 것을 강조하는 것이다. 그러나 언급했듯이 부지의 자세는 수동적이 아닌 능동적인 자세이기에 '참여의 자세'를 요구하는 것이다. 나레티브 상담을 실천함에 있어서 부지의 자세와 참여의 자세를 동시에 가능케 하는 자세가 바로 '역동적으로 듣는 자'(active listener)이다.

| 듣기를 통한 대화 |

그러면 상담가가 어떻게 상담(치유)의 과정을 이끄는 것이 아니라 진행시켜 갈 것인가? 나레티브 상담은 '질문'을 통해 내담자의 세계에 접근하고 상담을 진행해야 한다. 그러나 '질문'에 선행하는 것이 있다. 바로 '듣는 자세'(listening attitude)다. 역동적으로 듣는 자세가 요구된다는 것이다. 나는 이것을 '반사적 듣기'(reflective listening)와 '반응적 듣기'(responsive listening)로 나누고 싶다.

반사적 자세(Reflective Listening)

반사적 듣기란 마치 햇빛이 거울에 비칠 때 빛이 거울에 반사되어 즉각적으로 되돌아가는 현상과도 같은 것이다. 다른 사람의 이야기를 들을 때 말하는 사람의 단어나 표현이 '반사'되어 '즉각적'(immediately)으로 화자에게 되돌아가는 것이라고 할 수 있다. 다시 말하면, 화자가 대화에서 쓴 단어의 의미나 느낌, 분위기가 고려되지 않은 것으로서 화자의 입에서 나온 단어나 문법에만 국한된 반응이라고 할 수 있다.

반사적 듣기를 심하게 말하면 듣는 화자의 이야기를 주의력 있게 듣고 있지 않는 상태라고 할 수 있다. 이런 현상은 대체적으로 상명하달의 구조와 같은 불평등한 형태의 대화에서 나타날 때가 많다. 이러한 대화 구조 하에서의 '듣기'는 말 그대로 수박 겉핥기식으로 대화가 죽은 문자에만 매달려 있는 형국이라고 할 수 있고, 결국은 상담가(전문가)가 가지고 있는 지식의 틀에 비추어 듣는 것이다. 전문가의 지식의 틀을 중심으로 내담자의 이야기나 정보는 전문가의 분석과 해석을 위해 선택적으로 수용된다.

말(utterance)이란 생명체가 없는 문자를 소리(sound)로 나타낸 것이다. 그 문자들에 의미와 내용, 그리고 화자가 뭔가 성취하고자 하는 의지가 배어 있을 때, 문자는 살아나서 어떤 역할을 하게 된다. 말 속에 의미와 내용, 화자의 의지와 목적 등이 실려 있지 않으면 소음에 불과한 것이다. 그러나 의미가 없는 소리는 소리(sound)가 아니라 소음(noise)이다.

그러나 아무리 말이 의미를 내포하고 있다 할지라도, 말에 의해 화자의 의지가 총체적이고 세밀하게 드러나기란 불가능하다. 또한 말이란 상호적이지 개인적인 영역이 아니다. 그러므로 반응하는 상대나 대화 파트너의 자세와 반응에 따라 다음 단계의 대화가 성립되고, 전 단계에서 했던 대화의 뜻이 전달되었는지가 가늠된다.

예를 들어보자. 어떤 초등학생이 아침에 바쁘게 학교 갈 준비를 하다가 엄마에게 조금 톤을 높여서 다급한 목소리로 외친다. "엄마! 어제 체육복 빨았어?" 그런데 엄마의 대답은 아주 간단하게 "아니"다. 그때 아이는 "어, 이상하다. 없어. 엄마, 어디 있는지 몰라?" 그때 엄마는 "잘 찾아 봐. 어디에다 두고 그래. 학교 늦겠다. 빨리 나와"라고만 반응한다. 이 대화에서 아이의 표면적 단어의 내용은 '세탁'이고 '어디다 두었는지' 이다. 그러나 아이가 자신이 선택한 언어를 통해 전달하고자 하는 의미는 "나 바쁜데 못 찾겠어!"와 "엄마, 도와줘"라고 할 수 있다. 그러나 아이의 말에서 사용된 단어에 대한 엄마의 즉각적 반사는 "세탁 안 했어"와 "빨리 찾아"이다. 또 한 가지, 엄마의 반사적 단어는 아이의 그 다음 단계의 말에 영향을 미쳐서 "어, 이상하다. 없어"이고 조금 발전해서 자기의 의미가 조금 더 확실한 내용 전달을 한다. 즉 "어디 있는지 몰라?"이다. 엄마의 '반사적 듣기'는 결국 애타는 아이의 심정과 바쁘게 학교 갈 준비를 하는 아이에게 도움이 되지 않고 있다.

이런 대화와 듣기 자세는 특히 갈등을 겪고 있는 부부간의 대화에서 빈번하게 나타나며, 서로가 단어와 표현만을 가지고 서로 밀고 당기는 것을 많이 볼 수 있다. 수많은 갈등의 지속이 의외로 가족의 시스템이나 기능에 문제가 있는 것이 아니라 이런 대화에서 오는 경우가 많다는 것을 짐작할 수 있다. 상담에서도 마찬가지다. 상담가가 내담자의 단어나 표현을 반사적 자세로 듣게 되면 비생산적이고 비효과적인 대화가 이어질 가능성이 농후하다. 상담가의 듣기 자세는 내담자에게 지적하거나 지시하고자 하는 반사적인 것이 아닌 반응(responsive)적인 것이어야 한다.

반응적 자세(Responsive Listening)

반응적 듣기란 마치 빛이 볼록 렌즈에 투과되어 어떤 변화를 일으키는 현상과도 같다. 영어 단어 'responsive'에는 '책임'(responsibility)이라는 의미가 내포되어 있다. 책임은 상호적이며 관계적이다. 관계 없이 책임이란 단어는 사용되지 않는다. 또한 책임이 상호적이지 않을 때는 책임이라고 할 수 없다. 어떤 실체에 대해 반응한다는 것은 반응하는 목적물에 책임적으로 임하는 것이라고 할 수 있다. 즉 반응적 듣기는 화자의 말에 책임 있는 자세로 임한다는 것이다. 반응적 대화는 화자가 왜 이야기하고 있는지, 또 듣는 자신은 어떻게 이해하고 있는지에 대해 상호 작용하며 체크하는 것이다. 듣기는 반응적이어야 한다. 듣는 자는 자신이 지금 듣고 있는 것에 항상 반응할 자세를 갖추고 있어야 한다. 그러므로 반응적 듣기는 곧 '동적인 활동'이고 책임이 수반되는 것으로서 화자의 말이 의미하는 바와 화자의 의지를 이해하려는 자세다.

나레티브 상담 실천에 있어서도 상담가가 어떤 대화의 자세를 가지느냐는 문제는 곧 내담자를 더욱 알아 가고 이해하고자 하는 상담가의 의지와도 직결되는 것이다. 이러한 자세는 또한 내담자에게 자존감(self-esteem)과 자신이 받아들여지고(acceptance) 있다는 느낌을 갖게 할 수 있다. 상담이 진행될 때 대화 파트너들 사이에 서로에게 받아들여지고 있다는 느낌과 분위기는 대화의 질을 높일 뿐만 아니라 이해의 깊이를 더해 줄 수도 있다. 나는 언젠가 백석대학교 교수 오제은 박사의 이마고(IMAGO) 트레이닝을 할 때 좋은 예를 하나 본 적이 있다. 오제은 박사는 상담을 할 때 미러링(mirroring)이 중요하다고 누차 강조하고 자신이 손수 시범을 보여 주었다. 미러링이란 간단하게 말한다면 화자가 말한 것을 대화 상대가 화자의 어구 자체만이 아니라 정서적인 면까지 그대로 받아들이고, 자신이 받아들인 것을 화자에게 확인하면서 자신이 옳게 이해했는지를 체크하는 것이다. 구체적인 예로서 "…(화자의 말을 뒤풀이하고)…제가 아무개 님의 말을 옳게 이해했나요?"라고 하면서 매듭을 짓는 것이다. 미러링의 예와 같이 상담가의 반응적 듣기는 반응하기 위해 내담자의 이야기 자체를 듣는 것만이 아니라 이해하기 위해서 듣는 것이다. 분석하기 위해 듣는 것은 내담자가 분석의 '대상'이 되는 것이 선행이지만, 누군가를 '이해'한다는 것은 그 누군가를 먼저 총체적으로 받아들이지 않고서는 어려운 과제다. 그러므로 반응적 듣기는 '부지의 자세'의 실천이요, '참여적 자세'의 구체적 행동이라고 할 수 있다.

질문하기(Questioning)

살아 움직이는 실체(reality)인 내담자를 짜여진 설문지 같은 것을 이용하여 어떤 내담자의 패턴이나 습관, 가치관, 시스템 등을 규정하려는 시도를 나레티브에서는 선호하지 않는다. 더욱이 항목을 정해 놓고 몇 점이면 무슨 증상, 몇 점이 넘으면 위험 수치라는 도식도 나레티브 상담에서는 어울리는 방법이 아니다. 또한 내담자가 자신에 대해 묘사한 몇

마디와 수많은 사건과 상황들이 묻혀 있는 과거를 짧은 시간 동안 듣고 그것들을 분석하거나 해석하려는 것을 극단적으로 거부한다. 그보다는 좀더 폭넓게 이야기가 넓혀지고 풍부화되기를 바란다. 그렇다면 내담자의 많은 것을 포함하고 있는 이야기를 '이해'하기 위해서 어떻게 접근할 것인가? 그것은 바로 '질문하기'(questioning)를 통해서다. '질문하기'는 나레티브 상담의 정수 중의 하나라고 할 수 있다.

| 배우려는 호기심(Curiosity) |

나레티브 상담을 진행할 때 '질문하기'는 상담가의 '호기심'(curiosity)에서 우러나오며 부지의 자세로 인해 질문이 다양해질 수 있다. 독자 여러분이 이 '호기심'이란 단어의 뜻을 오해하지 않기를 바란다. 우리 문화 속에서 호기심이란 단어는 조금 부정적으로 사용될 때가 있다. 호기심의 대상은 마치 동물원 원숭이 같은 느낌이 들 때도 있는 관찰의 대상으로 다가오는 단어다. 내가 지금 여기서 쓰는 단어 '호기심'의 의미를 오해하지 말기 바란다. 여기서 말하는 호기심이란 단어를 우리 문화 상황에 맞춰 말한다면 내담자에 대한 상담가의 깊은 관심 속에서 배우려는 마음이다.

| 질문이 있으라! |

어떤 호기심인가? 크게 두 가지 영역에서 모든 것에 대한 "질문이 있

으라"이다. 첫째는 기존까지 내려오던 사회·문화적으로 당연시(taken for granted)되었던 담론에 대해 건강하고 건전하며 발전 지향적인 도전이 '질문'이다. 상담가 앞에 앉아 있는 내담자와 그가 속한 문화에서 당연한 의미, 당연시되던 행위, 당연하던 기준, 당연한 해석에 대해 그 외의 다른 뜻, 다른 길, 다른 방법은 없는지를 질문해 봐야 한다. 이러한 질문을 '건전한 의심'(healthy suspicious)(Lyotard 1984:xxiv)이라고 하며, 이는 사회·문화적 담론 뒤에 숨어 있는 의미들, 내재하고 있는 힘의 역학 관계, 시스템 등을 당연시하지 않고 다른 각도에서도 확인해 보려는 시도나 다름이 없다.

사회·문화적 담론에 대한 질문을 효과적으로 하기 위해서는 상담가의 전문적 지식이 필요하다. 즉 상담가는 내담자나 그의 가족이 알고 있거나 믿고 있는 담론만이 아니라 사회에 떠돌아다니는 내담자를 괴롭히는 문제에 대한 관련된 담론들을 가능한 한 광범위하게 리서치해야 할 의무가 있다. 어떻게 그 담론이 내담자와 그의 가족 그리고 공동체 주위에 도사리고 있는지를 관찰할 필요성이 있다. 특히 상담과 관련하여 무슨 무슨 '증'이라고 명명된 것들에 대한 이론에 해박해야 한다. 그리고 사회·문화적으로 억압적 틀을 형성하는 담론-예를 들어, 여성 차별적 담론-과 같은 것들을 깊이 있게 연구해 두어야 한다.

영어의 사회·문화적 담론이란 단어의 어원은 라틴어의 메타 나레티브(Meta-narrative)에서 왔다. 라틴어의 '메타'란 '숨어 있는'(behind) 혹은 '아래에 있는'(underneath) 의미(meaning)라는 뜻이다. 즉 이야기들의 기저 층을 이루고 있으면서 담론들에 영향을 미치고 있는 이야기라는 뜻이다. 이렇게 광범위하고 단단하게 자리하고 있는 내담자 이야기의 기저 층을 파헤쳐 보는 작업이 질문을 통해 이루어진다. 사회·문화적 담론에는 속담, 우화와 같은 전승된 이야기, 각양각색의 과학 이론들, 유행어, TV와 같은 대중 매체에서 흘러나오는 정보들이 모두 포함된다. 강조하건대 나레티브 상담에서는 의식적으로든 무의식적으로든 내담자에게 고통을 주고 있는 문제에 대한 그 무엇도 '당연시'(taken for granted) 받아들여지는 것은 지양되어야 한다. 그런 다음에 어떤 것이 내담자의 특수한 시공간에서, 내담자의 관점에서 좀더 유용하고 효과적일 것인지를 의논해 보아야 한다(Zimmerman & Dickerson 1996:18).

질문의 두 번째 영역은 화자(내담자)의 구체적인 이야기다. 상담가의 깊은 관심은 내담자의 이야기 발전(대안 이야기: 미래의 삶)에 큰 도움을 준다. 앞에서도 언급했듯이 사회·문화적 담론은 긍정적으로든 부정적으로든 내담자의 삶과 깊은 연관을 가지고 있다. 그런데 이것의 부정적 측면이 내담자의 문제와 연합체를 이루게 되면 그 힘과 영향력은 배가 되는 경향이 있다. 그 고리를 끊을 수 있도록 시도하는 첫 걸음이 질문이다. 이때 질문은 건전한 의심이 바탕이 되어야 한다. 앞에서는 사회·문화적 담론에 대한 질문을 했다면, 두 번째 영역은 내담자의 이야기에 깊은 이해를 더하기 위한 질문이다. 내담자의 이야기의 흐름, 방향, 질, 양의 풍부를 결정지을 수도 있는 것이 상담가의 질문에 있다. 나레티브 상담의 성패는 어떤 질문을 어떻게 하느냐에 달려 있다고 해도 과언이 아닐 듯싶다.

| 선호하는 인터뷰 종류: 열린 인터뷰, 느슨한 구조의 인터뷰 |

나레티브 상담에서는 '질문하기'를 위해서 준비된 원고가 있다든지,

아니면 최소한 공통적이거나 보편적인 질문 리스트가 있지는 않다. 누누이 말하지만 나레티브 상담은 보편(universal)에서 출발하는 것이 아니라 콘텍스트(context)에서 출발한다. 그러므로 질문도 상황에 따라, 화자의 이야기의 흐름에 따라 대처된다. 그렇기 때문에 나레티브 상담의 질문을 구성할 때는 내담자와 상담가의 특별하고 구체적인 사고방식에 의해 구성된다(Morgan 1999:203). 그러므로 준비된 인터뷰(structured interview)가 아닌 자유로운 형식의 인터뷰(unstructured-interview)나 느슨한 구조의 인터뷰(semi-structured-interview), 이렇게 두 가지 인터뷰 형식을 선호한다.

자유로운 형식의 인터뷰는 인터뷰의 컨텐츠가 구조화되지 않은(unstructured) 것으로서 광범위하게 내담자의 이야기를 끌어내고, 총체적인 접근을 시도해 보는 것이다. 구조화되지 않은 인터뷰란 인터뷰 단계의 순서나 내용이 정해진 것이 아니다. 인터뷰 내용이 들쭉날쭉하듯이 연관성이 없을 수도 있고 파편적일 수도 있다. 그러므로 질문의 단초나 내용은 인터뷰를 하는 중에 나타난다(Kotzé et al. 2002:154). 그렇다고 해서 상담가가 단지 빈손으로 아무 준비 없이 내담자를 만난다는 것이 아니다. 조금은 추상적으로 들릴지 모르겠지만 – 벨라(Bellah1985:301)에 의하면 – 상담가의 준비란 자신의 주관성과 자신이 가지고 있는 선입견 등을 내담자와의 대화에 끌어들여 함께 논의할 수 있는 기회를 찾고, 어떻게 하면 내담자가 사용한 언어의 가치를 이해할 수 있을지에 대한 준비를 하는 것이다.

그래프 사용

열린 인터뷰(unstructured interview: 자유로운 인터뷰)를 할 때 이야기가 중구난방으로 흩어지는 경우가 있다. 그런 것은 나레티브 상담에서 큰 문제가 되지 않는다. 그럼에도 불구하고 시간적 제약성을 고려하지 않을 수 없다. 그럴 때 그래프를 사용하거나 맵핑을 내담자에게 보여 주면서 상담을 진행하면 효과적이다. 특히 내담자가 질문과 동떨어진 이야기로만 흐르게 될 때, 내담자 이야기를 그래프로 만들게 되면 사건 사건에 집중할 수 있다.

그래프의 예는 아래와 같다.

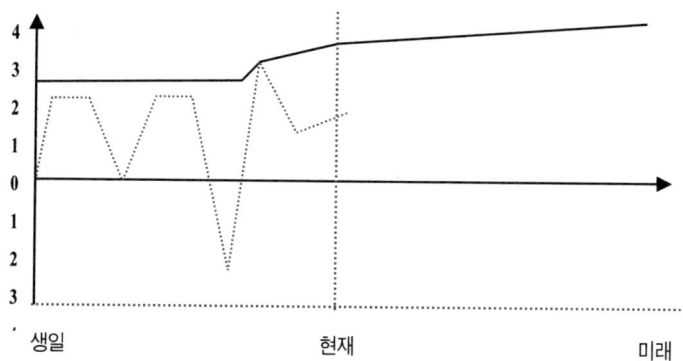

내담자의 현 위치에서 과거의 이야기와 미래의 이야기 중 기억되는 일, 어려웠던 사건들, 기뻤던 사건들을 그래프로 그려 보는 것이다. 그리고 그래프 선상에 나오는 사건들을 중심으로 상담가는 질문을 하면서 내담자의 이야기를 다시 맵핑해 보는 것이다. 이 그래프는 이야기 재해석하기와 과거 이야기 재방문하기에도 유용하게 사용될 수 있다.

이러한 그래프를 사용하다 보면 상담가는 내담자 자신이 그래프를 그리면서 사건을 배열하는 데 일관성을 보이는 경우가 많다. 예를 들어, 어떤 사람은 관계(부모님, 친구 등)로 인해 겪었던 어려움을 토로하고, 그런가 하면 관계가 원활해질 때 기쁜 사건으로 표시하기도 한다. 혹은 어떤 사람은 목표 지향적인 그래프를 그리기도 한다. 학교에 입학하거나 못하고, 사업이 성공하거나 실패한 목표 성취의 유무에 따라 그래프가 춤을 춘다.

그런데 이때 내담자는 스스로 자신의 그래프를 그리면서도 기실 어떤 경향을 띠고 있다는 것을 인식하지 못하는 경우가 대부분이다. 그때 상담가가 그와 같은 경향성을 지적해 주면 내담자의 시야는 한층 넓어진다.

느슨한 구조의 인터뷰

두 번째로, 나레티브 상담이 항상 자유로운 형식의 인터뷰만을 고집하는 것은 아니다. 좀더 느슨한 구조의 인터뷰(semi-structured-interview)도 구사한다. 상담이 실제로 진행되다 보면 내담자들이 어디서부터 무엇을 이야기해야 할지 난감해할 때가 많다. 가끔은 내담자나 주위의 가족들이 이야기하고 싶어하지 않는 부분들이 있거나, 그들이 과민하게 방어적일 때도 있다. 물론 상담가는 그들의 의사를 존중해야만 한다. 이때 이야기의 흐름을 전체적으로 그리고 전면적으로 바꿀 필요성도 있다. 그리고 화자들(내담자 포함)에게 공통된 어떤 주제들을 확인하고자 할 때는 느슨한 구조의 인터뷰가 필요하다. 줄리안 뮬러는 크게 다섯 가지 부분으로 느슨한 구조의 인터뷰를 나누고 있다(2006:128). 참고가 되기를 바란다. 그렇지만 그는 인터뷰하는 동안 다섯 단계가 순서적으로 진행되어야 한다고 보지는 않으며, 또한 반드시 이렇게 다섯 부분으로 나눠야 한다고 주장하지도 않는다. 다섯 단계는 다음과 같다. 1) 지금 이 순간(here and now) 내담자가 상담실에 찾아와서 하고 싶은 이야기(the need of the story), 2) 과거 이야기(the story of the past), 3) 미래 이야기(the story of the future), 4) 과거 이야기의 다시 쓰기(a re-authored story of the past) 혹은 과거 이야기 재방문하기(revisiting the past), 5) 상상의 미래 이야기(an imagined story of the future).

언어의 문제

언어가 대화에 사용될 때는, 그 언어 자체에 의미, 정보, 이미지 그리고 그에 따른 이해가 내포되어 있다. 그리고 대화를 통해 그 언어의 내포된 것들이 어떤 사람에게서 다른 사람에게로 보내질 때 그 언어는 생명이 없는 죽은 문자, 즉 의미 없는 개체에서 생명이 부여된 개체가 된다. 간단히 말하면 언어가 화자에게서 나가 그 파트너에게 전달될 때에만 언어의 제 기능을 한다는 것이다. 이러한 언어는 어떤 특정한 '의미'를 상황에 따라 발전시키고 경험을 해석하는 데 이용된다. 그렇기 때문에 언어는 보편적이 아니라 상황적이며, 대화자들 간의 특수한 관계 속에서 의미를 갖는다.

만약 독자 여러분이 바람에 날리던 카드 한 장을 보았다고 하자. 그

카드에는 '죽음'이라는 단어가 쓰여 있다. 그때 그 죽음이란 단어를 보고 두려워하거나 공포에 떨지는 않을 것이다. 그와는 다른 상황, 예를 들어 누군가가 자신을 협박하고 있는 상황에서 자신의 집에 엽서가 도착했는데 거기에 '죽음'이란 단어가 쓰여 있다면 모르긴 몰라도 독자 여러분의 머리는 복잡해질 것이다. 카드에 쓰인 단어는 죽은 문자다. 그러나 상황에 따라 그 죽은 문자는 살아서 역할을 하는 것이다.

Shotter(1996:2)는 시공간 상으로 사건이나 경험 혹은 주위 환경들이 외형적으로는 똑같이 보이지만, 사람들이 그것들을 묘사하고 설명할 때 어떤 분위기 속에서 어떤 언어를 선택하고 어떻게 이해시키느냐에 따라 사건이나 상황, 경험들과 같은 것들의 성격이 달라진다고 한다. 즉 언어는 단지 경험이나 사건 그대로를 묘사하는 것만이 아니라, 그 경험이나 사건을 재구성하기도 하고 창조하기도 한다.

Shotter의 설명처럼 사용된 언어에 의해 어떤 정황들을 바라보는 이해의 폭은 달라진다. 그렇지만 언어가 모든 것을 대변하거나 온전히 설명 가능한 도구가 될 수는 없다. 언어는 단지 화자의 이해의 폭, 생각, 철학과 그 자신의 선지식과 경험 그리고 자신의 느낌만을 전달할 뿐이다. 화자가 사용한 언어는 언어 선택자 그리고 전달자로서의 목적이 있다. 그 목적은 대화 파트너에게 자신의 생각과 느낌을 전달하는 데 그치는 것이 아니라 그에게 '영향을 주기 위함'이다. 또한 그 영향은 대화 파트너(receiver)의 언어를 결정한다. 대화에 사용되는 언어는 상호 관계적이며 생산적이라고 할 수 있다. 앞에서도 언급했지만 언어는 대화 파트너와의 관계성 속에서 대화자들이 어떻게 자신들의 생각과 느낌을 개념화할 것인가에 영향을 미치는 것이다. 즉 언어는 힘의 역학관계를 만들어 낸다.

Foucault는 언어의 한 측면을 사회·문화적 관계 속에서 어떤 파워를 유지하는 도구라고 보고 있다. 한 사회 안에서 누군가 사회 담론에 얽힌 언어를 컨트롤하고 유지하느냐에 따라서 힘의 역학관계가 형성되고 다른 사람에게 영향을 끼칠 수 있는 힘을 보유한다는 것이다(Gordon 1980:141). 예를 들자면, 과학이나 리서치 혹은 통계라는 이름으로 개념화되거나 그 결과물을 정리한 언어는 그 언어를 사용한 학자들의 지식이나 실천들의 표현에 불과한 것임에도 불구하고, 그들의 언어는 공동체 안에서 옳고 그름의 잣대가 되거나 심지어 사회·문화적인 파워 관계를 형성해 준다. 반면에 뮬러(Muller 2004c)에 의하면 이런 힘을 가진 언어를 역으로 이용함으로써 상담가는 내담자에게 용기를 북돋아 주고 새로운 관계를 모색해 나갈 수 있다고 했다. 그렇다. 나레티브 상담 접근법은 언어가 가지고 있는 힘의 역학 관계를 간파하고 있기 때문에 상담가와 내담자와의 관계 설정과 대화의 주체와 주도권에 대해 예민하지 않을 수 없다. 나레티브 상담에서 대화의 주체와 주도권은 내담자와 상담가 사이에 상호 보완적이며 참여적이다. 상호간에 어떤 일정한 정보나 지식을 주고받는 샌더(sender)와 리시버(receiver)가 정해진 것이 아니라 서로서로의 발전과 성장을 위해 탐구하는 관계적이고 묘사적 언어를 사용한다.

▌탐구적 언어(Exploratory Language)와 설명적 언어(Explanatory Language) ▐

　누가 어떤 종류의 언어를 사용하느냐는 문제는 누가 어떤 목적으로 어떤 것을 대변하느냐는 문제라고 해도 틀린 것이 아니다. 위에서도 언급했듯이 언어는 사회·문화적 힘을 반영하고 있다. 그 언어의 힘은 또다시 우리의 삶과 밀접하고 긴밀하게 연관되고, 지대한 영향을 미치고 있다. 이러한 언어들은 우리의 삶을 규정해 주고, 옳고 그름, 좋고 나쁨, 이성적이고 비이성적임을 구분해 주는 바로미터로 자리하고 있다. 이런 종류의 언어는 어떤 권위가 주어진 듯한 느낌을 가지게 하고, 전문적인 인상을 주기도 하며, 대체적으로 설명적(explanatory)이다. 예를 들면, 건강한 가정과 병든 가정(healthy or unhealthy), 순기능과 역기능 가정(functional or dysfunctional)과 같은 이분법적이고 판단적인(judgemental) 언어의 사용이다. 이러한 언어 사용은 내담자에게 패배 의식과 자아 비하적인 사고의 고착을 형성할 여지가 충분하다. 그로 인해서 내담자를 전문가가 '하사'하는 어떤 처방에 의존적이게 만들 수 있다. 교조적으로 말하면, 나레티브 상담가는 내담자의 상황이나 문제를 전문가의 언어로 설명하려는 것을 원치 않는다. 그리고 내담자를 어떤 틀에 규정하려는 것을 싫어한다.

이런 설명적인 언어보다는 나레티브 상담 실천가들은 탐구적인 언어를 즐겨 사용한다. 탐구적 언어란 묘사적이며 가려져 있는 뭔가를 들춰 내는, 즉 '문제 드러내기'를 하는 언어(externalizing language)라고 할 수 있다. 내담자들이 자신의 현재와 과거, 그리고 미래를 묘사하고 드러내는 그 과정 속에서 자신들을 언어라는 도구를 통해 탐구해 나가는 것이다. 물론 언어가 복잡 다양한 자아와 경험들을 충분히 발현시키지는 못하지만, 상담가와 내담자가 서로의 이야기에 참여적 자세로 탐구해 나가는 것이다. 탐구의 한 방법이 앞서 언급한 질문이다. 그러므로 나레티브 상담 질문들은 예스/노우(yes/no), 굿/베드(good/bed)의 판단적인 질문이 아닌, 상상적이고 그 상상을 드러낼 수 있는 탐구적인 언어로 구성된다(내용의 중복을 피하기 위해 다음 장에서 질문의 구체적인 예를 소개하기로 하겠다). 다시 말하지만, 한 개인이 대화에서 사용하는 언어는 그 개인의 정체성과 문화, 그리고 사고 구조를 반영한다. 그렇기 때문에 내담자의 언어를 상담가의 전문적 지식의 언어 구조로 가두려고 하면 결국 내담자 세계를 가두는 것과 진배없다. 나레티브 상담에서 '질문'이 차지하는 비중은 상담의 성패를 좌우한다고 해도 과언이 아니다.

진단과 처방

대부분의 상담 기법들은 그들 나름대로 발전시킨 상담(치유) 단계들을 가지고 있다. 이러한 모든 단계들을 크게 두 범주로 나눈다면 진단과 처방이라고 할 수 있다. 전통적인 상담 기법들은 보통 진단의 과정에서 내담자가 가지고 온 문제가 무엇인지 확인하고, 상담가가 어떻게 도와주기를 바라는지, 내담자가 그 문제를 어떻게 해결하고자 하는지, 즉 목표(goals)가 무엇인지를 분명히 하는 것이다. 그리고 처방의 과정에서는 상담가가 내리는 문제의 정의(conceptualization)와, 그 문제의 특징과 문제가 실생활에서 어떻게 발전하는지 등을 분석해 주고 대처(처방)법을 '가르쳐' 주는 것이다. 보통의 치유 센터 등에서 운용하는 프로그램들이 — 위와 같은 단계를 단계별로 구분해 놓지는 않지만 — 위와 같은 테두리 안에서 이루어진다고 할 수 있다.

나레티브 상담에는 진단과 처방이란 공식적 틀이 없다. 그렇지만 굳이 나레티브 상담에도 진단과 처방이란 범주가 있느냐고 질문한다면 그렇다고 할 수도 있다. 뮬러가 제시한 다섯 단계가 그 예이다. 첫 번째와 두 번째 단계가 바로 전통적인 상담 기법에서 이야기하는 진단 부분이 되지 않을까 싶다. White는 이 부분을 '밖으로 드러내기'(externalizing)이라고 명명했다. 그 다음으로 이야기의 발전 단계를 거치게 된다. 즉 Thick description이다. 그리고 나머지 단계들이 처방이라고 할 수 있지 않을까 싶다. 그러나 위에서도 언급했듯이 나레티브 상담에서는 전문가에 의해 재단된 어떤 짜여진 틀 속에서 내담자의 문제를 분석하고 처방하는 것이 아니라, 내담자의 이야기가 흐르는 곳으로 함께 따라가면서 그때 그때 필요한 방향키를 잡아 가는 것이다. 즉 어떤 단계에 매이지 않는 유연성을 필요로 한다는 것이다. 은유적으로 표현하면 마치 금광에서 금맥(alternative story)을 찾아 가면서 주위에 흩어진 알갱이들('독특한 수확물': unique outcomes)을 주워 모으는 것이라고 할 수 있다. 그래서 금맥을 찾아 가기 위해 제일 먼저 해결해야 할 일은 금맥과 다른 이 물질을 분리하는 것이다. 그리고 금광 안에 널려 있는 장애물들(내담자의 문제들)을 밖으로 드러내는 작업이 선행되어야 한다. 나레티브 상담 실제에서는 이것을 '드러내기'(externalizing)라고 한다. 어떤 책에서는 이 단어를 표출이라고 번역해 두었다는 것을 참고하기 바란다.

문제 드러내기: 문제와 분리하기

앞에서도 말했듯이 나레티브 상담의 전제 중 하나는 문제가 문제이지 사람이 그 문제는 아니라는 것이다. 그러므로 가장 선행되는 작업이 바로 문제와 내담자 사이를 분리하는 작업이 우선시되어야 한다는 것이다. 이 작업은 '드러내기' 과정 속에서 이루어질 수 있다. 어려움을 호소하며 찾아오는 사람들뿐만 아니라 그들의 가족, 심지어는 많은 상담가들까지도 문제와 내담자를 동일시함으로써 자신들을 아주 작은 문제라는 상자 속에 가두어 놓고 문제를 해결하려고 하니 문제에 갇혀 문제에서 헤어나지 못하는 것이다. 그러므로 일단 내담자와 문제를 분리해야 한다. 내담자를 문제로 보는 인식부터 바뀌지 않고는 발전된 이야기를 기대한다는 것은 상상할 수 없다. 앞에서도 말했지만, 그러한 이유 때문에 상담은 해석의 문제요, 세계관에 대한 철학적 문제라는 것이다.

예를 들자면, 어떤 아이가 학교에서 다른 아이와 싸움을 했다. 그렇다면 왜 싸웠는지, 어떻게 싸웠는지, 앞으로 어떻게 해야 싸우지 않도록 할 수 있는지를 고민하기 이전에, 흔히들 쉽게 규정하는 말이 "아이가 폭력적이다"라고 규정해 놓고 문제를 풀려고 하는 경향들이 있다.

문제와 내담자를 분리하게 되면 문제는 하나의 보여지고, 만져지고, 느낄 수 있는 객체가 된다. 이 객체는 하나가 될 수도 있고 두 개, 세 개 등으로 복수화될 수도 있다. 문제를 객체화해서 우리는 문제와 대화를 시도하게 된다. 그리고 문제를 더욱 심층적으로 해부할 수도 있다. 즉 수술대 위에 놓고 내담자 자신이 담당 집도자가 되어 보조 집도자인 상담가와 더불어 문제를 해부하는 것이다.

어느 날 한 교포 여성이 무감이라고 하는 한 고등학생을 데리고 와서 나를 만나기를 요청했다. 무감 어머니의 설명에 의하면 아이가 폭력적이라는 것이었다. 그러면서 정신 좀 차리게 해 달라고 했다. 나는 조금은 당황했다. 무엇이 정신을 '차리는' 것인지도 나는 모르겠지만, 그 아이 = 폭력, 다시 말해서 '정신없는 아이'라는 등식이 성립된다. 소위 말하는 '문제아'라는 딱지가 붙은 아이였다. 이 '문제아'는 아이들에게 주먹을 휘둘렀다는 이유로 수시로 학교를 옮기게 되었고, 급기야 그 도시에서는 받아 주는 학교가 없었다. 이 '문제아'는 심지어 어른에게도, 그것도 교회 안에서까지 자기가 부당한 대우를 받고 있다고 느끼면 그 자리에서 폭발하는 폭발물 그 자체였다고 한다. 다시 말하면, 무감이=폭력=문제아=폭발물이다. 나와 이야기할 때는 수줍음도 많이 타고, 내 장난기가 발동하여 농담을 해도 잘 받아 주는 아이였다. 아무튼 학교 선생님이나 주위의 권고로 이 '폭발물'은 정신 치료의 일종인 '분노 다스리기'(anger management) 프로그램에도 참여해 보고 전문 상담도 받아 보았다고 한다. 그렇지만 이 아이도 회귀 현상에 시달리고 있었다.

이 '결핍성 이야기'(Thin description)를 통해 나는 무감이가 '폭력적 문제아'라고 낙인찍힌 것을 알았다. 지금 이 아이는 주위에서만이 아니라 자기 자신조차도 청소년 그 자체, 좀더 심하게 말하면 인간 그 자체로 받아들여지는 것이 아니라 '문제아' 혹은 '폭력'으로 대치되어 있고, 결국 그 나이에 걸맞지 않는 행위나 생각을 하는 '정신없는' 아이로 취급되고 있는 것이다. 그래서 나는 우선 문제와 '분리하기'에 들어갔다. 이런 분리 작업은 '문제 드러내기' 과정을 통해 내담자 스스로가 자신을 문제와 분리할 수 있도록 돕는다.

문제 밖으로 드러내기(Externalizing)

상담가가 내담자의 '필요의 이야기', 즉 '결핍성 이야기'를 충분히 들은 후 가장 최우선으로 해야 할 일이 바로 '드러내기' 과정을 거치는 것이다. 드러내기 과정이란 말 그대로 문제를 밖으로 드러낸다는 것이다. 이제껏 내담자가 자신에게 다가오는 문제를 자신의 것, 즉 '내면화'(internalizing)했던 것을 밖으로 드러냄으로써 자신과 문제를 분리하는 것이다. 이때 문제를 실체화, 객체화, 의인화하게 된다.

문제를 드러내기 할 때 내담자와 상담가는 '상상 요법'이나 '심볼', '그림', '도구' 혹은 '이름 짓기' 등과 같은 여러 가지 방법을 동원할 수 있다. 여기서 중요한 포인트는 느낌이나 감정, 인간관계 등 극히 추상적인 것일지라도 실제적으로 보여지고 만져질 수 있도록 실체화해야 한다는 것이다. 예를 들어 내담자가 '슬프다'고 표현했다면, 그의 슬픈 감정을 단순하게 '슬픔'이라고 이름 붙일 수도 있지만, 좀더 의인화하여 가련한 표현을 써서 '꽃사슴'이라고 부를 수도 있다. 혹은 슬픔을 괴물과 같은 존재로 표현하고 싶다면 '프랑켄쉬타인'이라고 이름 지을 수도 있다. 어떤 '실체'라는 것은 그 실체가 행위를 할 수 있는 것이고, 움직이고, 생각하며, 대화할 수 있는 것이다. 즉 문제가 느낌이든 감정이든 상관없이 하나의 인격체가 되는 것이다. 그 인격체가 지금 내담자와 대면하는 상황을 연출해 내어 내담자 속에 숨어 있는 문제를 밖으로 드러내는 것이 드러내기다. 이때 내담자는 일인이역을 하게 된다.

위에서 소개한 무감이의 어머니는 드러내기 과정에 들어가기 전에 (무감이의 필요 이야기인 결핍성 이야기를 말할 때) "무감은 자기 성질을 주체하지 못해요. 굉장히 폭력적이에요"라고 자신의 아들에 대해 표현했다. 무감 역시 "나도 모르겠어요. 그냥 화가 치밀어 오르면 뵈는 게 없어요. 주먹부터 나가요"라고 했다. 이들의 묘사를 되풀이해 보면 이렇다. 무감은 성질을 주체하지 못하는 아이다. 그리고 폭력성이 나타날 때는 눈에 보이는 것이 없는 주먹쟁이다.

어떤 이야기든 이야기화될 때는 그 이야기의 결과나 목적을 중심으로 이야기가 구성된다. 그러므로 그 결과(목적)와 유사한 사건이나 줄거리만을 선택하여 이야기로 구성한다. 마찬가지로 무감과 그의 어머니의 결핍성 이야기에는 상황적 배려는 없고, 폭력과는 무관한 무감의 모습이나 사건, 그리고 무감 주위에 있었던 다른 이야기는 전혀 이야기되지 않았다. 단지 폭력과 관련된 유사한 줄거리만 골라서 나에게 이야기했다.

과연 무감의 17년의 삶에는 폭력과 관련된 이야기만 있었을까? 무감은 24시간 내내 폭력적이고 폭력만 휘두르던 아이인가? 예를 들자면, 가족과 즐거운 시간을 보내고 있는 동안에도 무감만은 폭력적인 놀이에 심취해 있었겠는가? 평화롭게 사람들이 쇼핑을 하고 있는데, 무감은 느닷없이 폭력을 휘둘렀나? 나는 궁금함을 넘어 의심하게 되었다. 그리고 왜 무감은 자신이 행동을 해놓고도 "나도 모르겠다"라고 하는가? 정말 몰라서 모른다고 했나? 아니면 지금 이 상황을 회피하고 싶어서 '모른다'는 것으로 빠져 나가려고 하는가? 내가 생각하기에는 설명하기 어렵다는 뜻이거나, 문제의 상황이 더욱 복잡하다는 의미로 받아들여졌다. 즉 무감이 말한 내용은 '모른다'이지만, 그 의미는 '설명이 어렵다, 복잡하다'라는 뜻이라고 들었다. 이 점에 대해 내가 이해한 것을 무감에게 재차 확인하는 절차를 잊지 않았다. 문제가 삶의 다양한 면에서 표출되고 있을수록, 복잡성을 띨수록, 문제와 내담자가 오랜 시간 함께 했을수록, 혹은 기억하고 싶지 않은 경험일수록, 내담자는 어디서부터 이야기하고, 어떻게 표현해야 할지 당황하는 경우가 종종 있다. 이때 심벌을 사용하거나, 도구들이나 그림 등 다양한 것을 가지고 표현하게 해볼 수도 있고, 아니면 상담가의 경험을 나누는 것도 - 비록 비슷한 이야기는 아닐지라도 - 내담자가 이야기를 좀더 원활하게 풀어 나가는 데 도움이 된다.

나는 무감이와 그의 어머니가 이야기한 것과는 다른 관점에서 무감이에게 물어 보았다. "무감! '폭력'이 너를 컨트롤하려고 하니? 그리고 네가 화가 치밀도록 유도하니? 폭력이란 놈이 네가 남을 때리도록 꼬시니? 아니면 화란 놈이 너를 폭력이란 구덩이에 밀어넣니?" 나는 이 질문을 하면서 무감과 '화' 란 실체와 '폭력'이란 실체는 분명히 다르고 서로간에 독립적이라는 것을 은연중에 표현했다. 이 질문을 받은 무감은 조금 어리둥절해하면서 잘 알아듣지 못하겠다는 표정이었다.

나는 무감이의 반응을 기다리는 동안 무감의 어머니를 통해 흥미로운 것을 발견하게 되었다. 아이의 어머니는 내 질문의 뜻을 쉽게 알아들었던지 고개를 끄덕이며 하는 말이 "맞아요, 우리 애는 참 순해요. 그런데 친구들을 잘못 만나서…"라고 하는 것이었다. 물론 이 어머니의 말은 대부분의 부모들이 상투적인 이유를 다는 것과 다름이 없지만, 그래도 이 "참 순해요"라는 단어가 나의 관심을 집중시켰다. 분명 어머니의 입에서 두 가지 상반된 다른 단어가 나왔다. 그것은 '굉장히 폭력적이다'와 '참 순해'이다. 폭력과 순함이 동시에 존재할 수 있을까? 이 이야기는 다시 말해 무감이의 행동은 상황에 따라 다를 수도 있음을 반증한 것이다. 그리고 개인의 자아와 마찬가지로 문제 역시 어느 한 면으로 설명되기 어렵다는 것을 말해 주고 있다. 그리고 여기서 나레티브 상담 질문의 또 한 가지 포인트는 '참 순하다'라는 무감이 어머니의 뜻과 의미가 무엇인지를 확인해 보고 가야 한다는 것이다.

| 문제는 콘텍스트에 따라 |

　그렇다. 문제는 콘텍스트에 따라 문제가 될 수도 있고 그렇지 않을 수도 있다. 다시 말하면, 전통적인 접근법으로 보면 폭력은 무감이의 자아(self)이거나 '고정된 성격'이고 과거의 애착 관계에서 받은 상처에 의한 결과다. 혹은 가정의 어떤 내력에 의해 폭력이 답습되고 학습된 것으로 판단되거나 무감이 안에 '성인아'가 존재하여 '해결되지 않은 비즈니스'가 도사리고 있을 수도 있고, 아니면 무감이의 자아(ego)가 17세의 청소년에 걸맞도록(청소년기라고 하는 발달 단계) 성장되지 않았다고 생각할 수도 있다.

　그러나 드러내기 과정으로 본 무감이의 폭력은 시공간 혹은 상황과 조건, 문화와 관습에서 나타난 '사건'의 한 현상이라는 것이다. 그렇다면 무감이에게는 폭력적 자아 이외에 시공간과 상황에 따라 다른 자아도 있을 수 있다는 의미다. 이와 같이 자아에 대한 나레티브 접근법의 인식론은 사회 구성주의 이론을 받아들여 자아를 교류적, 관계적이라고 한다. 교류적, 관계적 자아는 기존의 성격 이론들이 말하는 성격 이론과도 같다. 즉 성격 역시 교류적이고 관계적이라는 것이다(Gergen 1994: 205). 전통적인 접근법에서 보면 무감이의 자아는 일시적이든 지속적이든 '폭력적' 혹은 '문제아'로 고정되어 있다. 이것은 무감이 자신의 내면화 과정을 통해 자신을 고착시킬 뿐만 아니라 다른 사람까지도 무감이를 고착시키고, 심지어 무감이의 모든 일상의 잣대가 되는 중대한 역할을 할 것이며, 이 잣대는 무감이의 미래의 행동 양식과 삶에 심대한 타격을 주리라고 생각한다.

　나는 이런 예를 많이 보았다. 수업 시간에 자신만이 아니라 다른 아이의 수업까지 방해하는 '집중 장애' 취급을 당하던 아이가 상담의 과정에서 보니 수업, 특히 어떤 특정한 선생님의 수업 시간에 더 심한 경우다. 물론 다른 수업 시간에도 다른 아이와 비교해서 좀더 활동량이 많은 것이 사실이고, 집안에서도 아이의 산만한 행동은 끊임없이 나타난다고 했다. 그런데 그와는 반대로 아이가 럭비 연습을 하거나 시합을 할 때는 전혀 불안정한 모습을 보이지 않을 뿐만 아니라 굉장히 집중력이 좋음도 발견하게 되었다. 수업이라는, 특히 어떤 특정한 수업 시간이라는 콘텍스트에서는 집중 장애 판정을 받았지만, 럭비 연습이라는 콘텍스트에서는 집중 장애는커녕 뛰어난 집중력을 가진 아이였다는 것이다. 이 아이는 급기야 학교(공립)에서 약을 먹이지 않으면 더 이상 받을 수 없다고 하여 다른 학교로 전학을 보냈다. 이런 예는 우리들의 삶의 주위에 무수히 많다. 그래서 나는 무감이에게 좀더 구체적으로 물어 보았다.

무감이 집안에서 어떻게 폭력을 휘둘렀는지, 무감이의 동생이 자신을 화나게 만들면 무감이는 어떻게 반응하는지를 물었다. 재미있는 것은 부모님이 어떤 일로 야단을 칠 때, 혹은 부모님 특히 어머니가 무감이를 동생과 비교하며 자신을 무시한다고 생각이 들 때는 다른 보통의 아이들이 그러는 것처럼 그저 좀 큰소리를 낼 뿐이거나 차를 가지고 집 밖으로 나가는 정도이거나, 아니면 화를 내기보다는 동생을 미워하는 정도라고 한다. 그리고 동생이 혹 화가 나게 하면 주먹을 들고 때리는 제스처를 통해 으름장을 놓는 것에 불과하단다. 단 한 번도 식구들에게 주먹으로 자신의 '화'를 해결한 적이 없다고 한다. 우리는 가끔 어떤 문제가 있으면 그 문제 자체와 그 상황을 말하기보다는 사람 자체를 문제 삼는 경우가 종종 있다. 그런데 문제가 된 그 상황을 해결하는 부분에 초점을 맞추기보다는 그 상황 중심에 서 있던 사람에게 어떤 이름을 붙이거나 '증'으로 해석하려고 하면 도리어 큰 우를 범할 수도 있다.

▮ 누구의 잣대인가? ▮

위의 예에서 보듯 무감이의 '폭력적 자아'는 자신과 관계가 있는 사람에 따라, 문화에 따라, 장소에 따라, 즉 콘텍스트에 따라 다름을 볼 수 있다. 문제란 누구의 잣대인가에 따라 다르게 표현될 수도 있고 결론지어질 수도 있다.

나중에 안 사실이지만, 무감이는 어렸을 때 이민을 갔다고 한다. 영어도 안 되는 어린 것이 학교에서 놀림을 당하고, 특히 "XXX"라고 학생들이 놀렸다고 한다. 그럴 때마다 무감이가 이 아이를 잡으러 가면 저 아이가 치고 도망가고, 저 아이에게 반응하면 또 다른 아이가 괴롭히고 하는 것이 학교의 일상이 되어 버렸다. 그러던 어느 날 한 녀석을 흠씬 때려 주었는데 학교 당국에서는 전후 사정보다는 일단 손을 써서, 그것도 주먹으로 문제를 해결하려고 시도했다는 것 자체가 비신사적이고 시민 의식이 결여된 행동이라고 하며 체벌을 했다고 한다. 즉 '폭력'이란 야만적인 행위를 했다는 것이다. 더욱 안타까운 것은 무감이는 학급 동료에게 친한 표현을 하려고 할 때는 스킨 터치를 자주 했다고 한다. 그런데 그것을 당한(?) 아이들은 수치를 느끼고 학교에서 이슈화했다고 한다. 그들과 다른 문화 속에서 자라온 무감이는 여지없이 '야만인'으로 낙인찍혔고, 학교 안에서 무감이의 일거수일투족은 무감이의 닉 네임(?) '야만족'에 근거하여 해석되었던 것이다.

상담하던 나 역시 이 이야기를 들으면서 속으로 끓어오르는 것이 있었다. 내 아이들도 비슷한 경우를 경험했기 때문이다. 그때 나는 서툰 영어를 가지고 학교 당국에 항변했으나, 결과는 도리어 불리하게 돌아온 쓴 경험이 있다. 무감이의 부모도 예외는 아니었다고 한다. 나와 한 가지 다른 점은 무감이는 자기 아버지가 당당히 교장에게 항의하는 것을 보면서 자신의 행위가 정당했다는 확신을 가졌다는 것이다.

누구의 잣대인가? 우리가 문제라고 규정하는 것들은 결국 어떤 집단이나 사회, 문화 그리고 시간적 개념에 따라 차이가 난다. 이 시대에서는 문제가 안 되는 것이 다른 시대에서는 문제가 될 수도 있다. 그러기에 문제란 어느 역사적 시점의 관점인가 하는 것이고, 또한 그 역사적 시점에 존재하던 표준(norms, standards)에 의해 좌우되는 것이다. 그리고 그 가늠자(표준)는 그 시대, 문화, 사회의 신념에 의해 좌지우지되는 것이다. 이 표준이라고 하는 신념은 안타깝게도 어떤 '론'이나 '설'(theory) 혹은 과학적이라는 이름으로 포장된 '리서치 결과'에 의해 뒷받침된다. 이 표준에 맞으면 합리적인 것이고, 당연한 것이며, 옳은 것이다. 반면에 그렇지 않으면 잘못된 것이고, 이상한 것이며, 문제인 것이다. 더욱 우리가 조심해야 할 것은 이러한 표준이라는 이름을 붙인 것들이 결국 힘의 논리에 의한 것임을 인식해야 한다는 것이다. 어른의 논리로 아이들의 세계가 다르면 그것은 단순히 다른 것이 아니라 '틀린' 것이나 '미성숙한' 것이라고 규정된다. 집단 공동체가 믿는 것이면 대부분 상식적인 것이나 일부 소수가 그와 다르면 그것은 비정상적인 것이라는 결론이 내려진다.

상담의 예에서도 예외가 아니다. 상담가는 자칫 잘못하면 전문가라는 위치로, 이론이라는 잣대로 내담자를 어떤 규정된 자아(fixed self)로 만들어 버리는 우를 범할 수도 있고, 보편이란 이름의 박스에 내담자의 역동적이고 풍부한 이야기를 집어넣을 수도 있다. 그 결과로서 내담자의 이야기를 통한 문제의 출구를 찾기보다는 상담가의 전문 지식을 통하여 문제에 대한 특징, 내담자가 지금 해야 할 일 등을 설명하는 데 주력하게 된다. 이런 행위는 상담가가 의도했든 하지 않았든 간에 사회적 통념을 강화하는 데 일조할 뿐만 아니라, 내담자의 구체적인 콘텍스트는 무시되고 도리어 강점들을 사장시키는 결과를 발생시킨다.

문제 드러내기 과정에서의 질문

문제와 내담자를 분리하는 작업에 착수할 때, 나레티브 상담은 단순히 내담자의 정보를 얻기 위하여 질문을 던지지 않는다. 무감이의 이야기에서 예를 들었듯이 내담자 자신이 대화의 과정 속에서 자연스럽게 자신과 문제를 분리해서 생각하도록 질문해야 한다. 조심해야 할 것은 의도된 유도성 질문은 피해야 한다는 것이다. 이러한 유도성 질문은 결국 상담가 자신의 관점으로 내담자를 끌어가겠다는 발상이나 다름이 없다. 유도성 질문은 상담가가 가설을 세우고 시작하는 것이나 다름이 없을 뿐 아니라 이미 자신이 결론을 가지고 있다는 것이다. 다시 한 번 강조 하거니와 나레티브 상담 실천가들은 어떤 사람이든 자신의 강점을 가지고 있고 자신의 문제를 해결할 백신을 가지고 있다는 것을 믿어야 한다. 상담가는 내담자의 백신 개발에 함께 동참하는 것이지 내담자의 변화를 주도하려는 사람이 아니다. 상담가가 내담자의 변화를 주도하는 것과 바라는 것은 엄밀하게 차이가 있다.

보통 상담가의 도움을 요청한 사람들(내담자, 그의 가족, 주위 사람들)의 표현을 보면 대부분이 이렇다. "무감이는…이다", "나는…했다". 그러나 나레티브 상담가는 이렇게 말해야 한다. "그 문제가(그 녀석이) 무감이를(에게)…". "무감아! '화'란 놈이 너의 삶에 언제부터 개입했니?" "무감아! 그 녀석이 어떤 경우에 폭력을 쓰게 했지?" 혹은 "폭력이 어떻게 무감이 너의 행세를 했지?"라고 물어 볼 수 있을 것이다.

이때 내담자와 이름 짓기를 통해 그 이름 지어진 문제와 대화를 시도하려고 하면 내담자가 그 과정을 잘 이해하지 못하여 자신과 문제를 분리하지 못하는 경우가 종종 있다. 그럴 때는 상담가가 내담자에게 이렇게 물어 보는 것도 효과적이다. "무감아, 폭력이가 지금 옆에 있니, 엄마 뒤에 있니? 아니면 지금은 문 밖에서 네가 나올 때를 기다리고 있니?" 이런 식으로 공간적 배열과 틈을 만들어서 생각할 수 있도록 한다.

이런 대화에 대해 효과를 의심하는 사람도 있고, 혹은 최면의 한 기법으로 오해하는 경우도 있다. 실례로 나레티브 상담의 한 축을 이루고 있는 Epston의 방법론을 가지고 사람들은 최면술이라고 의심했다고 한다. 말 그대로 나레티브 상담 대화법에 대한 오해다.

▌문제 이름 붙이기 ▌

위에서도 언급했지만 문제 드러내기 과정에서 문제를 폭로하는 데 있어 이름 짓기는 상당히 효과적인 방법이라고 생각된다. 문제에 이름을 붙임으로써 우리는 더욱 효과적으로 문제의 실체를 확인시킬 수 있다고 본다. 이 과정에서 굳이 이름을 짓지 않고 어떤 심볼을 사용할 수도 있고, 혹은 그림을 통해 표현할 수도 있다. 그것은 그 상황에 따라 상담가와 내담자가 자신에게 가장 적합한 형태를 취하면 될 것이다. 작명을 할 때 어떤 틀이 있는 것은 아니다. 자신들이 부르기 편한 것이면 된다. 작명은 구어체인 현재진행형의 동사를 활용할 수도 있다. 예를 들자면, 대인 기피증이라는 단어보다는 '사람 피하기', '숨어 지내기'라고 할 수도 있고 그냥 대인 기피증이라고 해도 무방할 것이다. 단 내담자가 자신의 문제를 가장 적절히 표현할 수 있는 것이면 그것으로 족하다.

이름 짓기의 예: 문제는 람보

무감이와 대화를 하면서 나는 무감이와 폭력(문제)을 확실히 분리하기 위해 이름을 짓기로(naming) 했다. 나는 무감이에게 이렇게 물었다. "무감아, 만약 너를 괴롭히는 것에 대해 이름을 붙인다면 너는 어떤 이름을 붙이고 싶니?" 무감이는 조금 시간의 여유를 가지며 비시시 웃더니 "람보요"라고 했다. 그래서 무감이의 가족, 나 그리고 무감이는 모두 앞으로 무감이의 문제를 폭력이라고 하지 않고 '람보'라고 하기로 했다.

무감이가 람보라고 이름 지은 이유를 우리에게 말해 줬는데, 람보는 힘이 세고, 불사신이며, 정의파로서 약자를 도와준다는 것이었다. 여기서 나는 한 가지 주목한 것이 있다. 나의 문화적 선입견 속에 있는 람보의 이미지는 극히 폭력적이며 단세포적인 사고를 가진 미국 맹신주의자다. 그런데 무감이에게 람보는 부정적인 존재가 아니라 긍정적이고 정의의 사자와 같은 존재로 묘사되고 있다는 것이다. 다른 사람들이 폭력이란 존재를 부정적이고 문제의 근원으로 보는 것에 반하는 것이다. 그렇다고 무감이의 생각이 소위 말하는 헐리우드의 영향에 의한 것은 아니라 할 것이다. 무감이 나름대로 이유 있는 작명이었다는 것을 그의 다음 이야기를 통해 이해할 수 있었다.

▎문제의 실체를 폭로하라 ▎

문제가 내담자와 별개라면, 내담자가 문제가 아니라면, 문제가 내담자의 삶에 개입하게 된 계기와 때가 있을 것이다. 또한 문제가 내담자의 삶을 이제껏 지배해 왔고, 또 그 영역이 있을 것이며, 그 영역을 확장했거나 아니면 다른 영역으로 이전했을 수도 있다. 그 과정 속에서 어떤 다른 부수적인 것들을 불러들여 자신의 아성을 쌓고 있었을 수도 있다. 이런 것들을 질문을 통해 더욱 구체화하고 폭로해야 한다. 왜냐하면 문제의 근본 의도는 자신이 지배하는 영역을 넓히는 것이므로 자신을 더욱 강고히 할 필요가 있기 때문이다. 그러므로 다른 성질의 문제들을 불러 모으는 것이다. 문제가 무엇에 의해 더욱 기승을 부리게 되는지, 누구에 의해 그리고 무엇에 의해 지원되는지, 어떤 상황을 좋아하는지, 내담자의 삶에서 원하는 것이 무엇인지, 문제가 내담자를 파괴하고자 하는 전략과 전술이 무엇인지, 약점과 강점들 같은 다양한 면을 확인하여 리스트를 만들든지, 그림으로 한눈에 들어오게 해보든지 아니면 비슷한 줄거리들을 모아 이야기 군을 형성해 보는 것도 효과적이다. 이런 활동을 White와 Epston은 맵핑(mapping)이라고 한다.

맵핑(Mapping)

일반적으로 지도를 그리는 이유가 무엇인가? 왜 사람들은 지도를 필요로 하는가? 나는 그 이유를 두 가지로 생각한다. 하나는 전체적인 지형과 특성을 한눈에 들어올 수 있도록 하기 위함이 아닌가 생각된다. 지도를 통해 우리는 우리가 서 있는 땅의 전체적인 윤곽을 알 수 있다. 무엇을 '안다'(knowing)는 것은 우리가 최소한 모르기 때문에 겪어야 하는 막연한 두려움이나 혼란은 피할 수 있게 해 준다. 또한 어떤 지형이 자신에게 유리하고 어떤 지형이 자신에게 불리할 것이라는 예측과 더불어 최소한 의식적인 대처가 가능할 수도 있다. 그러므로 두 번째 지도의 유용성은 전체적인 윤곽과 구체적인 지형 지류에 따라 우리의 행동반경을 결정하고 예상한다.

나레티브 상담 실천 과정에서도 이와 비슷한 이유로 해서 '맵핑'이란 방법을 사용한다. 맵핑의 개념은 S. Freud에 의해 처음 시작되었다. 이것은 Richardson(2001)이 발전시킨 가계도(family genogram: family of origin)의 원리와 비슷하다. 가계도는 내담자의 문제를 '병리'의 개념을 가지고 그의 가계를 추적하여 문제의 근원을 맵핑하는 것이라고 한다면, 나레티브 상담에서 맵핑은 내담자를 문제와 분리하여 문제와 내담자의 역학 관계(power relation) 그리고 문제와 내담자가 서 있는 곳의 전체적인 윤곽을 확인하고 '문서화'(document)하는 데 주 목적이 있다. 맵핑은 크게 문제의 영향에 대한 것과 내담자가 문제에 영향을 끼친 것 두 가지 영역으로 나눌 수 있다.

문제의 영향에 대해 맵핑하기(Mapping the Influence of the Problem)

White가 말하는 맵핑은 Bateson의 아이디어와 많은 연관성이 있다(White and Epston 1990:2). 문제가 내담자의 삶에 영향을 주었던 전반적인 것을 리스트로 작성해 보는 것이다. 문제 드러내기 과정에서 계속적으로 언급했고 강조되는 것 중의 하나는 내담자와 상담가가 문제에 '대하여'(about) 이야기하는 것이지 '내담자 문제'(client's problem)를 이야기하는 것이 아니다. 물론 문제에 대하여 이야기한다는 것이 내담자의 문제에 대한 책임성이나 문제에 대한 주체적 접근을 부정하는 것은 아니다. 다만 내담자의 전체 삶의 지형을 놓고 문제라는 포인트를 자신의 지도에 그려 보는 것이다. 문제가 출발한 지점, 거쳐 간 경로, 예상 종착 지점 등등을 말한다. 구체적으로 말한다면 과거의 사건 속에서 문제가 내담자에게 영향을 주었던 사건들의 중심부와 주변부를 세밀하게 그려내는 것을 말한다.

무감이의 경우를 예로 들어보면 이렇다. 언제부터 람보는 무감이와 가까이 지냈는가? 람보는 무감이네 집에도 들어와 지내는가? 무감이가 특히 좋아하는 환경은 어떤 것이고, 어떤 사람을 만날 때 특히 난리 법석을 부리는가? 제일 싫어하는 사람과 두려워하는 경우는 없는가? 람보가 숨고 싶어할 때는 언제인가? 무감이가 람보의 말을 안 들으면 람보는 어떤 기분인가? 람보는 폭력 말고 또 잘하는 것이 있는가? 람보와 한 패가 되어 지내는 것들은 무엇인가? 이와 같이 시간적인 것과 공간적인 것 그리고 관계적인 것을 종이에 그려 보거나 리스트를 만들어 보는 것이다(76쪽을 참조하라).

▍문제에 대한 내담자의 영향력(Mapping the Influence of the Client) 맵핑하기 ▍

위의 맵핑과는 반대로 내담자 자신이 문제에 끼쳤던 영향들과 그의 가족이나 주위 사람이 영향을 주었던 것들을 캐내어 문제와 자신 그리고 주위 사람들을 자리 매김 해보는 것을 말한다. 이러한 맵핑은 후에 '독특한 수확물들'(unique outcomes)을 찾는 데 있어서나, 문제를 극복할 수 있는 대안적인 행동과 새로운 이야기를 다시 써 보는 데(re-authoring) 좋은 길잡이가 될 수 있고 아이디어를 제공하기도 한다. 이 과정은 내담자 자신에게 새로운 정보를 제공할 뿐만 아니라 내담자 주위에서 잊혀졌던 사건들-특히 대안 이야기에 도움이 될 만한 요소들-이 드러날 수 있는 계기가 된다. 맵핑은 광범위하게 이루어져야 한다. 그리고 이렇게 광범위하게 탐구된 것들은 또다시 구체적이고 세밀한 부분까지 그려져야 한다.

광범위하면서도 세밀하게 탐구되려면 전문가의 진단보다는 내담자에 의해 계속되는 해석, 재해석되는 이야기에 충실해야 한다. 그렇다고 해서 상담가의 역할이 없다는 것이 아니다. 상담가의 질문은 내담자의 이야기를 풍부화하는 데 중요한 요소가 될 수 있을 것이다. 이때 내담자는 자신에게 문제가 공격해 오기 전의 생활들을 정리해 볼 수 있는 기회를 가지게 되고, 이야기할 수 있는 공간을 넓히게 되며, 그 속에서 문제에 가려 있던 자신의 강점들, 누렸던 삶들 그리고 자신이 원하는 구체적인 것을 찾아 나갈 수 있다. 내담자와 마주할 때 항상 잊어서는 안 될 것이 있다. 소나기가 폭포처럼 쏟아진다고 해서 해가 영원히 뜨지 않을 것이라고 믿을 사람은 없을 것이며, 구름이 하늘을 덮고 있다고 해서 해가 없어졌다고 생각할 사람도 없다. 그러나 현실에서 사람들은 문제에 봉착했을 때 종종 자신에게 있는 해를 잊어버리기도 한다는 것을 상담가는 항상 기억하고 있어야 한다. 그리고 그 잊고 있는 것들을 활성화시키는 것이 상담가가 해야 할 것 중의 하나라는 것도 잊지 말아야 할 것이다.

람보의 영향

나는 무감이와 더욱 심층적인 대화를 하기 위해 오늘의 무감이와 람보(Here and now)의 관계에 대해 더 알아보고 싶어졌다. 즉 무감이의 삶에 드리워진 람보(폭력)의 영향이다. 질문을 할 때 예스, 노와 같은 단답형 질문은 가능한 한 피하는 것이 좋다. 그리고 유도성 질문은 하지 말아야 한다. 만약 단답형 질문을 해야 할 경우에는 내담자가 생각의 지평을 넓힐 수 있도록 돕기 위한 목적이어야 한다. 예를 들자면, "무감아, 만약 누가 너를 때렸다면 너는 기분이 좋겠니?"라는 식으로 내담자의 잘못을 지적하는 듯한 우매한 질문은 하지 않을 것을 나는 믿는다. 다만 "그때 다른 더 좋은 방법도 있었을 것 같니?"라고 물으면 내담자는 "예스, 노"라는 대답이 나올 법도 하다. 그렇다면 다음의 질문을 할 수 있는 여지가 제공되는 것이다. 또한 가끔은 내담자의 질문에 대한 답이 아주 모호할 수 있다. 예를 들면, 양면 가치적인 것이다. 그러한 것을 논리에 맞게 교통 정리를 하고 넘어가려는 대화법은 삼가야 할 것이다. 그렇지 않으면 내담자는 자신의 할 말을 잃어버리고 도리어 생각의 공황 상태에 빠질 우려가 있다. 내담자의 나이가 어릴수록, 혹은 어른이라 할지라도 문제가 복합적으로 얽혀 있을 때는 더욱 양면 가치적인 생각을 하고, 어떻게 묘사해야 할지 당황해할 때가 많다.

이때 상담가와 내담자의 눈높이에 주의를 해야 한다고 말하고 싶다. 흔히들 대화를 할 때는 서로가 눈을 마주보면서 하라고 권면한다. 그런데 나의 경험에 의하면 상담가가 양면 가치에 빠진 내담자의 눈을 쳐다보면서 질문을 하면 내담자는 더욱더 어찌할 바를 몰라하는 모습을 종종 볼 수 있다. 상담 기법 중의 하나인 NLP기법에서도 말하기를, 다른 사람의 눈을 정면으로 바라볼 때 그 상대는 매우 당황해한다고 한다. 그러므로 상대의 눈 바로 아래를 쳐다보면서 대화를 하는 것이 가장 편안한 대화 환경을 조성한다고 한다. 내 경험에 비춰 보면, 서로의 눈을 마주치기보다는 상담가는 생각하는 듯한 모습으로 약간 오른쪽이나 왼쪽 위를 쳐다보면서 하는 것이 좋았다. 아래에 대화의 예를 조금 소개하겠다.

　　필자: (문제와 내담자의 관계에 대한 질문) "무감아! 어른들은 람보를 싫어하는데 너는 람보를 좋게 여기는 것 같거든. 람보가 너에게 어떻게 했는데 그러니?"

　　무감: "람보와 같이 다니면 아이들(외국인)이 까불지 않고, 내 친구들(한국 아이들)은 그런 것을 볼 때마다 통쾌하게 생각해요."

　　필자: (문제와 주위 관계에 대한 질문) "그런데 왜 어른들은 람보와 너를 싫어하지?"

　　무감: "모르겠어요. 람보도 내가 어른들 주위에 가지 않기를 바라는데, 특히 학교 선생님들 옆에는 더 가지 못하게 해요…그리고…누나들 빼고는 자꾸 엄마, 아빠 근처에도 가는 것을 싫어해요."

　　필자: "음 그래, 그럼 너는 람보와 더욱 가깝게 사귈 수 있었겠구나? 너와

람보만 있을 수 있으니 말이다."

무감: "아니요, 가끔 나도 람보가 싫어요. 왜냐하면 람보와 내가 함께 있으면 엄마가 많이 슬퍼해요 그러면 나도 슬퍼요. 그러면 람보가 슬쩍 숨어 버리는 것 같아요."

필자: "너는 엄마가 슬퍼하는 것이 람보가 슬퍼할 것보다 더 싫은가 보지?"

무감: "예."

필자: "그럼 넌 람보가 싫겠구나?"

무감: "예…아니요…처음에는 안 그랬어요. 아빠도 아마…그랬을 걸…모르겠어요."(보다시피 무감이는 생각이 정리되어 있지 않았다.)

여기서 아빠라는 또 다른 무감 주위의 관계된 인물이 나와서 나는 조금 더 질문을 넓혀 보았다. 람보에 대한 맵핑을 하는 동안 이 부분에서 또 다른 등고선, 즉 아버지와의 관계가 추가되었다.

필자: (문제의 지배 영역 대한 질문) "그리고…람보가 너에게 다른 사람들, 특히 어른들을 어떻게 생각하도록 하는데? 그리고 네 생활과 그들의 생활을 바꿔 버린 것이 있니?"

나는 위와 같은 대화를 통해 람보가 무감이의 내면적 생각, 사회적 관계, 감정, 희망들에 대해 어떻게 영향을 미쳤는지를 심층적으로 질문해 들어갔다. 긍정적인 면에서는 말하자면 람보는 무감이를 강하게 했고, 자신감 있는 아이로 영향을 주었다고 한다. 백인 학생 사이에서는 자신을 두려움의 존재로 만들어 줬고, 한인 학생들 사이에는 자신을 소방수 즉 해결사로 만들어 줬다는 것이다(여기서 '소방수'와 '해결사'란 단어는 내가 붙인 단어다).

　반면에 람보는 자꾸 자신의 인간관계 반경을 좁히도록 강요한다는 것이다. 심지어 자신의 부모에게서까지 자신을 떨어뜨려 놓으려는 것을 느낀다는 것이다. 그럴 때면 자신은 늘 슬퍼졌다고 한다. 비록 한 번도 람보를 집에까지 데리고 들어간 적이 없었는데도 말이다. 또한 자신이 뭘 좋아하는지, 뭘 하고 싶다든지 하는 것들이 전혀 없다는 것이다. 오로지 자신은 람보와 쌍둥이 취급을 받고 람보가 잘하는 싸움과 '화'내는 것 이외에는 없는 것 같다고 했다.

　무감이와 람보의 관계는 세 가지 단어로 요약됨을 볼 수 있었다. '강하게 해 준다', '슬퍼진다' 그리고 '화'이다. 무감이는 지금 람보에 대한 양면 가치적인 혼란에 빠져 있음을 발견할 수 있었다. 그리고 특이한 점은 람보가 무감이의 정체성을 세우는 데 부정적인 영향만을 준 것이 아니라 긍정적인 측면도 있었다는 것이다. 무감이는 람보를 통해 자신감을 가지게 되었다. 물론 그의 자신감은 학교 당국이나 어른의 눈으로 볼 때는 일그러진 자신감이지만 말이다. 다시 말하면, '문제'가 어떤 면에서는 긍정적인 역할을 할 때도 있다는 반증이다. 그렇다면 상담가는 이 '문제'에서 어떻게 도움이 될 만한 것만을 추출해서 내담자의 미래의 대안 이야기와 연결시킬 수 있는지를 고민해야 할 것이다.

　나는 물론 나레티브 상담이 필수로 여기는, 나의 이해를 무감이에게 되묻고 확인하는 과정을 빠뜨리지 않았다. "무감아! 람보는 너를 네 친구들 사이에서는 강하게도 해 줬지만 다른 너의 사랑하는 사람들에게서는 슬퍼지게 만들었구나? 그리고 람보는 너를 놀리는 아이들에게서 너를 보호해 줬지만 다른 너의 장점은 못 보도록 만든 것 같은데…?"라고 나는 질문했다. 그리고 그것을 그림으로 그린 것(맵핑)을 무감이에게 보여 주었다. 우리 둘은 이런 대화를 계속 하면서 드디어 람보가 무감이로 대체될 수 없다는 것을 명백히 알게 되었다. 그리고 우리 둘 다 람보에 대한 호기심이 증폭했다. 그래서 우리는 람보의 생력과 약력을 찾아나서기로 했다.

람보의 생력과 약력

앞에서도 언급했듯이 문제가 언제, 어디서부터 내담자의 삶에 개입했는지, 그리고 그 사람과의 관계에서 어떤 약력 즉 사건들에 개입했는지를 탐구하는 것은 매우 중요한 요소다. 이 과정을 통해서 내담자는 우선 문제가 개입하기 이전의 자신의 삶을 고찰해 볼 수 있고, 자신의 또 다른 세계, 그리고 다른 사람과의 친밀도 등을 재발견할 수도 있다. 나중에 설명하겠지만 이러한 과정을 통해 내담자의 아군들을 내담자의 대안 이야기(alternative story)인 미래 이야기(preferred future story)에 재배치할 수 있는 요소들을 찾아낼 수도 있다. 이것을 나레티브에서는 '리멤버링'(re-membering)이라고 한다(이에 대해서는 뒤에서 구체적으로 언급하겠다).

약력을 추적하는 것은 문제가 내담자의 삶 속에서 어떻게 그리고 어떤 사건들에 개입했는지를 되풀이하여 보는 첫 단추다. 그리고 그 사건들 주위에 있었으나 이야기로 선택되지 않았거나 아니면 잊혀졌던 다른 이야기가 될 만한 요소들을 발견할 수 있는 기회를 제공하는 것이 약력을 추적하는 이유다.

예를 들자면, 람보가 아주 비슷한 사건이었는데도 A라는 사건에서는 자신이 마음껏 무감이를 컨트롤했는가 하면, B라는 사건 역시 A와 아주 정황이 비슷한데 무감이에게 개입하지 못한 경우도 있었다. B라는 사건이 벌어졌을 그 당시에 어떤 다른 요소들이 있었나 하는 것을 발견하는 것은 매우 흥미롭고, 내담자를 위해서 보람된 일이라 할 수 있다.

또한 이런 과정을 통해서 문제의 영향력(degree)을 확인해 볼 수도 있다. A라는 사건이 3년 전에는 '문제'라는 녀석이 내담자의 삶에 드리워지는 그늘이 30%였고, B라는 사건에서는 80%이며, 1주일 전에는 극도에 달했다고 한다면, 내담자는 문제의 영향력이 사건마다 다름을 발견하고 스스로 문제의 강도를 측정할 수 있는 기회를 가지게 되며, 강도가 다르게 되는 그 어떤 요소들을 찾아낼 수도 있다. 문제의 강도가 측정 가능해질 때 그만큼 내담자가 자신의 힘을 배분하는 데 효과가 있다. 무감이는 위의 대화에서 처음으로 람보와 자기의 관계를 '처음에는'이라는 단어를 통해 시간적으로 배열했다.

람보의 생력

필자: "람보가 너에게 접근했을 때가 언제인지 기억할 수 있니?"
무감: "잘 모르겠어요."

상담할 때 특히 아이들에게 자주 등장하는 단어가 "잘 모르겠다"이다. 그것은 정말 몰라서 그런 것이 아니고 질문이 추상적이거나 아니면 아이가 정리가 잘 안 될 때 쉽게 사용하는 것을 나는 경험했다.

필자: "너 아까 람보가 싫으냐고 물어 보니까 처음에는 안 그랬다고 그랬 잖아. 그 처음이 언제를 말하는 거야?"

무감: "아, 그러니까 제가 처음 학교 들어갔을 때 아이들이 날 차이니스 라고 놀렸어요(북미에서 '차이니스'라는 말은 종종 '더러운 떼놈'이란 인종 차별적 뜻이 암시되기도 한다). 그러면 그 놈을 쫓아가면 다른 놈이 때리고 도망가고, 저 놈 잡으러 가면 또 다른 놈이…. 그런데 한 번은 태권도로 한 방 날렸죠. 그랬더니 교장 선생님이 아빠를 불러 오라고 그러시는 거예요. 아빠가 내 이야기를 듣더니 잘했다고 하면서 야단치지 않았어요."

필자: "음, 람보가 그때 나타났구나, 맞니? 아니면 그 전에도 너에게 나타 난 적이 있는 거니?"

무감: "그건 잘 모르겠어요. 애를 패 줘 본 것은 그 때가 처음이었어요."

필자: "넌 그게 람보라고 생각을 했니, 아니면 다른 뭔가 있었던 것 같니, 그때?"

무감: "잘 모르겠어요. 그냥 선생님들은 람보 때문에 나를 싫어했고, 아빠 는 나나 람보를 뭐라 하지 않았어요."

우리 둘은 이 과정 속에서 독자 여러분이 주지하다시피 람보는 무감 이의 내면적인 것이 아닌 외적인 인간관계와 문화, 그리고 환경을 배경 으로 태어난 것임을 볼 수 있을 것이다. 그리고 람보의 전략은 무감이의 주위를 천천히 분열시키고 당파를 짓는 일부터 해 온 것을 볼 수 있다. 우리가 새로운 인간관계 구축과 재기억(리멤버링: re-membering)을 통 해 우리의 대안 이야기를 강화시키려 하듯이 문제도 역시 자신의 멤버 를 끊임없이 확대 재생산하려고 한다. 그 멤버는 사람만이 아니라 어떤 '증'이나 '병'으로 불리는 영역과 느낌, 감정 등 모든 분야를 끌어들인다. 예를 들자면, 폭력은 또 다른 '우울증'이라고 불리는 우군을 끌어들이고,

마치 자신이 폭력이 아니라 우울증인 것처럼 가면을 쓴다거나, 아니면 '성인아' 즉 과거에 가족이나 누구에게 영향을 받았다고 하는 변명거리로 위장한다.

무감이는 여기서부터 람보와 자신의 영역을 확실히 줄긋기 시작했고, 그 첫 단추는 람보를 배제한 자신의 가까운 인간관계부터의 재정립이었다. 또한 내가 비록 람보의 영향과 무감이와의 친밀도(the degree of intimacy)에 대해 질문하지 않았을지라도 무감이는 자신의 이야기를 하다가 지금 이 순간의 친밀도와 람보의 약력에서 나타나던 강도를 '처음에는'이란 말로 표현하고 있다. 그리고 람보는 '화'라는 것과 '무감이의 자격지심'이라는 아군을 불러들였고, 그 결과로서 무감이 자기 파괴 과정의 길(self-destructive path)을 걷게 하는 데 성공했다. 그 한 형태는 담배를 피운다든지, 자동차를 난폭하게 운전한다든지 하는 따위의 것으로 나타나기 시작했다(무감이는 미성년자로서 면허증이 없음). 그러나 이 둘 간의 친밀도에 결정적인 안티 바이러스 역할을 한 것은 오랜 기간 동안 쌓여 왔던 무감이와 가족 간의 관계 그리고 무감이의 한국인 후배와의 관계였다는 것을 알게 되었다. 무감이의 어머니나 무감이가 들려준 이야기들 속에서 나는 또 하나 중요한 것을 확인할 수 있었다. 무감이는 교회나 한인 친구들 사이에서 남을 잘 배려하고 감싸 주는 아이였고, 특히 후배들에게는 따뜻한 선배였다는 것이다.

독특한 수확물들(Unique Outcomes) 찾기

　문제 드러내기 과정에서 문제의 행동 양식, 영역, 정체성 등과 같은 것들이 폭로되고, 또 내담자 자신이 기억하지 못하거나 체화하지 못하고 있었지만 문제의 영향력에서 벗어났던 사건이나 사례들이 드러나는 경우가 허다하다. 즉 내담자의 강점 부분들이 문제에 가려 있다가 수면 위로 드러나는 것이다. 이러한 강점들은 탐구되는 것이고, 발견되는 것이다. 이것을 나레티브 상담에서는 -영어를 직역하면-'독특한 결과물들'(unique outcomes)이라고 한다. 나는 이것을 의미론적으로 의역해서 '독특한 수확물들'이라고 명명하고 싶다. 내담자의 '독특한 수확물들'은 매 상담 과정마다 나타날 수도 있고 어쩌다가 하나씩 드러날 수도 있다. 즉 이야기의 줄거리 단계(현재 이야기 단계), 과거 이야기 단계, 과거와 현재 이야기 재방문 단계, 대안 이야기나 미래의 이야기 단계와 같은 모든 단계에서 발견할 수도 있다는 것이다. 혹은 상담가와 함께 내담자 이야기를 근거로 해서 새로운 것을 창출할 수도 있다.

　내담자의 '독특한 수확물'은 크게 세 가지 영역에서 찾아 나갈 수 있다(White and Epston 1990:15, 31, 51). 첫째로, 내담자 과거 이야기의 재방문(re-visiting)을 통해 탐구될 수 있다. 사건이나 현상을 다시 회상해 본다. 그리고 문제와 그 사건들과의 관계를 재조명해 본다. 이때 종종 그 사건들 속에 또 다른 의미 있는 것들이 내포되어 있는 경우가 많다. 이렇게 재인식된 또 다른 의미들은 내담자에게 과거와 현재를 새롭게 인식하도록 하는 데 큰 도움을 줄 수 있다.

　두 번째는 순간 포착이다. 많은 사람들이 이런 경험들을 했을 것이다.

자신의 이야기를 한다든지, 아니면 누구의 질문을 받고 대답을 하다 보면 자신도 모르게 새로운 아이디어나 논리 혹은 대답들을 쏟아 내는 경우를 경험해 보았을 것이다. 이처럼 상담가와 내담자의 대화, 특히 상담가의 진심 이린 질문들이 내담자의 기억이나 사고들을 활성화시켜 주는 경우가 많이 있다.

세 번째는 상상을 통해 미래에 대한 프로젝트를 구상해 보는 것이다. 즉 미래의 이야기를 구성해 본다든지, 앞으로의 행동 양식을 위해 프로젝트를 구상해 보는 것이다. 비록 상상한 내용이라고 할지라도 그 속에서 자신의 의지나 발전 욕구를 새롭게 발견할 수 있는 동기를 부여받게 된다. 이러한 것 역시 내담자의 '독특한 강점들'이다. 혹은 재해석된 과거의 사건, 그리고 현재의 새로운 관점을 통해 이루어진 내용들을 맵핑한 것을 가지고 미래의 이야기로 연결지어 나오는 결과물들도 독특한 강점들이다.

독특한 수확물들을 찾아내기 위해 앞에서 사용한 인생 그래프 그리기를 활용하는 것도 하나의 방법이 될 수 있다. 예를 들어, 그래프 상에 낮게 그려진 부분과 높게 그려진 부분을 하나 선택해서 어떻게 낮은 부분이 다시 치고 올라갈 수 있었는지, 그 과정에 이야기하지 않은 다른 사건들이나 자신이 노력한 부분들 혹은 누군가의 도움이 있었는지와 같은 것을 묻고 탐구해 볼 수 있다.

문제 드러내기 과정에서 무감이, 그의 어머니 그리고 나는 몇 가지 '드러난 수확물'(unique outcomes)을 거둘 수 있었다. 1) 폭력이 극성을 부리는 것은 무감이 자신이 무시를 당했다고 느낄 때 나타난다. 2) 그러나 무감이는 폭력을 통해 자신감을 얻을 수 있었다. 3) 무감이 자신이 가깝게 여기는 사람들과 무감이 사이에 폭력은 개입하지 못한다. 4) 그리고 무감이는 다른 아이들, 특히 약한 아이들에게 세심한 배려를 할 줄 아는 아이다.

발전을 도모하는 이야기(Developmental Story)

행동 전망과 정체성 전망
(Landscape of Action, Landscape of Identity or Meaning)

'독특한 결과물들'은 내담자의 대안 이야기를 강화, 발전시키며, 내담자의 강점을 더욱 강고히 해서 문제와 맞서게 하는 데 효과적으로 사용될 수 있다. 이러한 과정을 더욱 효과적으로 하는 것을 나레티브 상담에서는 '발전을 도모하는 이야기'(developmental story) 혹은 행동 전망(Landscape of action)과 정체성 전망(landscape of identity)이라고 한다 (Smith & Nylund 1997: 235).

행동 전망과 정체성 전망은 내담자의 문제 이야기의 터닝 포인트 (turning point)다. 즉 이제껏 과거 속에서 과거를 봤다면 이제는 현재에서 과거를 다시 보고, 다시 본 그 과거 속에서 미래를 보는 것이다. 즉 과거에 이미 내포되어 있는 미래를 찾아 나서는 것이다. White의 용어를 한마디로 묶어서 말한다면 과거 속에서 '문제와는 다른 이야기들 찾기'라고 할 수 있다. 이러한 행동 전망과 정체성 전망은 내담자 자신도 잊고 있던 자신에 대해 새로운 관점을 제시해 준다(1995:31).

'발전을 도모하는 이야기' 혹은 '문제와는 다른 이야기들 찾기'란 '독특한 수확물들'이 전개되던 사건들, 상황들 혹은 그것들의 배경이나 다른 사람들과의 관계들을 좀더 손에 잡힐 수 있는 확증적인 것으로 세밀화해 나가는 것이다. 이렇게 구체적으로 찾아진 다른 이야기들에 새로운 의미를 부여하고 정체성을 부여하는 것은 나레티브 상담의 다음 단계를 위해 매우 중요하다. 또한 이 과정이 없다면 나레티브 상담의 '미래 이야기 찾아 가기'란 추상적이고 낭만적인 성장 모델이 될 여지를 내포하고 있다.

이 과정은 바로 전이든 오래 전이든 관계없이 과거 '재방문하기'(revisiting)를 통해 이루어진다. 모든 이야기는 이야기의 발전 전개가 있고 이야기의 정점(climax)을 향해 발전한다. 마찬가지로 '재방문하기'는 내담자의 이야기의 정점, 즉 '이야기 다시 쓰기'(re-authoring)를 향해 가는 하나의 단계라고 할 수 있다. 이전까지 무시되었던 혹은 초점에서 빗나갔던 사건들을 재구성해 보고 재해석하며 새롭게 의미를 부여할 수 있는 공간을 제공하는 것이다.

나는 무감이의 '독특한 수확물들'(unique outcomes)과 같은 예들이 혹여 무감이의 일상 속에 더 있을 것 같아 그 부분에 대해 질문했다. 예를 들자면, 자기 동생이나 교회 후배들이 자신을 무시하는 듯한 말이나 행동을 했을 때는 어떻게 대처했는지, 아이들이 어려움에 빠져 있을 때는 어떻게 무감이가 도와줬는지 등에 대해 물어 보았다. 그리고 백인 아이들이 자신을 조롱하고 괴롭혔을 때마다 람보가 나타났는지 그렇지 않은지, 혹 아니라면 어떻게 그 상황을 람보 없이 대처했는지에 대해 물어 보았다. 그리고 그것을 바탕으로 미래 전망, 즉 행동 전망(landscape of action)을 구축했을 때 자신에게 주는 의미가 무엇이었고, 어떻게 자신에게 도움(landscape of meaning)이 되었는지도 구체적으로 물어 보았다.

　무감이의 반응은 상당히 자신에게 고무되고 흥분된 상태에서 자신의 이야기를 하는 모습을 나는 발견했다. 즉 자신의 영웅담을 이야기하면서 자신의 긍정적인 정체성을 이야기하는 그 순간을 무감이 자신이 느끼고 있었다. 무감이는 인간관계를 하는 데 매우 중요한 '배려'라는 아름다운 부분을 소유하고 있는 아이였다. 그리고 약자를 도와주고 싶다는 정의로운 아이였다. 이렇게 무감이의 문제와 다른 이야기들 속에는 무감이의 '발전을 도모하는 다른 이야기들'과 '의미들과 그의 또 다른 정체성'들이 숨어 지내왔다. 그러나 폭력이라는 것에 의해 무감이는 왜곡된 자아 개념 속에서 살아오고 취급되어 왔다(이 부분은 나의 해석이었고, 그 해석을 무감이는 인정했다).

　무감이에게 있어 문제라고 한다면 '조롱과 조롱에 대한 대처', '폭력과 방어', '정의와 그 정의를 세우기 위한 수단'에 대한 그 경계선을 명확히 구분하지 못하고 있다는 것이었다. 곧 사회·문화적으로 암시된 (혹은 합일된) 방법이나 개념들을 따르지 않았다는 것이 무감이의 문제다. 더 정확히 말하면 캐나다 문화, 그 속에서도 동양인이 무시당하는 환경에서 동양 아이가 취해야 할 행동을 무감이가 경험으로 터득하기에는 너무 어린 나이였을 수도 있고 시간적 배려가 없었을 수도 있다.

　많은 내담자들이 겪는 갈등은 결국 문제 그 자체가 원인이 아니다. 갈등을 해결하기 위한 방법의 차이이기도 하고 문제를 보는 관점에서 오는 경우가 많다. 이런 현상들은 특히 부부 간의 갈등에서 첨예하게 나타난다.

　무감이와 나는 위와 같은 내용들을 충분한 시간을 가지고 이야기를 나누었다. 그리고 나는 무감이에게 한 가지를 부탁했다. 그것은 다름 아니고 자신의 또 다른 이야기에 이름을 붙여 보도록 한 것이었다. 그리고 그것과 연관된 질문을 한 후 몇 주간 동안 일기 비슷한 것을 쓰든지 아니면 리스트를 만들어 보라고 했다. 이러한 작업을 통해 우리는 배아 세포를 줄기 세포로 배양하듯 '독특한 결과물들'을 배양하여 문제를 제압하고 새로운 이야기를 만들어 가려고 시도했다.

대안 이야기(Alternative Story) 발전시키기

발전을 도모하는 이야기들을 통해 얻어진 수확물들을 실제적인 백신으로 사용하기 위해 나레티브 상담은 새로운 시도를 하는데, 이것이 대안 이야기 만들기 과정이다. 대안 이야기를 창작한다는 것은 전혀 아무것도 없는 무에서 유를 창조하는 것이 아니다. 그것은 이야기 속에서 모아진 수확물을 기초로 해서 만들어진다. 혹은 어떤 가상의 실체를 만들기도 하고, 상상된 이야기를 기초로 하기도 하지만, 그런 모든 것의 기본 배경은 내담자가 경험했던 이야기 속에서 유추한 것이다. 이러한 이야기는 내담자가 문제로부터 벗어나는 것만이 아니라 자신의 삶의 새로운 영역을 개척하는 것과 진배없다. 여기서 내담자와 상담가는 또 다른 '독특한 강점들'의 수확을 도모한다. 이것을 프로젝트(project)라고도 할 수 있다(Roberts 1994:71). 프로젝트를 추진하는 첫 단추는 개인에 따라 혹은 상황에 맞추어 다양한 방법을 취할 수 있다.

무감이와 나는 새롭게 찾은 이야기들에 이름을 짓는 것부터 하기로 했다. 이름을 짓는다는 것은 단순히 자신의 대안 이야기를 개체화시키는 것만이 아니라, 자신의 대안 이야기에 대해 자신이 선택권을 가지고 있고, 컨트롤할 수 있으며, 더 나아가서 대안 이야기가 대안 이야기가 될 수 있도록 실천하는 것이 자신의 책임 하에 있다는 암시가 깔려 있다. 무감이와 나의 이름 짓기는 이제껏 무감이를 괴롭히던 람보에 대한 대항마를 생산하는 것이다. 이때 하나의 이름만 지을 수도 있고 여러 가지 이름을 지을 수도 있다. 또한 이전과 마찬가지로 여러 가지 심벌이나 도구를 함께 사용할 수도 있다.

앞에서 소개한 사례에 나오는 준시에게서 이런 경험을 한 적이 있다. 준시는 학교에서 주체할 수 없는 '화'로 인해 학교 당국으로부터 '자아 관리'(self-control)라는 심리 치료 프로그램을 권고 받은 아이다. 준시와 나는 여러 상담 과정을 진행했다. 그때 이 아이의 친구들과 같이 대화를 할 수 있는 프로그램을 운영했다. 그때 나는 참여자들 모두에게 준시를 색깔로 표현해 보라고 했다. 그런데 대부분의 아이들이 이 아이를 빨강색으로 표시했다. 그 후 준시가 자신에게서 일어난 사건을 말했다. 자신에게서 재미난 현상을 경험했는데 신호등에 빨간 불이 켜지거나, 밤 야경에서 빨간색을 보면 다시 한 번 자신을 되돌아보고 점검해 보는 버릇이 자신도 모르게 생겨났다는 것이다. 이처럼 이름 짓기만이 아니라 심벌이나 도구도 문제에 대한 대항마(anti-problem)로서 아주 적절하게 사용될 수 있다. 그렇지만 경험에 의하면 이러한 심벌이나 도구가 내담자에게 오랜 기간 도움이 되는 경우는 많지 않다. 그것은 마치 종교인들이 자신들의 종교적 표식을 늘 몸에 지니고 다니지만 매 순간, 사건 사건마다 자신들을 붙들어 주지는 못하는 것과 같은 현상이 아닐까 추측해 본다.

내담자의 결핍성 이야기(thin-description)는 오랜 기간 내담자 주위를 강화시켜 왔고, 반면에 내담자의 풍부한 이야기(rich-description)들은 의식적이든 무의식적이든 기억되지 않고 장시간 동안 지하 그늘에 숨겨져 있었다. 그 결과로 문제는 내담자를 결핍성 이야기로 회귀시키는 흡인력이 풍부한 이야기보다 훨씬 강하나. 그러기에 단순한 이름 짓기나 심벌이나 도구를 집안 곳곳에 붙인다고 해서 풍부한 이야기가 문제의 대항마 노릇을 하는 것이 처음 몇 주 혹은 몇 달은 쓸모 있어 보이지만, 결국에는 역부족이며 회귀 현상이 나타날 수도 있다. 그러다 보면 내담자는 '상담 중독'과 같은 경향이 나타날 수도 있다. 이러한 회귀 현상을 조금이나마 줄이고 효과적으로 '독특한 결과물들'을 또 다른 과거의 사건과 연관점이 있는지 없는지 확인해 보고 현재의 일상에 적용할 수 있는 리스트를 만들어 일상에서 실천해 보는 것이다.

무감이는 다시 찾아낸 다른 이야기들에 관해 이름 짓는 것에 서툴렀다. 무감이의 다시 찾은 이야기들은 그 아이에게 전혀 새로운 이야기도 아니며, 무감이와는 아무 상관도 없던 이야기도 아닌 바로 자신의 이야기였다. 그러나 오랜 기간 문제의 이야기에 눌려 살아왔기 때문에 다시 찾은 이야기 속에서 자신의 정체성을 쉽게 발견하지 못하고 있었던 것이다. 그때 나는 무감이에게 자신 속에 있던 '독특한 수확물들'을 환기시켜 주었고, 자신의 영웅담을 이야기할 때의 자신의 모습을 상기시켜 주고, 내가 얼마나 재미있게 그 이야기를 들었는지를 이야기해 주었다. 그러면서 나는 '배려', '리더', '큰 힘' 등의 단어를 늘어놓았다. 그랬더니 엉뚱하게 자신의 대항마는 '바우'라는 것이었다. 무감이의 설명에 의하면, 바우의 성격은 우직하고, 순진하고, 특히 어려운 아이를 보면 잘 보살펴 주며, 또한 부모님들이 자신이 어렸을 때 바우라고 부르기를 좋아했다고 한다. (실제로 그의 아버지는 지금도 종종 무감이를 바우라고 부른다고 한다).

바우라고 이름을 지은 다음에 우리는 1) 람보가 나타나야 할 상황에 람보는 나타나지 않고 바우가 나타났던 사건들을 확인해 보았고, 그 구체적인 정황과, 2) 그때 자신만이 느꼈을 감정, 생각 그리고 3) 자신을 사랑하는 다른 사람 혹은 람보를 극히 싫어했던 사람들이 만약 그 모습을 보았다면 어떤 반응을 했을까 하는 것들을 상상해 보고 그림으로 표현해 보고 그의 어머니와 함께 그 상황을 상상하며 직접 연출해 보기도 했다. 나 역시 기꺼이 한 명의 연극인이 되었다. 4) 무감이의 일상을 리스트로 만들어 그 리스트에 하나하나 바우를 대입해 보았다. 예를 들자면, 무감이가 학교 등교 길에 바우를 데리고 갈 것인지 아닌지, 데리고 가다 람보나 그의 친구들이 나타날 때는 어떻게 할 것인지, 수업 시간에 바우가 필요한지(무감이는 공부를 무척 싫어했다), 바우가 공부를 도와줄 것 같은지 아닌지, 하교 후 집에서는 바우와 어떻게 지낼 것인지, 아니면 바우 외에 또 다른 것이 있는지 등을 우리는 함께 머리를 맞대고 리스트로 작성해 보았다. 나는 무감이와 이 작업을 하면서 단순히 무감이가 늘어놓는 것을 써 내려간 것이 아니라 도전적인 질문도 했다. 예를 들어, "바우는 친구를 좋아해서 수업 시간에 너에게 밖으로 나가자고 할 수도 있을 텐데 그럴 때는 어떻게 바우의 비위를 맞출 거니?" "약한 아이가 괴롭힘을 당해서 자신도 모르게 람보의 도움을 청하게 될 때는 바우가 어떻게 대처할지 상상해 봐라." 나의 질문들은 무감이가 람보와 함께 할 때 경험했던 것들을 근거로 해서 만들어졌다. 그리고 나의 질문은 무감이 자신이 자신의 대안 이야기를 만들어 나가는 데 더욱 광범위한 영역에서, 그렇지만 구체적인 접근을 하게 하는 역할을 하도록 했다.

나는 이러한 작업이 효과가 있다는 것을 어느 재혼 부부의 사례에서도 확인했다. 그들은 자신들이 믿는 종교적 신념이나 행위에서는 서로가 화합하나 아이들 양육에 있어서는 늘 갈등의 원인이 되었다(각자 한 명의 자녀를 데리고 재혼함). 자녀 교육 문제로 인해 급기야는 가정이 깨질 위기에 처했던 것이다. 그러나 그들의 공통 분모이며 가장 화합이 잘 되던 신앙 행위를 밴치 마킹 하여 자신들의 자녀 양육에도 이식해서 적용하기 시작한 후 큰 효과를 보았다. 어느 나레티브 상담가가 소개한 한 아이에 대한 사례에서도 그 효과를 잘 증명해 주고 있다. 한 아이가 '집중 장애'라는 판정을 받고 안정 주사를 맞지 않으면 공립학교에서 받아 주지 않겠다는 말을 들었다고 한다. 이 아이와 그의 상담가는 위와 같은 과정을 통해 아이가 자신의 재능을 확대 재생산한 사례를 보았다. 이 아이는 자신이 최고로 좋아하고 잘하는 럭비 경기 룰을 자신의 가장 취약점인 수학 시간에 적용하면서 그 효과를 다른 과목 시간까지 확대 재생산한 케이스다. 이러한 과정을 통해서 내담자는 좀더 실천 가능하고 손에 잡히는 대안 이야기를 발견하고 창작해낼 수 있다.

대안 이야기 강화하기 1

위에서도 언급했듯이 문제(problem)는 내담자를 끊임없이 자신의 영토로 회귀하게 만들려고 시도한다. 이러한 회귀성을 차단하고 내담자가 자신이 창출한 대안 이야기를 강화하는 것이 나레티브 상담에서는 무엇보다 중요하다. 상담가와 내담자는 이 과정을 통해 대안 이야기가 말 그대로 대안인지 아니면 추상적인 것인지, 대안 이야기에 대해 내담자가 확고한 의지가 있는지 그렇지 않은지, 결핍성 이야기보다 대안 이야기가 우위를 선점하고 있는지, 그리고 내담자에게 어떤 삶의 의미가 내포되어 있는지 등을 체크해 볼 수 있다. 이렇게 함으로써 내담자와 상담가는 대안 이야기가 강화될 수 있는 요소들을 더욱 폭넓게 확보할 수 있다. 그리고 내담자의 미래 이야기를 한층 탄실한 기반 위에 올려놓을 수 있다.

인식화 작업

첫째로, 체화 즉 인식의 과정이다. 내담자가 위의 과정을 통해(상황에 맞춰 다른 방식으로 만들어 갈 수도 있다. 나레티브의 모든 과정은 내담자와 상담가의 창조적 발상이 요구된다) 자신의 대안 이야기인 새로운 미래 이야기를 구성했다면, 그 대안 이야기를 강화하기 위해 자신의 주위에 있는 모든 결핍성 이야기와 대조, 대립, 비교, 분석하여 대안 이야기가 자신에게 얼마나 중요하고 필요한 것인지 인식하는 과정을 거칠 수 있도록 상담가는 가능한 한 여러 각도에서 질문을 해야 한다. 이것이 내담자에게 재해석을 시도하고, 모든 것을 새롭게 인식할 수 있도록 도울 수 있을 것이다. 이때 상담가는 내담자로 하여금 그가 상담 초기에 가지고 왔던 문제와 자신이 만든 현재의 대안 이야기 이 둘을 놓고 어떤 이야기가 자신에게 유익한지, 매력이 있는지, 원하는 삶인지 등을 마치 눈으로 보고 만져 보는 것처럼 확인해 볼 수 있도록 한다. 그리고 그 대안 이야기가 가져다 줄 삶을 상상해 보거나 영향 등을 예측함으로써 새로운 이야기에 접착되도록 한다.

무감이의 경우 그가 원하는 새로운 이야기는 카 레이서(car racer)나 자동차와 관련된 일을 하면서 자신의 부모를 행복하게 해 주고 싶고, 신앙 생활을 열심히 하는 사람이 되고 싶은 미래 이야기다. 나는 무감이와 그의 부모를 한 자리에 불러서 무감이가 상담 과정에서 보여 주었던 적극성, 무감이가 이야기했던 것들, 내가 그것들에 대해 이해한 것 그리고 무감이의 미래 이야기 등을 설명해 주었다. 또한 상담 과정에 대한 무감이의 느낌과 의견, 그의 부모가 느낀 점 등을 서로 공유한 후 무감이의 새로운 이야기에 대해 논의했다. 그리고 우리 모두가 어떻게 무감이의 대안 이야기를 강화시켜 줄 수 있는지, 어떻게 지지해야 하는지를 논의했다.

이 논의가 끝나고 나서 우리는 무감이가 카레이서가 되기 위해 노력하는 과정과 카레이서가 되어 우승한 상황을 상상하고 그 감격을 연출해 보았다. 노력의 과정을 연출하면서 부모님이 헌신하는 모습, 무감이가 열심히 하는 모습 그리고 결국 승리한 상황을 창출해 보았다. 이때 나는 이들 활동 하나하나를 적어 두었다가 나중에 그 모습을 보면서 감동했던 감동의 편지를 상담 후기에 보내 주었다.

| 대안적 해석 작업으로서의 해체 작업(Deconstructive work) |

앞의 장 '담론'에 관하여 언급할 때 다루었지만, 이 장에서 다시 한 번 강조해야 할 것이 해체 작업이다. 대안 이야기를 강화하기 위해서 또 한 가지 중요하게 다루어야 할 것이 내담자 주위에 떠돌고 있는 사회·문화적 담론에 대한 새로운 관점을 제시하는 것이다. 이 과정에서 다시

불러들여야 할 것이 사회적 담론이다. 사회적 담론이 얼마나 내담자의 결핍성 이야기에 영향을 미치고 결핍성 이야기가 강화되는 역할을 했는지는 이미 앞에서 언급했다. 그런 사회·문화적 담론을 새롭게 재해석하고 다른 관점에서 다른 각도로 이야기를 구성하는 것은 대안 이야기를 위해선 필수적이다. 대안 이야기 없이 사회적 담론을 다른 관점에서 파헤쳐 보기란 결코 쉽지 않다. 왜냐하면 대안 없는 비판은 허구와 같기 때문이다. 어떤 실체는 다른 어떤 실체가 있을 때 실체가 되듯이, 비판의 실체가 있다면 그 실체를 비출 수 있는 또 다른 실체가 있기에 가능한 것이다. 그러기에 '대안'이다.

대부분의 인간의 삶에 얽힌 것들은 그 사회에 퍼져 있는 사회·문화적 담론에서 결코 자유롭지 못하다. TV를 통해, 속담에 의해, 가족의 신념, 종교적 성향, 시대의 유행, 학문적 담론 등에 의해 의식적이든 무의식적이든, 동의하든 동의하지 않든 내담자의 사고에 스며 있던 '당연시 되었던'(taken for granted) 인식들과 해석들을 탐구해 보고 그것들이 어떻게 내담자의 이야기와 연관을 가지고 있는지를 조사해 본다. 그리고 내담자의 대안 이야기와 사회적 담론이 서로 대화하도록 해보는 것이다. 다시 말하면, 대안 이야기를 중심으로 해서 사회·문화적 담론을 비판해 보고, 대안 이야기를 주축으로 사회적 담론을 재해석해 보는 것이다.

여기서 상담가는 전문성을 발휘할 수 있는 기회를 가진다. 보통은 내담자보다 상담가가 사회적 담론의 내용과 양상, 종류 등 많은 정보를 가지고 있는 경우가 많다. 그러므로 상담가는 내담자에게 그런 종류들을 소개해 줄 수 있고, 또한 여러 각도에서 볼 수 있는 질문들을 제공해 줄 수 있다. 예를 들자면, 전통적인 초혼 가정의 역할 분담에 대한 인식과 실천의 차이와 재혼 가정의 그것과의 차이를 나열해 주는 것이라 할지, 이전 시대의 재혼을 바라보던 시각과 현 시대의 재혼을 분류하는 경향 등을 소개해 줄 수도 있다.

어떤 재혼 가정의 청소년이 "나는 엄마가 둘 있는 것이 싫어"라고 할 때, 둘이 있는 것이 싫은 것인지, 자신의 주위에서 둘이 있는 것을 이상하게 보거나 혹은 다른 취급을 해서 싫은 것인지를 구분해 보아야 한다. 그리고 왜 그들이 그렇게 보는 것인지, 그것이 그들의 경험인지 아니면 자신들도 모르게 어떤 사회·문화적 이야기들(예를 들면, 콩쥐 팥쥐 이야기)에 의해 영향을 받은 것인지를 확인해 보는 것도 중요하다. 똑같이 엄마에게 야단을 맞았음에도 불구하고 재혼 가정의 청소년의 경우 "새 아빠/엄마이기 때문에 그런다"고 쉽게 단정짓고 재혼 가정 구조를 문제의 근원으로 생각하는 경향이 있다. 그렇다면 위와 같은 상황이 초혼 가정에서 발생했다고 하자. 과연 그 구성원들이 초혼 가정 구조 때문이라고 할까? 사회·문화적 담론이 내담자의 이야기에 부정적인 영향을 미치고 있다면 반드시 담론의 해체 과정을 거쳐야 한다.

| 다른 사람에게 듣기: Reflection, Witnesses and Re-membering |

어떤 이야기든지 개인적인 창작물이면서 동시에 공동체의 문화가 반영된 것이다. 즉 공동체적인 성향을 가지고 있다. 그리고 어떤 이야기도 다른 이야기의 영향 없이 창작된 것은 없다. 내담자의 대안 이야기도 예외는 아니다. 그러므로 대안 이야기의 강화를 위해서는 개인적 요소만이 아니라 공동체적 힘이 함께 부여될 때, 그 대안 이야기는 강고해질 수 있다. 그 일환으로서 나레티브 상담에서는 '다른 사람에게 듣기'를 한다.

'다른 사람에게 듣기' - 나레티브 상담 실천가들마다 부르는 용어나 방법이 약간씩 차이는 있을지라도 - 는 크게 세 가지 형태로 이루어진다. '반영 혹은 조언: reflection' 그룹(Anderson 1987), 증언 그룹: witnesses group(Kotze et al 2002:45) 그리고 리멤버링: re-membering(White 1997:22)이다.

나레티브 상담가들은 이러한 그룹을 '지지'(support) 그룹이라고 한다. 위의 세 가지 형태는 상담 과정 속에서 개별적으로 운영되기도 하지만 모두가 같은 목적에 의해 운영되기 때문에 어느 하나가 독립적으로 운영된다고 말하기가 어렵다(Cattanach 2002:217). 그래서 나는 다른 사람에게 듣기의 과정으로 한 테두리를 정했으며, 이것은 결국 우리들을 상호 보완적이며 공동체적 의식 속에서 한 개인의 문제를 그 개인의 문제로만 여기는 것이 아니라 공동체적 관심의 표명임과 동시에 우리의 문제로 인식하는 것이다.

또한 이 과정은 나레티브 상담에서는 단지 대안 이야기를 강화하기 위함만이 아니라, 상담 과정에서 상담가의 독단적인 대화 운영이나 자의적 해석에 빠짐을 경계하고 피하기 위한 필수적인 것이라고 할 수 있다(disembodiment)(Epston & White 1994:145). 더 나아가서 내담자가 대안 이야기를 강화함에 있어서 상담가의 도움만으로는 신비하고 경이로운 한 인간과 그가 만들어 왔던 삶의 그물에 걸려 있는 것들을 온전하게 드러내기가 어렵다. 그리고 상담가가 내담자와 대화를 진행하다 보면 자신도 모르게 뭔가를 간과하고 넘어갈 수 있는 여지도 충분히 존재한다. 만약 불행하게도 그 '뭔가'를 내담자도 보지 못하고 상담가도 인식하지 못했는데 아주 중요한 키가 될 수도 있다면, 그것은 내담자에게 큰 손실이 아닐 수 없을 것이다.

더불어서 내담자는 외롭고 힘들게 홀로 문제와 싸워 왔다고 해도 과언이 아니다. 또한 얼마나 많은 편견 속에서 주위 사람들은 내담자를 바라보았을지 능히 짐작되는 것이다. 이러한 상황 속에서 내담자의 대안 이야기를 지지해 주고, 도와줄 수 있는 그룹을 확인해 보고, 자신의 주위에 세운다는 것은 내담자에게 큰 자산이라 할 수 있다.

나는 무감이와 '다른 사람에게 듣기' 과정을 거쳤다. 그의 부모님은 물론이거니와 그의 교회 친구들을 초대해서 아주 가벼운 분위기 속에서 잡담을 했다. 물론 그들에게는 잡담이었지만, 나는 그들의 이야기를 주의 깊게 들었다. 폭력과는 전혀 관계가 없을 듯한 무감이의 천진한 모습들, 봉사들 그리고 그의 따뜻한 가슴들을 그의 친구들을 통해 들을 수 있었다. 그들은 증언 그룹의 역할을 잘 해 주었고, 나아가서 무감이의 지지자들이 되어 주었다.

그리고 무엇보다 중요한 한 사람을 발견했는데, 그는 무감이의 담당 목사님이었다. 무감이는 그 담당 목사님을 유독 잘 따랐고, 그 목사님 또한 무감이가 사고를 칠 때마다 열심히 쫓아다녔다고 한다. 그래서 그런지 무감이는 그 목사님을 무한히 신뢰하고 있었고, 목사님에게 실망을 주고 싶지 않다고 했다. 나는 이 목사님에게 무감이의 상담 과정과 결과에 대한 편지를 보냈다. 그리고 그가 지지자로서, 리-멤버 그룹의 한 명으로서의 역할을 해 줄 것을 부탁했다. 그는 기쁘게 동참을 약속했고, 무감이에게 정기적으로 편지를 써 줌으로써 무감이가 자신의 '대안 이야기 살아가기'를 하는 데 많은 도움이 되어 주었다.

'반영하기'(Reflection)

'다른 사람에게 듣기'의 하나는 조언 팀(reflection team)을 조직하는 것과 상담가 자신의 성찰(self-reflection)이 있다. 조언 팀 운영의 궁극적인 목적은 내담자를 돕는 것에 있지만, 한 개인으로서의 상담가의 한계를 인식하여 상담가 자신으로서는 부족할 수밖에 없는 부분들을 강화하는 데 있다고 해도 과언이 아닐 것이다. 내담자가 지금 마주 대하고 있는 대화 상대인 '상담가'라는 단어에는 '전문'이라는 단어가 붙는 것과 동시에 이미 그 속에는 힘(power)의 불균형이 내재되어 있다. 그렇기 때문에 전문가의 한마디는 쉽게 내담자의 의향과 처한 조건과 상관없이 내담자가 실천해야 할 명제로 받아들이기 쉬운 약점을 가지고 있다. 배관공이 배관에 관한 한 아무리 전문가라고 할지라도 집 주인의 의향, 조건 그리고 상황 같은 것이 고려되지 않고는 그 집의 배관을 가장 적절하게 수리할 수 없다. 이런 폐단을 피하기 위해 나레티브 상담가는 '다른 사람 의견 듣기'를 상담 초기부터 시스템화하는 것도 좋은 방법이다. 과정마다 대화를 반사해 볼 수 있는 '조언 팀'(reflection team)을 운영하며, 이것의 역할이란 상담실 밖에 있는 그 어떤 다른 사람이 자신들의 관점에서 조언해 주고 참고할 만한 사항들을 지적해 주는 것이다.

조언 팀은 나레티브 접근법을 방법론으로 하는 리서치에서도 사용된다. 이 팀은 리서치 과정에서 리서치하는 사람의 주관과 독단, 혹은 선입관, 편견 등과 같은 것을 피하기 위해 꾸려지는 그룹이다. 리서처(researcher)가 해석한 해석이 편견에 의한 것인지 평형을 잃은 것인지를 체크하고자 다른 사람의 관점을 듣기 위한 한 방법이다. 이것을 White가 상담에 도입한 것으로 내담자와 상담가의 진행된 이야기를 듣고 조언하며 또 다른 각도에서 관점을 제시해 주는 것이다. 나레티브 상담 실천가들이 동의할지는 모르겠지만, 리플렉션 팀은 상담 과정을 평가하는 것이라고는 말할 수 없지만 어떤 의미에서는 평가와 점검이라고 할 수도 있지 않을까 싶다.

리플렉션 팀 멤버를 조직할 때, 구성원의 조건은 없다. 단지 진지하게 들어주고 반응해 줄 수 있는 사람이면 족하다. 꼭 전문가가 필요한 것도 아니며, 내담자 주위에서 찾을 필요도 없다. 그러나 가능한 한 내담자와 이해관계를 같이 하면 더욱 좋을 것 같다. 비록 직접적인 인간관계는 없을지라도 지금 내담자가 겪고 있는 것과 비슷한 경험을 했던 사람도 좋은 팀이 될 수 있다. 우리가 잘 아는 알코올 중독자 모임, 알츠하이머 가족 모임 같은 것을 예로 들 수 있다. 혹은 가능하다면, 내담자가 다니고 있는 상담소의 스텝이나, 아니면 인턴쉽 과정에 있는 사람들이나 다른 전문가 그룹을 위촉할 수도 있다. 여기서 숙지해야 할 한 가지를 꼽는다면, 기꺼이 조언 팀의 역할을 해 줄 수 있는 멤버들이 시간과 장소 그리고 커뮤니케이션 피드백에 큰 어려움이 없어야 생산적이고 효과적일 수도 있다는 것이다.

조언 팀을 어떤 방식으로 운영할 것인지는 전적으로 내담자와 상담가의 상의 하에서 상호간에 최적이라고 여기는 방법을 택하면 된다. 예를 들자면, 대화를 녹음하거나 비디오 촬영을 하여 상담가와 반사 팀이 다시 들을 수도 있고, 상담가가 대화 내용을 몇 가지로 요약해서 조언 팀의 의견을 물을 수도 있다. 혹은 상담소에 충분한 인적 자원과 시설이 허락될 때는 내담자와 상담가의 대화를 직접 듣고 볼 수 있는 시스템을 구축하여 조언 팀이 상담실 밖에서 상담 상황을 보고 그때 그때 상담 과정을 반사해 보는 것도 좋을 것이다.

여기서도 빠져서는 안 되는 것은 어떤 형태이든 내담자에게 보고가 되어야 하고, 그 결과도 보고가 되어야 한다는 것이다. 또한 내담자가 부끄러운 느낌을 가지지 않도록 세심한 배려를 해야 하며, 리플렉션 팀의 조언 역시 내담자가 '판단'의 대상이 되거나(being judged), '지적'받는(being blamed) 듯한 느낌을 주지 않도록 해야 한다. 조언 팀의 역할은 말 그대로 조력에 있다는 것을 명심해야 한다. 여기서 상담가는 가교 역할을 해야 한다. 비록 조언 팀의 의도가 그렇지 않을지라도, 이런 일에 익숙지 않은 사람들로 구성되었다면 언어에 의해 오해의 소지를 만들 여지가 충분히 잠재해 있다. 그럴 때 상담가는 오고 가는 언어와 단어의 선택을 세심하게 조절하는 미를 발휘해야 한다.

조언 팀의 주 과제는 내담자의 대안 이야기를 강화하는 데 있다. 내담자 이야기에 대한 '감정 이입'(empathy)과 '만약 나라면…'(as if)이라는 관심(curiosity)을 가지고 내담자가 서술한 이야기에 대해 궁금한 점들을 질문할 수도 있고, 자신들의 경험이나 입장에서 본 비슷한 사건에 대한 자신들의 '의미 부여'를 이야기하거나, 자신들이 보는 관점에서 사건의 우선 순위를 배열하고 제안할 수도 있다. 또한 만약 자신들이라면 어떤 대안 이야기를 가질 것인가를 이야기해 볼 수도 있다. 아니면 내담자의 대안 이야기에 보완했으면 하는 점들을 상상해 볼 수도 있다.

이러한 조언 팀의 의견들을 놓고 내담자는 또다시 자신의 관점에서 조언 팀의 의견을 재설명할 수도 있고, 자신의 느낌을 이야기함으로써 자연스럽게 '되돌아보기'(revisiting or retelling)를 한다든지 재해석의 과정을 거칠 수도 있다. 특히 이 과정에서 내담자는 조언 팀의 상상력의 지지(support)를 받아 자신의 상상력을 더욱 극대화하여 대안 이야기를 더욱 풍성하게 하고 강화할 수 있는 기회를 가질 수도 있다.

여기에서 독자들이 궁금해 할 것이 있을 것 같다. 그렇다면 과연 내담자의 비밀 유지는 어떻게 되는 것일까 하는 것이다. 상담 전문가로서 내담자의 상담 내용을 누설하는 것은 법에 저촉됨은 말할 나위도 없다. 전문 상담가와 비전문 상담가의 외형적 차이가 여기에 있다. 그러므로 조언 팀을 운영함에 있어 비밀 유지의 경계는 내담자의 의견과 내담자의 열린 마음에 있다. 나레티브 상담 실천가는 항상 어떤 과정, 어떤 상담가의 해석도 내담자에게 보고하고 확인하는 절차를 반복, 재반복한다. 그러므로 예외 없이 반사 팀 운영도 내담자의 선택의 문제다.

자아 성찰(self-reflection)

상담가로서 소양을 갖춘 사람이라면, 그리고 나레티브 상담을 진실하게 실천한다면 조언 팀 운영으로 상담가의 부족분을 모두 채울 수 있다고 생각할 사람은 아무도 없을 것이다. 특히 조언 팀 운영을 통해 상담가의 편향(biases)이나 선이해(preconception), 혹은 감정 충돌(emotional crush) 등에서 완전히 벗어날 수 있다고 믿을 사람은 없을 것이다. 이러한 것들은 상담가의 내면에 자리한 것이기 때문에 전문가로서 얼마든지 표정이나 언어로 표현하지 않을 수도 있다. 하지만 상담이 진행되는 동안 자신의 내면에서 일어나고 있는 것과 또 다른 대화를 하고 있다는 것을—그것이 내담자에게 긍정적인 것이든 부정적인 것이든—상담가 자신은 알고 있다(Lather 1991:56). 그렇기 때문에 나레티브 상담에서는 자아 성찰(self-reflection)을 매 과정마다 하는 것이 좋을 것이다. 그러나 그렇게 매 회기마다 하지 못했다면 최소한 내담자 이야기의 정점

(climax)과도 같은 '대안 이야기 강화하기' 과정부터라도 필히 해야 할 것이다.

상담 과정에 대한 상담가의 자아 성찰이란 말 그대로 상담가가 자신의 상담 진행과 자신의 내면에서 일어났던 현상들에 대해 진지하게 반성하고 되돌아보는 것을 뜻한다. 자아 성찰이 실천되지 않고 계속적으로 상담을 진행하다 보면 효과적인 질문을 하지 못하는 우를 범할 수도 있고, 내담자를 유도하는 질문을 할 수도 있다. 특히 성인이 아닌 내담자를 대할 때나, 혹은 내담자가 이야기를 중구난방으로 끌어 갈 때는 상담가 자신도 모르게 질문의 틀을 만든다든지, 아니면 기계적인 상담 과정을 조직하려고 하는 현상이 두드러지게 나타날 수도 있다. 커플을 상담하는 경우에는 상담가 자신의 성이나 경험 등이 자신도 모르게 쉽게 한쪽을 '지지'하는 듯한 상황이 벌어질 수도 있다. 그러므로 자아 성찰은 꼭 필요한 것이다. 나는 독자 분들에게 자아 성찰의 결과물들을 다음 회기에 내담자와 나누기를 제안한다. 이러할 때 내담자와 상담가 사이에 쌓여 있는 힘의 역학 관계의 벽이 허물어질 것이고, 내담자 자신이 상담 과정에 더욱 적극적으로 참여하는 것을 나는 여러 사례를 통해 보아 왔다.

자신에게 무엇을 물어 볼 것인가? 상담가 자신이 '지시적'인가, 그렇지 않은가? 내담자에게 '안전성과 안정성, 그리고 자유함'을 창출하고 있는가, 아니면 뭔가 자신이 강압적이지는 않았는가? 이런 것들을 자신에게 물어야 한다. 즉 내담자가 "나를 따라오고 있는가?"에 대한 고민이 아니라 "내담자가 대화를 통해 자신들의 유익을 찾고 있는가?" 하는 것이 주안점이 되어야 한다.

구체적인 예로 Freedman and Combs(2002:8)가 제시한 예를 소개할까

한다.

1) 내가 지금 뭔가 지레짐작하는 경향이 있는가?
2) 내가 지금 함께 하고 있는 내담자들에게 나의 성(gender)이 어떤 영향을 주고 있지는 않은가?
3) 내가 믿고 있는 친밀성(intimacy)이란 것을 지금 내담자에게 은근히 가르치려거나 강조하고 있지는 않은가(특히 커플을 만나고 있을 때)?
4) 어떤 관계성(relationship)이 더 좋은 것이라고 믿고, 어떤 가치를 두고 있는지에 대해 나는 지금 어떤 생각을 하고 있고, 개념 짓고 있는가?
5) 내담자들이 자신들의 관계성에 대해 어떤 전제를 가지고 있는지를 볼 수 있도록 나는 지금 어떤 기회를 제공하고 있는가?

이외에도 여러 가지가 있을 것이다. 이러한 상담가 자신을 성찰하기 위해서는 상담 일지 외에 상담가 자신의 내면적 운동을 포함하는 일기를 꼭 쓰기 바란다. 상담 일지를 쓰는 데는 개인적인 취향에 따라 여러 가지 방법이 있을 것이다. 여기서 나는 상담 일지가 기본적으로 포함해야 할 것을 몇 가지 제시해 보고자 한다.

첫 번째 장: 마치 드라마 세팅(setting)장과 같이 내담자의 제스처, 무드, 상담 분위기, 활동 등과 같은 것으로서 눈으로 보이는 것을 묘사해 놓는 장이다. 세팅을 위한 대화를 이끌기 위해서는(here and now) "차가 많이 막히셨지요?", "옷 색깔이 참 잘 어울리시네요? 어디서 사셨어

요?" 등과 같은 가벼운 이야기를 하는 것도 한 방법일 수 있다. 특히 내담자와의 첫 만남을 자세히 기록해 두는 것은 내담자에게 자신의 관심을 보이는 데 많은 도움이 된다.

두 번째 장: 이야기의 주제나 범주를 넓게 분류한(semi-structured) 항목이다. 사회적 담론, 가족 안에서의 역할과 영향력, 행복했을 때, 갈등에 대한 대처 같은 것들로서 내담자의 이야기를 주제별로 묶어 두는 것이다. 이것은 나중에 사회 담론과 내담자 이야기와의 대화를 시도하고 재해석하는 데 유용하게 사용된다. 그리고 상담 후기 작업(뒤에 설명하겠다)을 할 때 도움이 된다.

세 번째 장: 상담가 자신의 개인적이고 주관적인 면을 다루는 장으로서 참여자로서 느낀 감정, 감상, 내담자 이야기에 대한 자신의 이해, 내담자의 이야기에 내포된 의미에 대한 자신의 해석 등을 기록하는 곳이다.

네 번째 장: 자신에 대한 평가의 장으로서 내담자에 의한 평가와 자신의 성찰에 의한 평가의 장이다. 그리고 자신의 관점들이 나레티브 상담 패러다임과 일치하고 있는지, 윤리와 방법론을 실천하고 있는지에 대한 이론적 성찰이 이루어지는 장이라고 하겠다. 특히 자신을 성찰할 때는 이론적 성찰이 필수적이다. 실천은 이론의 발현물이다. 그러므로 실천 없는 이론은 공허한 것이다. 반면에 이론적 성찰과 윤리적 합일이 없으면 특히 나레티브 상담은 '아무것이나 가능한'(anything goes)이라는 오해를 불러들이기에 안성맞춤이며, 반면에 오래된 모던이즘적 사고와 습관에 젖어 있는 우리들은 자신도 모르게 내담자를 판단하고 분석하려는 경향을 띨 수도 있다.

무감이와 그의 어머니에게 '동의'를 얻은 나는 무감이와 대화를 하면서 그의 교장 선생님에게 조언 팀(reflection team) 역을 부탁했다. 우리는 서로 한 테이블에 앉아 의견을 교환한 것은 아니다. 내가 무감이의 대화가 녹음된 것과 그 요약물을 들고 개별적으로 이 둘을 만났다. 나의 감독관은 내가 무감이에게 한 질문들을 꼼꼼히 체크하고 지도하셨으며, 무감이의 교장 선생님과는 무감이의 이야기를 요점 정리한 것을 가지고 서로 의견을 교환하며 무감이의 이야기에 대한 나의 이해의 폭을 넓혀 갔다. 그리고 난 후 이러한 과정에서 얻어진 귀결물들과 나의 자아 성찰의 결과물들을 무감이에게 다시 보고하고 설명하는 과정을 나는 잊지 않았다. 모든 나레티브 상담 과정에서 전 과정에서 이루어진 상담가의 이해와 해석은 내담자에게 다시 한 번 확인하는 절차를 잊어서는 안 된다. 그런 이유 때문에 나는 이 책에서 소개한 사례들을 이야기할 때마다 이러한 절차를 거쳐 왔음을 매번 이야기하고 있다.

'다른 사람 초청하기'
(Inviting People in Making Witnesses or Re-memberig)

리플렉션 팀이 상담가의 역할을 조력하는 데 중심의 비중이 더 있다고 한다면, '다른 사람에게 듣기'의 일환인 '다른 사람 초청하기'는 내담자의 대안 이야기(미래를 위한 이야기 포함)에 초점을 맞춘다고 할 수 있다. '다른 사람 초청하기'는 '증언자들(witnesses) 찾기'라고도 할 수 있으며 리-멤버링(re-membering)이라고도 할 수 있다. 대부분의 나레티브 상담 실천가들이 '증언자들(witnesses) 찾기'와 리-멤버링(re-membering)을 통합적으로 사용하지만, 또 어떤 책들에서는 분리된 개념인 듯한 인상을 주는 경우가 있다. 그러나 필자의 관점으로 볼 때 위의 두 개념은 굳이 분리될 필요가 없다고 본다. 내가 여기서 이 두 개념을 모두 열거한 이유는 단지 이런저런 단어들이 나레티브 상담에서는 전문적인 용어로 자리 잡고 사용된다는 것을 말하고 싶기 때문이다.

나는 이 두 개념 모두가 '다른 사람 초청하기'의 한 축이며, 그 동기는 '다른 사람에게 듣기' 위함이라고 사료된다. 나레티브 상담 과정의 하나로서 '다른 사람에게 듣기'는 섬김의 리더십 이론(theory of servant leadership)과 실천에서 말하는 멘토링(mentoring) 부분과는 조금 차이가 있다. 멘토링은 수직적으로 위에서 아래로(계급적 의미가 아닐지라도) 용기를 북돋아주고 조언하는, 즉 '지도를 하고 받는' 구조 인 반면, '다른 사람에게 듣기'는 원탁의 구조로서 상호 보완적이며 나누는 구조다. 가장 중요한 차이점은 멘토링은 문제를 중심으로 하고, 다른 사람에게 듣기는 대안을 중심으로 하며, 멘토링은 해결책을 위한 대화이지만 후자는 대안 이야기 풍부화와 지속화에 있다는 것이다.

여기서 중요한 단어의 합성을 눈여겨봐야 한다. 영어의 re(다시)와 member(구성원)라는 단어가 하이픈(-)에 의해 합성되었고, 멤버(member)라는 명사는 현재진행형 동사(ing)를 써서 사전에도 없는 멤버링(membering)이라는 단어로 재창조되었다. 그렇게 해서 만들어진 합성어가 나레티브 상담에서 중요한 과정의 하나인 리-멤버링이 되었다. 리-멤버링이란 단어는 창조물이다. 그러므로 리-멤버링도 창조가 강조된다. 이것을 어떤 학자들은 새로운 각도에서의 멤버 구성(deconstructive memberig)이라고 한다. 다시 말하자면, 현존하는 멤버든, 오래 전의 멤버든, 지금 현재 관계를 형성한 새로운 멤버든 그들을 다른 각도에서 다른 의미를 부여하면서 재구성해 보자는 것이다(White 1999:66). 그리고 이러한 작업과 이렇게 창조된 단어가 주는 또 다른 여운이 있다면 영어 단어의 철자를 생각지 말고 소리 음가로만 발음을 한다면 리멤버(re-member)다. 즉 내담자의 과거와 다른 어떤 것들이나 사람과의 관계들을 다시 엮어 보는 것으로서 기억을 되살리고, 풍부화하며, 발전시키는 것이라고 할 수 있다(Cattanach 2002:223).

리-멤버링은 '지지'(support) 그룹으로서 내담자의 대안 이야기를 더욱 풍부하게 하는 데 있어 나레티브 상담가들이 종종 사용하는 방법이다. 다시 말하지만 나레티브 상담은 공동체의 관심(community of concern) 속에서 출발한다(Combs & Freedman 1999:27). 즉 공동체적이며 상호 보완적이란 의미다. 그러므로 내담자나 상담가 모두가 우리라는 한 그룹이고 클럽이다. 이 그룹은 내담자의 대안 이야기를 중심으로 자신의 주위를 강화시켜 문제로의 회귀 현상을 극복하고, 자신의 대안 이야기를 영위할 수 있도록 하는 것에 그 목적이 있다.

나레티브 상담에서 말하는 리-멤버 그룹이나 증언자들이란 개념은 '강화'와 '회귀 현상 극복', '지지' 그리고 미래적 관점에서는 기존에 실천되고 있는 '알코올 중독자 모임'이라든지 '장애 아동 보호자 모임'과 같은 것과 큰 차이가 없다. 그와 더불어서 리-멤버링이나 증언자들 초청의 또 다른 목적과 역할은 내담자 이야기의 과거와 현재 그리고 재기억과 재해석이라는 부분이 첨가된다는 것이다. 이들 그룹에 의해 내담자는 자신이 미처 기억하지 못했던 것들을 되새길 수 있고, 자신만이 가지고 있던 강점들을 재발견할 수도 있으며, 내담자가 미처 생각지 못했던 아이디어들을 제공 받고 재해석할 수도 있다. 마치 문제가 자신의 아군이나 아류작을 만들어 문제 자신을 강화하는 것과 진배없는 것이다.

초청하기

그럼 어떤 부류의 사람을 초청할 수 있는가? 나의 대답은, 특별한 부류는 없다는 것이다. 초청할 사람을 정하는 것이 아니라, 내담자가 창조하는 것이고 선택하는 것이다. 창조라고 해서 내담자와 아무 상관도 없고 근거도 없는 무작정적인 창조가 아니다. 창조와 선택은 항상 내담자의 삶과 밀접한 이야기 관계를 가지고 있다. 여기서 숙고해야 할 것은 멤버라는 물리적인 것이 아니라 멤버십(membership)이라는 관계적 추상성이다. 그러므로 질문은 멤버십을 풍부화하는 데 중심적으로 이루어지기가 쉬울 것으로 예상된다. 물론 여기서도 항상 대화가 흐르는 방향인 콘텍스트를 먼저 염두에 두어야 함은 말할 나위가 없다.

내담자의 대안 이야기를 '지지'(support)하고 강화해 줄 증언자들을 찾아가기에 있어 일단 질문을 통해 내담자의 멤버십의 폭을 넓혀 보는 것도 좋은 방법일 것 같다. 예를 들자면, 상담가는 내담자의 많은 이야기를 들은 결과 그의 내력을 어느 정도 간파하고 있을 것이다. 그것을 기초로 해서 질문의 틀을 구성해 볼 수도 있다.

"무감아, 네가 '바우'의 삶을 살 때 누가 제일 신기해 할 것 같니?" "준시야, 네가 이렇게 변한 모습을 본다면 사람들이 어떤 반응을 보일 것 같니?" "특히 그 중에 어떤 사람?", "너의 지금의 모습을 보고 '그 녀석은 한다면 하는 애야'라고 긍정적으로 너를 지지해 줄 사람이 네 주위에 있다면 누굴까?"와 같은 질문으로 열어 갈 수 있을 것이다. 그리고 왜, 무엇 때문에, 어떤 사건에 의해서 등의 질문을 통해서 내담자의 멤버십이 더욱 분명하게 표출될 수도 있다. 꼭 사람이 아니어도 좋다. 가공의 인물도 좋고, 상상의 그 어떤 것도 좋으며, 심벌도 유용하게 쓰일 수 있다. 심지어 자기가 기르던 애완 동물을 추천하는 상담가도 있다. 과거의 사람이든, 현대의 사람이든, 자신과 직접적 관계가 있든 없든 상관이 없다. 책에 나온 마음에 드는 캐릭터도 무방하다. 만약 책에 나온 누군가를 끌어들인다면 독서 치료가의 정보로부터 도움을 받는 것도 하나의 방법이 될 듯하다.

이렇게 초청을 했으면 직접 그 장본인을 상담소로 초대하여 직접적으로 내담자에 관하여 듣는 기회를 가질 수 있다. 특히 '독특한 수확물 찾기'(unique outcomes) 과정과 '대안 이야기'를 중심으로 대화를 진행시킨다면 의미 있는 시간이 될 것이다. 만약 시간이나 장소의 문제가 있다면 전화, 이 메일 등 여러 가지 수단을 동원할 수도 있을 것이다.

앞에서 소개한 재혼 가정의 청소년인 준시와 나리의 사례다. 나는 이 두 아이와 함께 한 장소에서 같은 시간에 상담을 진행한 경우가 있었다. 이때 이 둘의 학교 친구와 나리의 남자 친구를 초대했다. 그들은 준시와 나리의 '독특한 수확물' 찾기와 '대안 이야기 강화하기' 과정에 참여해 주었다. 독특한 수확물 찾기에서 그들은 준시와 나리의 다양한 자아(self)와 정체성(identity)을 긍정적인 면에서 폭넓게 묘사해 주었고, 왜 자신들이 그렇게 생각했는지에 대해 구체적인 사건의 예를 들면서 설명해 주었다. 이들의 묘사를 들은 나리와 준시는 상당히 고무된 표정이었다. 때론 어리둥절한 표정을 지으면서 "내가 그랬었나?" 하며 혼잣말을 하기도 하고, 자신들도 신기한 듯 웃기도 했다. 특히 준시는 눈물을 글썽이기까지 하면서 친구들에게 되묻기도 했다. 또한 이들의 증언자가 된 친구들은—상담 진행자인 나의 개입이 없었음에도—놀랍게도 자신들이 묘사한 나리와 준시의 정체성을 그들의 대안 이야기에 자연스럽게 연결지어 가며 강화시켜 주는 모습을 보았다.

여기서 한 가지 실천적 예를 들어보고자 한다. 나는 나리와 준시의 증언자들에게 색(colour)으로 나의 내담자들을 묘사해 봐 달라고 했다. 그 이유는 한 개인의 자아나 정체성을 언어로 묘사한다는 것은 추상적일 수밖에 없기 때문이다. 추상적인 묘사를 피하기 어렵다면 다양한 해석을 불러일으킬 수 있는 방법이 도리어 내담자에게 선택의 폭을 넓혀 줄 수 있다고 생각했다. 물론 모두가 이 방법에 동의했고, 그 과정은 재미있었다. 꼭 필자처럼 심벌을 이용하는 방법이 아니더라도, 요즘 많이 하고 있는 역할극이나 주위에 있는 어떤 물건으로 표현해 보는 것도 좋은 예가 될 것 같다. 아무튼 우리는 색을 이용하기로 했다. 이렇게 색으로 묘사된 자아는 내담자의 대안 이야기를 일상 생활에서 삶으로 승화시키는 데 큰 도움을 줄 수도 있다. 앞에서(대안 이야기 발전시키기) 예를 든 것처럼 준시는 빨간색을 볼 때마다 자신을 돌아보고 자신의 거친 행동을 제어하는 수단으로 사용한다고 했다. 그리고 준시는 자신을 따스한 아이로 묘사해 준 노란색의 자아를 기억하고 싶어서 가능한 한 노란 옷을 입고 다니며 자신의 부드러운 정체성을 강화하여 가정이나 학교에서의 일상 생활을 따스한 봄날의 훈풍으로 채웠다.

증언자 그룹에는 직접 초대가 가능한 경우도 있지만 그렇지 않은 경우도 있다. 바로 상상 속의 인물이라 할지라도, 책 속의 캐릭터나 지금은 세상에 없는 내담자의 할머니, 할아버지 같은 분들 혹은 심벌 등이다. 물론 내담자가 가진 종교의 인물, 즉 예수나 부처 혹은 마호메트 같은 성자도 포함될 수도 있을 것이다. 나레티브 상담에서 이들을 대안 이야기 강화를 위해 초대한다는 것은 낭만적 성장 개념이 아니다. 그 어떤 상상된 것이라고 할지라도, 내담자의 삶과 무관하거나 전혀 연결고리가 없는 상상의 인물이 아니라 이미 내담자가 좋아하는 성향(preferences)

이나 내담자의 삶의 우선 순위(priority) 등이 내포되어 있는 것이고, 이러한 성향과 우선 순위는 '독특한 수확물들'을 통해, 그리고 '대안 이야기'를 구성했던 사건들과 깊은 연관성이 있는 것들이 대부분인 경우가 많다.

연결고리가 약하거나 결핍된 관계성에 있는 상상 속에 그 무엇이 선택된다면, 내담자의 대안 이야기와도 구체적이고 깊이 있는 관계를 형성하기 어려울 여지가 크다. 내담자들이 상담가에 의해 해결책들을 전수 받고 종종 당위적인 것과 현실적인 것 사이에서 자신의 결핍된 자아만을 확인하고 쉽게 회귀 현상으로 빠지는 이유도 바로 자신의 것에서 나온 것이 아니라 자신과 구체적이고 깊은 연결고리가 없는 것을 해결책으로 제시 받았기 때문이다. 그러므로 나레티브 상담에서 '대안 이야기 강화하기'를 위해 리-멤버링 대화를 진행할 때는 항상 대안 이야기 중심으로 이루어져야 한다.

대안 이야기 전파하기(Spreading the News)

앞에서도 언급했듯이 내담자의 대안 이야기에는 삶의 지혜와 가치, 신념, 특별한 노하우 등이 담겨 있다. 그러나 이런 모든 것을 다 기억하지 못하거나 혹은 일순간의 강력한 문제의 힘에 의해 이런 것들이 가려져 있거나 드러나지 못하고 있었을 뿐이다. 하지만 내담자의 대안 이야기가 강화된 결과로서 이제 내담자의 이야기는 더 이상 부끄럽거나 감춰야 할 어떤 '증'이 아니라 도리어 자신의 공동체에 드러내고 그것을 통해 공동체에 기여할 수도 있다. 내담자의 대안 이야기는 조력자들까지 재배치하고 새로운 환경을 조성했다. 이렇게 조성된 환경 속에 내담자가 적극적이고 실천적으로 뛰어들어 자신의 대안 이야기로 살아가는 모습과, 이러한 모습을 지켜봐 주는 지지자들 즉 리-멤버링의 증언자들(혹은 청중들:audiences)과 연합 전선을 형성하는 것, 이것이 '대안 이야기 전파하기'다. 이 개념은 나레티브 상담 실천의 한 방법으로서 내담자의 미래적 대안 이야기를 강화하기에 역점이 있다.

내담자의 이야기 속에서 발견했던 그리고 대안 이야기에 녹아 있는 가치, 신념, 노하우 등과 같은 것은 다른 한편으로는 그만의 독창적인 창조물은 아니다. 정도의 차이는 있지만 사회·문화적인 영향 속에서 싹트고 자라왔던 것들이다. 다른 관점에서 말한다면, 내담자의 이런 것들은 또한 리-멤버링에 초대된 증언자들과도 일정 정도 함께 공유할 수 있는 부분들이 많을 수 있다. 그러므로 상담가들이 미처 생각지 못했던 것을 자신들이 돕고자 나섰던 내담자의 대안 이야기에서 힘과 용기를 얻고, 지혜와 노하우를 배우며, 새로운 관점을 열 수 있는 기회를 제공받기도 한다. 서로의 사이에서 피드백(feedback) 현상이 일어나는 것이다. 그러므로 서로 긍정적인 영향을 끼치는 결과를 가져올 수 있다. 이렇게 개인의 대안 이야기가 리-멤버링을 통해 강화의 과정을 통과하면서 좁게는 리-멤버링의 멤버들에게, 넓게는 그들의 공동체에 영향을 미칠 수 있다. 이렇게 개인의 결핍성 이야기가 대안 이야기가 되고, 그 대안 이야기가 다시 한 공동체 안에 작은 지혜로 자리 매김되면서 공동체에 기여하고 공동체의 대안적 이야기로 발전하는 데 도움을 줄 수 있다.

대안 이야기 강화하기 2

나레티브 상담에서는 내담자의 미래 지향적 대안 이야기와 자신의 새로운 정체성을 세우는 일에 노력을 게을리하지 않을 뿐만 아니라, 내담자에게 회귀 현상(phenomenon of relapse)이 일어나지 않도록 자신의 미래 지향적 대안 이야기가 지속적인 발전을 하도록 도울 수 있는 방법을 찾는 것도 하나의 과제다. 그 중의 하나가 리-멤버링을 통해 자신의 대안 이야기를 지지해 줄 증언자들을 새롭게 재구성하는 것이었다. 그리고 그들을 자신의 이야기와 삶에 초대하는 것이었다.

자, 이제 상담 프로젝트를 마무리할 때가 되었다. 상담 프로젝트의 마무리가 곧 내담자의 대안 이야기를 강화하는 또 하나의 방법이 될 수도 있다. 상담의 마지막 섹션이 대안 이야기 강화를 위해 도움이 될 수 있도록 내담자와 상담가는 서로 창조적인 아이디어를 개발하고 협력할 필요가 있다. 그 방법들은 각자의 성향과 상황 그리고 조건에 따라 개발할 수 있는데, 여기서는 축하 파티, 증명서 수여식과 같은 졸업식, 상담가와 내담자가 '재방문하기'(revisiting)를 다시 해보기(상담 프로젝트 요점 정리), 혹은 일정 기간만이 될지라도 상담 후속 편지하기 등과 같은 몇 가지 예를 들어보겠다.

| 이정표로서의 축하 파티(celebration) |

어떤 상담가가 이런 말을 했다고 한다. "사람(내담자)은 말로 변하는 것이 아니라 사건으로 변한다." 즉 상황이 주어져야 한다는 뜻일 것이다. 상담에서도 마찬가지다. 마무리의 매듭을 만듦으로써 내담자가 새로운 공기, 새로운 환경에 들어왔다는 자족감과 해방감을 동시에 열어줄 필요가 있다. 내담자에게는 이정표가 필요하다. 물론 이정표란 것은 길의 끝을 의미하지는 않는다. 단지 이제껏 걸어온 길을 마치고 새로운 여정을 시작하는 것이다. 이 새로운 여정에는 우리가 모르는 긍정적이든 또 다른 문제이든 무수한 가능성들이 내재해 있을 것이다. 이러한 이정표를 만드는 것 중에 효과적인 방법의 하나가 나의 경험에 의하면 축하 파티라고 여겨진다. 내담자와 상담가 '증언자들'(witnesses)을 초청하거나, 아니면 자신들이 주체가 아닌 지지자들에 의해 내담자를 위한 깜짝 파티도 계획해 볼 수 있을 것이다. 이정표로서의 파티(party)는 단어의 어원 그대로 '나눈다'(part)라는 의미가 있다. 우리의 새로운 이야기와 '나의 새로 됨'을 나누고, 우리의 새로운 관계성들을 나누는 것이다.

나의 경험에 의하면 축하 파티를 열기 전에 몇 가지 준비를 하는 것이 좋을 듯하다. 즉 프로젝트를 만드는 것이다. 파티를 위해 초대하고 싶은 리-멤버링 되었던 지지층들을 초청하게 하고, 그들과 내담자에게 몇 가지 과제를 수행케 하는 것이다. 이때 내담자는 과제를 수행하면서, 그리고 파티를 준비하면서 실제로 내담자 자신의 새로운 활력을 느낄 수 있는 화려한 외출 시간을 갖게 된다. 그리고 이렇게 준비된 것을 파티 때 낭독한다든지, 자신이 상담에서 얻은 경험들을 나눈다든지 하는 순서를 가져 보는 것도 좋을 듯싶다.

1) 과제

초청장 만들기: 시간과 장소만이 아니라 초대하게 된 이유를 함께

써서 초대장을 만든다. 그렇게 함으로써 자신의 대안 이야기에 대한 자신의 의지를 다지는 시간을 가지게 될 수도 있다. 독자 여러분도 한 번 해보라. 어떤 계획표를 세웠다면 그 계획표를 가지고 형제나 친구에게 편지를 써 보라. 편지를 쓰는 동안 여러 가시 느낌이 동시에 일어날 것이다.

계획표나 리스트 만들기: 상담 과정에서 만든 리스트가 있으면 다시 한 번 정리해 보고, 또 자신이 손수 자신의 상담 일지를 정리하고 계획표를 작성해 보게 한다. 그리고 이것을 파티에서 읽어 자신의 대안 이야기를 공공화해 나가는 것이다. 어떤 사람은 제어력(self-control)이 강할 수도 있지만 그렇지 못한 경우도 있다. 이런 경우에 주위에 자신의 계획을 말하고 도움을 청하는 것이다.

답장 받기: 리멤버링 과정에 참여했던 지지자들에게 편지를 받는 것이다. 가족이나 친지, 친구 혹은 지지자들이 상상 속의 실체라면 자신이 그 실체가 되어 직접 답장을 써 주는 것이다. 이렇게 써진 답장을 파티에서 낭독한다. 이 역시 공동체의 관심의 표현이며, 대안 이야기 전파의 장이 되기도 한다.

선언문 쓰기(declaration): 파티 전에 선언문을 작성해 보는 것도 한 가지 방법이다. 문제에 대한 선언, 자신의 대안 이야기에 대한 선언문을 써서 파티 때 선언한다. 그리고 선언문을 내담자 자신이 잘 보이는 곳에 붙여 놓고 일상의 삶에서 매일 재낭독하며 선언해 보는 것이다.

2) 수여식

수여식이란 마치 공인된 공증 기관을 통해 내담자를 공증(certification)해 주는 것과도 같다. 상담가가 내담자에게 모든 과정의 이수를 마쳤을 뿐만 아니라 내담자의 강점과 노하우, 대안 이야기의 희망, 그의 동력과 의지력 등을 확인시켜 주는 하나의 방법으로서 수여장을 선물함으로써 지지의 표현을 하는 것이다.

또 하나의 이유는 이렇다. 내담자의 대안 이야기가 아무리 강화되고 내담자 자신이 대안 이야기를 영유하며 살아 능력이 배양되었을지라도, 그리고 지지자들이 그의 이야기를 지지하고 증언(witnessing)할지라도, 내담자 주위와 일상의 삶에는 실제로 더 많은, 그리고 더 두껍게 쳐진 장막들이 가로놓여 있다. 예를 들자면, 어떤 사람이 '우울증'이라는 낙인이 찍혔다고 하자. 그는 더 이상 그 문제 아래 있지 않음에도 불구하고, 그가 속한 공동체는 대체적으로 과거의 문제 속에 내담자가 있다고 여기는 경우가 대부분이다. 그러므로 수여식을 통해 공개적(public)으로 내담자의 신뢰 지수를 공인해 주는 것이다. 나레티브 상담 철학에서 보면 누가 누구를 공인하고 말고 한다는 것이 어불성설이지만, 현실은 내담자들을 '증'이나 '환자'로 취급하기 때문에 병원의 의사가 진단 결과 병 없음을 선언해 주듯이 내담자에게도 그러한 것이 필요하다.

나의 짧은 시간의 이야기 동반자였던 무감이의 과거는 무감이의 현재와는 상관없이 학교 생활 기록부에 남아 계속적으로 무감이에 대한 선입견을 확산시키고 있었다. 심지어 어떤 선생님과 학부모는 실제로 무감이의 생활 기록부에 남아 있는 몇 마디의 글자, 곧 '정신 치료가 요망됨'이라는 것을 가지고 무감이의 현재를 위협하고 있었다. 나는 기꺼이 무감이의 선생님에게 나의 소속(박사 학위 소지자, 세라피스트 그리고 목사)을 밝히고 무감이의 상담 과정과 결과 그리고 그의 현재의 발전적 삶을 대변해야만 했다(therapeutic certifying).

상담 후속 편지(Therapeutic Letters)

축하 파티나 수여식과 같은 것들이 대안 이야기를 강화하기 위해 상담 마지막 섹션 후 즉각적인 액션으로서 이정표의 역할을 한다면, 상담 후속 편지는 실제적인 상담 섹션을 마친 후 상담가에 의한 지속적인 관심과 지지라고 할 수 있다. 개인적으로 나는 Epston에게 많은 영감을 받아 이 후속 편지를 애용한다. 상담 후속 편지를 쓰는 것은 상담가가 내담자의 대안 이야기가 이벤트성에서 머물지 않고 지속적으로 보완, 발전할 수 있도록 도우려는 의지이며, 내담자의 회귀 현상을 차단하려는 시도다. 내담자와 상담가가 주고받은 편지는 오랜 시간 내담자가 보관하면서 자신을 돌아볼 수 있는 좋은 도구가 될 수도 있다. 그래서 엡슨(Epston 1994:31)은 상담 편지를 '대화를 확장하는 것'(extending conversation)이라고 했다. 그는 상담 편지를 이렇게 표현했다. "대화란 하루살이같이 쉽게 사라지지만 편지라는 속성 자체는 대화와 같지 않게 시들거나 사라지지 않는다. 도리어 시간과 장소의 벽을 뛰어넘어 상담 결과물들에 증언자가 되어 주고, 나아가서 지지자가 되어 준다."

내담자가 만족할 만한 상담 결과를 얻었다 할지라도 막상 실제의 삶에 들어가면 또 봉착하는 문제들(이전 것과는 다른 것도 있을 것이고, 이전의 문제와 유사하지만 그 각론이나 지류들이 다른 것일 수도 있다)에 휩쓸리기가 쉽다. 이럴 때 내담자들에게서 종종 나오는 말이 "왜 자꾸 그런지 잘 모르겠다", "잘 안 된다"이다. 마치 처음 상담실의 문을 두드릴 때, 그리고 첫 대면에서 자신의 문제를 이야기할 때의 모습과 비슷하다. 이러한 현상은 대안 이야기가 형성되고 강화 작업을 가지기 이전에 가지고 있던 문제가 복잡성을 띠면 띨수록, 그 역사가 오래되었으면 오래되었을수록 두드러지게 나타나는 경우가 많다.

그러나 편지를 사용함으로써 상담가는 내담자 자신이 상담이 진행되는 동안 무엇을 이야기했는지, 어떤 의지를 세우고, 어떻게 대안 이야기를 발전시켰으며, 자신의 강점과 노하우는 어떤 곳에서 어떻게 찾고 추적했는지를 재확인할 수 있는 기회를 제공 받을 수 있다. 그리고 자신의 대안 이야기를 실제로 적용할 때 예기치 못했던 아주 소소한 것들이 문제로 회귀하도록 단초를 제공하기도 한다. 왜냐하면 문제는 집요하기 때문이다. 이때 상담가의 편지는 효과를 발휘한다. 내담자의 대안 이야기를 상상을 통해 여러 가지로 접근해 보고 질문해서 내담자가 상담실을 찾지 않고 자신의 삶의 현장에서 계속적으로 자신과의 대화(self-conversation)를 나누도록 할 수 있다.

상담 편지에 다른 이름을 붙인다면 설화나 우화, 어린이 동화와 같은 '자신의 역사적 이야기' 혹은 '자신의 동화'(self-tales)라고 할 수 있다. 우리 주변에 있는 대부분의 이야기들이 사건들을 기조로 창작되고 그 창작의 세계를 독자들이 모방, 학습하여 현실화하려는 경향과, 그 현실화 과정에서 독자들에 의해 발생하는 새로운 이야기들이 또다시 창작의 밑거름이 되듯이, 내담자의 셀프 이야기는 자신의 창작품이지만 동시에 모방과 학습의 주요한 원천을 제공하고 현실에 실천하고자 하는 동력으로 작용한다. 내담자는 상담실 안에서 상담가와 '협력 작업'(co-author)을 통해 구성한 자신의 이야기를 다시 읽어 보면서, 그 때와는 또 다른 관점들을 발견하고, 새로운 재해석과 창작물들이 떠오르는 것을 쉽게 경험하게 될 것이다. 마치 열 살 때 읽은 토끼와 거북이 우화가 20대에 읽었을 때와 현실과 한 판의 전쟁을 치르는 40대에 읽을 때 또 다른 관점과 흥미와 해석이 따르는 것과 마찬가지다. Freedman은 상담 편지가 계속적으로 다시 읽혀지고 다시 이야기되어져야 한다고 한다. 그는 또한 이러한 편지를 가족에 의해 쓰여진 '가족 이야기'(family tales)라고 명명하기도 한다(1997:112).

왜 나레티브 상담 실천가들은 상담 편지를 강조하고, 내담자가 계속적으로 읽고 또 읽어 주기를 바라는 것일까? 한마디로 말하면, 내담자의 지속적 실천을 추동하는 것이다. 모든 상담 이론이나 기법들이 내담자에게 어느 정도는 치유와 효과적인 도움을 줄 수 있겠지만, 지속적이고 결정적인 해결책을 제시하는 것은 불가능하고, 그런 이론이나 기법은 이 세상에 존재하지 않는다. 결국 내담자의 미래 이야기는 내담자의 책임이고 내담자의 몫일 수밖에 없다는 것이다. 혹 어떤 상담 이론이나 기법이 결정적 해결책을 제시할 수 있다고 한다면, 그것은 천박한 상업주의 그 이상은 아니다. 위와 같은 논지에 의한다면 나레티브 상담가는 내담자의 문제 해결이라는 중압감에서 어느 정도 자유로울 수 있겠다는 생각이 들 수 있다. 어느 면에서 보면 틀린 말은 아니다. 그러나 위의 논지는 나레티브 상담의 자세 중 하나인 상담가가 어떤 해결책을 '주겠다'는 '교만'을 버리라는 것이지 내담자에 대한 책임 회피가 아니다. 나레티브 상담에서 말하는 내담자의 '몫'과 '책임'이란 뜻은 내담자가 상담실 문을 열고 밖으로 나간 이후부터는 더욱 자신의 대안 이야기에 집중해야 함을 강조하는 것으로 이해하면 될 것이다. 여기에 상담 후속 편지는 어떤 의미로 말하면 '셀프 카운슬링'을 돕는 역할로 내담자의 일상에서 내담자 자신이 자신의 동력을 잃지 않고 끊임없이 실천해 나갈 수 있게 하는 도구이지 않을까 싶다.

나는 앞에서 예를 들었던 준시와 나리가 상담실을 더 이상 찾아오지 않았던 그 시점으로부터 약 3개월 간 매 주 한 장의 편지를 보냈다. 나의 전반부의 상담 후속 편지는 문제 밖으로 드러내기 대화(externalization conversation) 과정을 거치면서 자신들만의 '독특한 수확물'(unique outcomes)이며 그들이 붙인 문제의 이름, 그들의 대안 이야기 등을 다시 한 번 소개하는 것이었다. 후반부에는 그들과 내가 함께 만든 이야기들(co-author)을 중심으로 편지를 썼다. 후반부 편지에서 나는 그들의 본 이름을 사용하지 않고 그들이 만든 자신들의 미래의 이름을 사용했다. 그들의 미래의 이름에는 그들의 긍정적 자아와 미래 지향적 행동 양식이 내재되어 있었고, 과거-현재-미래의 대안 이야기가 농축된 이름이었다. 나는 이 이름을 그들의 대안 이야기와 접목해서 상담실에서는 하지 않았던 질문들을 상담 후속 편지에서 했다. 그리고 나는 그들이 그 질문에 대해 반응해 달라고 요구하지 않았으며 단지 자신들 스스로가 자신들에게 답해 보라고 권했다.

준시는 자신의 미래 이름을 사실은 '독수리'라고 짓고 싶었다고 한다. 왜냐하면 독수리는 높게 그리고 자유롭게 창공을 날 수 있고 모든 것을 높은 곳에서 한눈에 볼 수 있는 존재이기 때문이다. 그러나 독수리는 공격적이고 다른 생명체들에게 위협을 가하는 공포와 두려운 존재이기 때문에 독수리보다는 '빛'이라고 지었다고 했다. 비록 준시는 학교 당국에 의해 '문제아'로 취급되었지만, 그 아이는 재혼 가정에서 자라는 청소년으로서 부모의 이혼에서 비롯된 혼란과 아픔을 경험했어도 자신의 친구들과 가정, 학교 그리고 주위 공동체에서 독수리가 아닌 '빛'이라는 은유에서 나타나는 정체성을 가진 아이임을 엿볼 수 있는 대목이다. 준시는 미스터 '빛'을 아래와 같이 묘사했다(문장 내용과 의미를 해치지 않는 범위 내에서 필자가 문맥만 조금 고쳤다. 그리고 고친 부분에 대해서는 준시의 허락을 받았다).

미스터 '빛'은 어둠을 몰아낸다. 사람들은 어둠에 갇혔을 때 두려움을 느낀다. 그러나 미스터 '빛'은 그 어둠을 몰아내고, 어둠에서 길을 잃고 방황하는 사람들에게 어디로 갈 수 있는지 길을 밝혀 준다. 미스터 '빛'은 빛(태양)에서 태어났고, 빛이 고향이다. 나는 빛이다. 나는 빛에서 태어났기 때문에 어둠과 함께 할 수 없고, 영원히 빛으로 남는다. 빛은 과거의 준시에게 학교 수업이나 과제에 충실하고 집중할 수 있도록 할 것이다. 왜냐하면 빛이 한 곳에서 뭔가에 집중할 때, 모든 빛의 에너지는 힘을 발휘하고 여기저기 우왕좌왕하지 않을 수 있기 때문이다.

빛은 또한 가정에서 사랑이 될 것이다. 빛은 따스하다. 가정을 포근하게 할 것이다. 특히 엄마, 아빠(새 아빠)가 싸울 때 빛은 그 둘 사이에서 어둠을 몰아내고 따뜻한 바람으로 채울 것이다. 우리 서로 기도하자고 제안할 것이고, 엄마의 말을 열심히 들어줄 것이다.

빛은 남을 비추기도 하며 노래하기도 한다. 그러므로 빛은 교회에서는 싱어가(준시는 기독교인이다), 사람들에게는 하나님을 비추는 거울이 될 것이다. 앞으로 빛이 어른이 되어 직업을 가졌을 때도 빛은 하나님을 비추고, 찬양을 통해 어둔 세상을 밝힐 것이다.

나는 상담 후속 편지의 일부로서 준시의 이런 은유적 자기 정체성에 대해 대략 세 번에 걸쳐 몇 가지 질문을 했다.

| 상담 후속 편지 샘플 1 |

나의 사랑하는 작은 친구 미스터 '빛'
잘 지냈니?
지난번에 내가 보낸 편지 읽어 봤니? 그걸 보고 어땠니? 색다른 기분이었니? 아니면?

　'빛'아, 지금부터 나는 '빛'의 일상에 대해 몇 가지 물어 보고 싶다. 네가 굳이 나에게 답장을 쓸 필요는 없다. 단지 내가 너에게 보낸 질문들을 너 자신이 하나씩 하나씩 물어 보고 스스로에게 대답해 보았으면 한다.

　우리의 마지막 만남 후에도 미스터 '빛'은 계속적으로 학교 생활에 충실하고 있니? 너 나에게 그랬잖아, 너 혼자일 때는 수업에도 집중하고 그렇지만 네 주위에 친구들이 있으면 괜히 장난꾸러기가 되고, 방해꾼이 된다고. 어때, 아직도 '빛'은 어둠을 컨트롤하지 못하고 있어? '빛'은 준시만을 위한 사람이니, 아니면 다른 사람에게도 좋은 도우미가 되고 있는 거니? 빛이 학교에서 한 다른 특별한 것이 있니? 혹 있으면 지금 이 편지에 한 번 적어 볼래?

　'빛'아! 네가 빛이라는 것을 나와 너 말고는 아무도 모른다. 심지어 네 가족들도 말이야. 너는 어떻게 생각하니? 너는 정말로 '빛'이니, 아니면 내 상담소 안에서만, 우리의 대화 속에서만 빛이 되었다가 꺼져 버린 빛이니? 누구도 대답할 수 없는 거지. 오로지 너만 알고 너만 대답할 수 있는 거지. 네가 믿는 하나님께 한 번 대답해 볼래, 네가 '빛'인지, '준시'인지? 너 이렇게 말할 수 있니? "라이트(Light)는 라이트(right)"라고.

　안녕, 다음에 다시 편지할게.

늘 너의 곁에 있는 너의 친구 영

위의 편지를 보내고 나서 2주일 후에 나는 다시 편지를 보냈다. 그 편지의 내용은 아래와 같다.

두 번째 상담 후속 편지

　나의 사랑하는 작은 친구 미스터 '빛'

　안녕? 내가 편지 또 할 줄은 생각 못했지? 음, 요즘 논문 쓰느라 조금 바빠. 그렇지만 '빛'이 소식도 궁금하고 해서 편지한단다. 참 지난번 편지에 내가 물었던 것 너 혼자 대답해 봤어? 만약 안 했으면, 아~ 나 섭섭해져요.

그건 그렇고, 미스터 '빛'은 여전히 어려워하는 모든 친구들에게 빛을 선사하니, 아니면 자신이 좋아하는 친구들에게만 빛을 발하니? '빛'이의 에너지가 슬슬 학교에서나 가정에서 힘을 잃어 가니, 아니면 점점 더 강력해지고 있니?

오늘은 미스터 '빛'에게 가정에서는 어떻게 빛을 발하고 있는지 한 번 물어 봐 줄래? 예를 들자면, 지난번에 준시가 그랬는데 자기 새 아빠가 싫다고 했거든. 그런데 미스터 '빛'이 엄마를 위해 그리고 가정의 행복을 위해 빛을 비춰고 싶다고 했고, 그리고 새 아빠와 관계를 개선하려 한다고 했던 말을 아직도 나는 기억하고 있거든. 그리고 관계 개선의 방법 중에 하나로 '무조건적인 대화'를 시도할 거라고 네가 말했지. 어때, 해봤어? 내 생각엔 굉장한 용기가 필요했을 것 같아. 너 자신을 푸시하는 것이 쉽지 않았을 텐데….

'빛'아! 솔직히 말해 봐. 네가 나와 상담실에서 나눴던 대화 그리고 너의 대안 이야기와 지금 네가 실천해 가는 것이 서로 괴리되어 있니? 아니면 조금은 어렵지만 하나하나 계단을 밟아 가면서 성취감을 느끼고 있니? 내가 경험한 '빛'이는 후자일 것 같아. 나만이 아니라 '빛'을 사랑하는 우리 모두는 너의 빛이 필요해. 사랑한다. 안녕.

나는 이 편지를 보내고 나서 2주 후에 또 한 번의 편지를 썼다. 그러나 나의 불찰로 인해 편지를 소실하여 여기에 구체적으로 소개하지는 못한다. 내 기억에 의하면 세 번째 편지에서는 그의 교회 생활과 공동체에서의 인간관계에 대해 언급했다. 준시에게 보낸 나의 상담 후속 편지는 대체적으로 그와의 대화 속에서 나온 이야기들을 중심으로 쓴 것이다. 그러나 나리에게 보낸 편지 내용은 준시의 것과는 많이 다르다. 일단 나리의 미래 이름과 그의 이야기를 먼저 소개하고 나의 상담 후속 편지를 소개하겠다.

나리의 이야기
미래를 향한 물방울(나리의 미래 이름)

　나는 나의 한계를 벗고 벽을 뛰어넘어 나의 지평을 넓혀 갈 것이다. 그러기 위해 나는 온실 속의 나에서 벗어나 넓고 큰 댐으로 한 방울 한 방울씩 흘러 갈 것이다. 미술과 그래픽 예술 분야 속으로 나의 물방울은 흐를 것이며, 나의 그림, 나의 창조적 생각은 끊임없이 큰 바다를 향해 흐를 것이다. 그러나 물방울이 넓은 세계로 흐른다고 할지라도 물방울은 항상 물방울이다. 나의 물방울은 늘 같은 곳에서 떨어지고, 같은 곳으로 흐를 것이다. 나는 항상 나이기 때문이다.

　필자는 위와 같은 '물방울'의 이야기를 토대로 해서 상담 후속 편지를 약 2주 간격으로 세 번에 걸쳐 보냈다. 그 편지를 소개하기 전에 언급하고 지나가야 할 것이 나리는 상담실에서 대화를 할 때도 자신은 어느 환경이나 상황 그리고 누군가의 평가에 좌우되고 싶지 않다는 것을 누누이 강조했다는 점이다. 나리의 자기 정체성은 미래의 이야기에서도 그대로 드러나는 대목이었다.

| 상담 후속 편지 샘플 2 |

나리에게 보내는 첫 번째 편지
　사랑하는 나의 작은 친구 '물방울'

안녕? 얼마 전만 해도 약속 시간이면 어김없이 문을 열고 들어오던 네가 그립구나. 너와 함께 우리의 프로젝트를 꾸며 갈 때 나는 너에게 많은 것을 배우고 영감을 얻었단다. 처음 네가 네 이름을 '물방울'이라고 했을 땐 상당히 어리둥절했지. "이게 무슨 뜻일까?" 하고 말이야. 그렇지만 너의 설명을 듣고 그 뜻을 안 것만이 아니라 내가 잃어 가고 있던 나의 꿈과 도전 의식도 되살아나는 계기가 되었단다. 지금 내가 너에게 편지를 쓰는 이유는 요즘 '물방울'의 근황이 궁금해서야. 전처럼 '물방울'에 대해 몇 가지 나의 생각을 말해 보고 또 궁금한 것을 묻고 싶어. 답장을 바라는 것은 아니고, 단지 내 질문에 대해서 너 스스로가 한번 답해 보고 너 자신과 대화해 봐.

너도 알다시피 물에도 여러 가지 종류가 있지. 수돗물, 더러운 물, 공업 용수 등등. 깨끗한 물에도 여러 가지가 있다고 들었어. 또 어떤 사극을 보니까 어떤 물을 사용하느냐에 따라서 약효에 차이가 있다는 거야. 그런데 너의 미래 이름 '물방울'은 단지 명사로서가 아니라 현재진행형 동사를 썼거든. 영어로 말하면 Dripping이라고. 다시 말하면, 너의 물방울은 항상 움직이는 물인데, 지금도 쉼 없이 움직이니?

나는 움직이는 '물방울'의 특징들을 한번 생각해 봤어. 첫째로, 물방울은 바위에 한 방울 한 방울 떨어질 때 바닥에 닿자마자 금방 흩어져 버리거든. 그런가 하면 다른 한편으로는 그래도 물방울은 그 곳으로만 계속 떨어져서 끝내는 그 단단한 바위도 뚫는 무서운 힘을 봤어. 두 번째로, 물방울이 다른 물방울과 어우러지고 모이게 되면 거대한 힘이 되어 거칠 것 없이 더 큰 세상으로 뻗어 가더구나. 그러나 물방울이 흐르다가 큰 구덩이를 만나게 되면 갈 길을 찾지 못하고 오래오래 고이고 말지. 그러다가 고인 물이 썩을 수도 있고. 그러나 한쪽은 고이면서, 한쪽은 또 계속 다른 물방울들을 모아서 결국 차고 넘치면 또 물방울들은 열심히 앞으로 전진하지 않겠니? 세 번째로, 어떤 물방울들은 길을 가다 말고 땅 속으로 슬그머니 스며 버린다든지, 공기 중으로 증발해 버리기도 하더구나.

아름답고 수정같이 맑은 '물방울'아, 네가 시작한 곳에서부터 네가 가고자 하는 저 큰 댐까지는 아주 먼 길일 것이고, 길을 가는 중에 무수한 변수를 만날 수 있을 텐데, 과연 물방울은 어떻게 그 길을 개척해 나갈지 무척 흥미롭구나. 내가 너의 일상을 함께 한다면 그 멋지게 헤쳐 나가는 것을 볼 수도 있을 텐데, 그렇지 못한 것이 아쉽다. 자! 그럼 우리 나중에 또 편지를 통해서 만나자.

멋쟁이 '물방울'의 영원한 지지자 영

나리에게 보내는 두 번째 편지(2주 후)

나의 사랑하는 작은 친구 '물방울'

잘 지냈니? 지난번 내가 보낸 편지 읽고 어땠어? 너 자신과 대화해 봤어? '물방울'은 내 편지를 보고 뭐라고 그랬어? 자, 오늘은 말이야, 나리가 아닌 '물방울'로 한 달 넘게 살면서 어떤 다른 물방울들을 만나고 네가 가는 길의 동무를 삼았는지 궁금하구나. 학교에서, 교회에서, 가족 중에서…. 그리고 그들이 기꺼이 너와 같이 큰 댐으로 함께 가고 싶어했니? 만약 그렇다면 어떻게 네가 그들에게 했는데 너의 길동무가 되었니? 만약 아니라면, 그 이유가 어디에 있을까?

내가 보기에는 '물방울'의 대답은 '예스'일 것 같아. 왜냐하면 우리가 상담실에서 그룹 미팅을 할 때 네 친구들이 너는 남을 편안하게 해주고, 다른 사람 이야기를 잘 들어주는, 마치 카운슬러 같다고 했어. 그리고 너는 마음을 다하여 사람을 사랑하고 친구들의 이야기를 들어주고 싶다고 했어. 그래서 네 친구들이 너를 사랑의 색 빨강으로 묘사했지, 기억하니? 이런 모든 것들은 우리의 인생길에 동무들과 함께하는 데 아주 중요한 부분들이라고 나는 생각해. 다른 물방울들이 너와 길을 함께 하고자 하는 또 다른 이유가 너에게 무엇이 있다고 생각하니?

물방울! 그런데 말이야, 너도 그랬지만 다른 친구들도 너에게 너는 항상 자신을 지키고 있고, 언제나 그 자리에 있다고 했거든. 너를 남이 어떻게 평가하든 말이야. 너는 항상 너로부터 시작해서 너에게로 돌아간다고 했거든. 즉 물방울 네가 원천이고 네가 종착지라는 것으로 나는 이해했단다. 만약 그렇다면 혹시 그 근원이 마르거나 지치거나 할 때는 어디서 에너지를 찾지? 어떻게 그 원천을 풍부하게 하고 강화하지? 혹시 너무 자신의 정체성에만 매달려서 자기 중심적이 되어 버리면 어떻게 하지? 이전에 상담실에서도 너에게 많이 배우고 영감을 얻은 것처럼, 너의 미래 '물방울'이 나에게 또 많은 것을 생각하게 했어. 늘 기쁘고 힘찬 하루하루가 되기를 바란다. 다음에 또 만나자. 안녕.

지혜의 샘 '물방울'을 사랑하는 영

세 번째 편지

나의 자랑스러운 작은 친구 '물방울'에게

'물방울'이 된 지 벌써 세 달 가까이 된 것 같구나. '물방울'의 생활이 보람되기를 늘 기도한단다. 나는 오늘 이 편지로써 특별한 이유가 없는 한 너에게 편지 쓰기를 마칠까 해. 이제껏 내 편지를 읽어 줘서 고마웠어. 나의 편지가 네가 지금 큰 댐으로 가는 길에 도움이 되었으면 하고 바란단다.

물방울아, 부탁이 있는데, 내가 이제까지 보낸 편지 가끔, 가능한 한 정기적으로 꺼내서 다시 읽어 보고, 또다시 너 자신과 대화해 보고, 너 자신에게 대답해 주었으면 하는 바람이야. 그리고 만약 그게 싫증이 나면 너의 생각들을 리스트로 한 번 만들어 봐. 마치 어디 나가서 강의하려고 강의 노트 만드는 것을 상상하면서 말이야. 안녕. 너와 함께 했던 시간들 참 보람되고 즐거웠어. 참, 언제 네 부모님과 한번 만나서 식사라도 함께 하자꾸나.

나의 잊지 못할 친구 '물방울'을 사랑하는 영

위의 두 가지 종류의 나의 상담 후속 편지는 내담자라는 콘텍스트에 따라 다르게 접근한 것을 사례로 보여 주었다. 둘의 성격이나 내용이 다르다 할지라도, 그 목적과 동기는 분명 하나다. 바로 '대안 이야기 강화하기'다. 또한 이 상담 후속 편지에는 앞으로 상담가 없이도 자신의 손으로 자신의 대안 이야기를 강화할 수 있도록(셀프 상담) 미력하나마 도움이 되도록 돕고 있다. 내담자의 대안 이야기 강화를 위해서 내가 사례를 든 것은 단지 한 예에 불과하다. 상담의 콘텍스트에 따라 내담자와 상담가가 창조적인 방법들을 모색해 가는 것이 무엇보다도 중요하다.

질문하기(Questioning)

여기서 내가 제시하는 질문의 구조가 순서적으로 이루어져야 한다고 말하고 싶지는 않다. 나레티브 상담에서 대화의 순서는 그리 큰 위치를 차지하고 있지 않다. 항상 나레티브 대화는 콘텍스트가 강조되기 때문이다. 그리고 여기에 나오는 질문의 샘플은 말 그대로 샘플에 불과하다. 대화 진행 도중 무수히 많은 예상 외의(unexpected) 대화들이 전개될 수 있으며, 깊이 있는 지류들(detail and in-depth)이 나올 수 있다. 나레티브 상담은 '기대하지 않았던' '의외'의 사건들이나 결과에 귀 기울여야 한다. 거기에서 의외의 건강하고 효과적인 방책(solution)들이 나올 수 있다. 그러므로 나레티브 상담 진행자는 질문을 함에 있어서 세밀하고 세심한 주의가 요구된다.

그리고 모든 질문을 한 회기 뒤에는 확인 질문이 필요하다. 즉 자기가 옳게 들었는지, 제대로 이해를 하고 지나가는 것인지를 그때 그때 확인해야 한다. 또한 나레티브 상담의 구조상 중복된 질문이 자주 등장할 수 있다. 그 이유는 과거, 현재, 미래를 수시로 넘나들며 대화를 진행하기 때문이다. 그렇기 때문에 대화는 앞으로 갔다 뒤로 갔다(back and forth) 하는 유연성이 필요하다.

| 질문의 동기 |

1) 건전한 호기심(curiosity), 2) 내담자로부터 실천적 지혜(local wisdom)를 배우기 위해, 3) 이해의 폭을 넓히기 위해

| 질문의 목적 |

내담자를 위해 1) 내담자의 경험과 해석의 폭을 넓히기 위해, 2) 문제의 틈을 벌리기 위해, 3) 문제를 둘러싸고 있는 사회 담론을 폭로하기 위해, 4) 이야기를 풍부화하기 위해

| 질문자의 자세 |

1) 자신의 한계를 인정, 2) 부지의 자세(not-knowing position), 3) 추측과 예단 금지, 4) 겸손과 배움의 자세, 5) 참여적 자세(이야기의 중심은 아니나 영향력과 책임이 있는 자리), 6) 감정 이입

┃ 질문 구성의 10계 ┃

1) 만약 …라면(as if): 감정 이입을 통해 혹은 "만약 나라면 어떠했을까?"라고 상상해 보는 것.

2) snow-balling: 질문의 구조가 없으므로 이야기의 흐름을 따라가면서 마치 눈을 굴리듯이 이야기에 따라서 질문 내용을 구성한다.

3) Yes/no 질문은 가능한 한 피한다: 해야 되나/안 해야 되나?, 좋다/나쁘다? 있다/없다.

4) 유도성 질문을 하지 말라.

5) 사회 담론에 의한 가치를 묻는 질문이나 이유와 원인을 밝히려는 듯한 질문은 피하라: 왜 이혼했나요? 어떤 것이 더 좋을까요? 잘한 것 같습니까? 이와 같은 질문은 자칫 잘못하면 내담자를 부끄럽게 하고 몰아세우는 듯한 인상을 줄 수도 있다.

6) 선호, 선택형의 단답형 질문을 의미 내포형으로 바꿔라: 내담자의 생각이나 가치관, 관점들이 막혀서 이야기 전개를 해 나가지 못할 때, 상담가는 내담자가 선호하거나 선택 가능한 것을 나열해서 질문하는 경우가 있다. 그때 내담자는 단답형으로 답을 할 것이다. 그럴 때 그 단답형에서 의미를 질문하고 부여해 보는 방법을 찾는다: "자! 친구들이 괴롭힐 때 피하는 방법, 혹은 확 집에 와 버리는 방법, 선생님께 이르는 방법, 같이 맞장 뜨는 방법, 음 그리고 뭐가 있을까? 모르겠다. 너는 어떤 것이 좋니?" =〉 "그 방법을 특별히 선호하는 이유가 있니? 그럼, 그 다음에는 어떻게 될 거라고 추측하니?"

7) 자신의 경험을 나눠라: 만약 내담자의 이야기 흐름이 원활하지 못하거나 장애가 있으면 상담가 자신의 이야기를 나누고 거기에 대한 평

을 질문한다.

8) 기다려라: 질문을 한 후 조용히 이야기가 나올 때까지 시간을 주어라.

9) 창조하라: 여기서 내가 제시하는 것은 단지 예에 불과하다. 나레티브 상담 질문은 끊임없는 창조를 해야 한다.

10) 확인하라: 질문 후 어느 시점에서는 반드시 상담가의 이해를 확인해야 한다.

대화 구조와 샘플

대화 열기(Opening Conversation)

내담자와 상담가의 첫 만남이 어색함으로 인해 내담자가 어떻게, 어디서부터 어떤 말을 해야 할지 당황해 할 때가 있다. 그러므로 상담가는 아주 일상적인 대화부터 시작하는 것도 좋을 수 있다. 그리고 가장 최근의 근황부터 대화를 시작할 수 있다. 또한 나레티브 상담에 대한 대략적인 설명을 하고 시작해도 좋을 듯싶다.

- 오시는데 차가 많이 밀리시지요(어려움은 없으셨어요)?
- 날씨가 꽤 춥군요(덥군요)?
- 어떻게 상담실을 찾을 용기를 내셨어요?
- 어떻게 저희 상담소를 알게 되셨어요?

- 선생님(사모님)이 여기에 오려고 한 것을 아는 다른 분이 있으십니까?
- 나레티브 상담이란 이러이러한 것이랍니다.
- 자! 우리가 어떤 이야기부터 하고 싶다던가, 어떻게 이 시간을 사용하고 싶다던가 하는 것이 있으십니까? 그럼 제가 제안할까요?
- 최근 일주일 동안 선생님을 힘들게 하고 아프게 했던 것이 어떤 것인지 말해 주실 수 있습니까?
- (여러 가지 모양의 조약돌을 주며) 그럼, 이 돌로 한번 표현해 보시겠습니까?

문제 분리와 이름 짓기

문제를 어떤 확연히 드러나는 개체로 만들어야 한다. 그 개체는 사회·문화적인 것일 수 있다는 것과, 내담자의 삶과 관련되어 지금 이 순간에도 함께 활동하고 있는 존재임을 각인하고 질문한다.

- 그것이 선생님의 일상이나 자신에게 어떤 영향을 끼치는데요?
- 그 일이(그것이) 선생님 자신을 어떤 사람으로 느끼게 합니까?
- 그 일이 선생님의 주위 관계, 이를테면 부인이나 직장 상사 등과 같은 사람과의 관계에도 어떻게 영향을 미쳤나요?
- 그것과 관련해서 가장 최근이면서 가장 힘들었던 경험이 무엇이었는지요?
- 만약 그것에 대해 종합적으로 표현 가능한 '이름'을 짓는다면 뭐라

고 부르고 싶으십니까?
- 왜 '분노'라고 이름 지으셨는데요?
- '분노'를 어떤 사람처럼 여기시고 한번 그 이름을 불러 보시겠어요?
- '분노'가 사람이라면 지금 어디에 있습니까? (보통 이럴 때 이해하지 못한 내담자는 자신의 몸 속 어딘가를 말한다. 그럴 때 다시 한번 분노는 개별적인 개체라는 것을 환기시켜 줘도 무방하다.)

문제를 밖으로 드러내기 위한 대화

문제의 세계의 보다 넓고 다양한 측면을 확인해 보는 작업을 한다. 문제와 내담자 사이를 분리하고 문제 드러내기를 할 때 문제의 이름을 부르며, 내담자가 마치 한 인격체를 대하듯 문제와 대화를 할 수 있도록 한다. 그리고 내담자가 경험한 문제의 성격, 특성, 영향, 내담자에게 접근하는 테크닉, 문제를 지지하는 것들 등에 대해 구체적인 접근을 한다. 이때 처음 내담자에게 질문했던 것들이 중복될 수도 있다. 그러나 중복되는 질문은 도리어 나레티브 상담 진행에서 계속될 수도 있다. 중복되는 질문과 대답 과정에서 우리는 생각지 못했던 효과나 결과를 가져올 수 있으니 피할 이유가 없다. 또한 중복된 질문 속에서 어떤 패턴을 확인할 수도 있다.

- '분노'가 선생님 자신을 어떻게 생각하도록 하는지 말해 주실래요, 특히 남편으로서?
- 혹시 '분노'가 어떤 방식으로 선생님에게 선생님 자신을 그렇게 생

각하게 만들었는지 말해 주실 수 있겠어요?
- '분노'가 선생님에게 무엇을 하도록 강요하던가요, 특히 아내에게?
- '분노'가 선생님과 사모님 사이에 개입할 때, 그리고 선생님에게 (예를 들자면) 욕을 하게 하던가 하면 사모님은 뭐라고 하시던가요?
- 사모님의 그 말은 사실 선생님이 들어야 한다고 생각하세요, 아니면 '분노'가 들어야 한다고 생각하세요?
- 선생님이 사모님께 대답하거나 따질 때 '분노'가 어떻게 그리고 어떤 느낌들(죄의식, 폭력, 일탈의 충동 등등)과 연합하여 선생님의 언어나 행동에 영향을 줍니까?
- 한번 제 앞에서 '분노'가 하자는 대로 모든 언어를 다 써 보시겠어요?
- 아, '분노'가 그런 엄청난 단어까지 선생님이 쓰시도록 속삭이고 있군요.
- '분노'는 어떻게 생각할까요? 만약 지금 여기에서 그런 단어를 사모님이 듣고 화를 내거나 슬퍼하시면 분노는 사모님에 대해 어떤 기분이 드실 것 같습니까? 분노가 그렇게 하는 모습을 보면 선생님은 분노에게 어떤 마음이 드십니까?
- 만약 지금 여기에 사모님이 계신다면 선생님도 '분노'와 똑같은 방법과 언어로 사모님께 공격하기를 원하세요, 아니면 다른 방법을 택하고 싶으세요? 분노는 선생님에게 어떤 방법 쓰기를 원하는 것 같습니까?
- '분노'가 무엇을 선생님 주위에서 빼앗아 간 것 같습니까? 혹 취미나 특별히 즐기시던 것들 중에는 무엇이 있습니까?
- '분노'가 다른 사람들과 선생님의 관계는 어떻게 만들고 있습니까?

분노는 그들 사이를 뭐라고 이간시키던가요?
- 혹시 '분노'가 선생님을 컨트롤하기 위해 어떤 트릭이나 거짓된 것들을 이용하는지 보이거나 느끼세요? 한번 리스트를 만들어 봐 주실래요?
- '분노'가 그러는 목적이 무엇이라고 생각하십니까?
- '분노'가 선생님과 팀워크를 이루고 싶어하나요, 아니면 그 이상을 요구하기도 하나요?

문제의 생력(the birth of the problem: 내담자와의 역사)

문제의 생력을 파헤치는 것은 내담자의 과거사를 들추는 것도 아니고 분석하려고 하는 의도에서 비롯되는 것도 아니다. 문제는 하나의 개체이기 때문에 그에 따른 태어난 시와 성장 배경이 있게 마련이다. 문제의 생력을 따라가다 보면 문제의 성격이나 행동, 전략, 내담자의 삶 속에서의 위치를 더욱 분명하게 그릴 수 있다. 그리고 여기서 문제의 생력에 대해 맵핑(mapping)을 해보는 것도 좋을 듯싶다. 이때 또한 시간적 배분(즉 일 년 전, 삼 개월 전 그리고 일주일 전)을 하여 문제의 영향력 정도(degree)를 확인해 보는 질문을 만들 수 있다.

- 언제(어떤 계기)부터 '분노'가 선생님의 삶에 개입하기 시작한 것 같습니까? 사모님이나 여타 다른 관계에서부터입니까, 아니면 선생님 자신에게 직접 개입하기 시작한 것 같습니까, 아니면 선생님의 가계사(family history)로 거슬러 올라가는 것 같습니까?

- 언제부터 '분노'가 개입하고 있다는 것을 인식한 것 같습니까?
- 그때 느낌이 어땠는데요? 그 느낌을 심벌로 표현한다면?
- 다른 가족들이나 주위 사람들도 '분노'가 선생님을 공격하고 있다는 것을 알았습니까? 그들의 반응은 어땠는데요?
- 선생님이 기억하고 있는 '분노'가 개입한 시점을 좀더 구체적으로 묘사해 보시겠습니까? 예를 들자면, 주위 사람이나 사건이나 선생님의 상황 같은 것들을.
- 그런 현상들이 일어난 것을 백분율(%)로 표시해 본다면 가장 수치가 높을 때와 낮을 때를 구분해 주실 수 있겠습니까? (그림표를 만들어 봐도 좋다.)

독특한 수확물 찾기(Unique Outcomes)

독특한 수확물을 찾을 때는 내담자 개인적인 것만이 아니라 사회·문화적인 배경도 함께 숙고해야 한다. 문제와 대립각을 세우는 사건들과 문제에 대처하는 내담자의 활동들을 예의 주시해야 한다. 그리고 이 과정에서 문제에 대한 사회·문화적 배경을 해체적, 즉 새로운 관점으로 볼 수 있는 질문들을 구성하는 것도 빠질 수 없는 부분이다.

- 어떤 상황에서 '분노'가 선생님의 가족이나 주위 사람들에게 환영받았던 기억이 있습니까? 아니면 반대로 '분노'가 선생님을 그들로부터 배척하게 한 적이 있습니까?
- 가정이나 직장에서는 '분노'를 보면 뭐라고들 합니까? 그럼 분노가

선생님 직장까지 찾아오면 선생님은 어떤 기분이 드세요?
- 그 말에 동의하십니까, 아니면 분노에 대해 개인적으로 다른 개념이나 의미가 있습니까?
- '분노'가 가정이나 직장에서 선생님의 포지션을 어떻게 자리매김해 주려고 합니까?
- 여느 때 같으면 '분노'가 선생님에게 하자는 대로 했을 텐데, 그렇게 하지 않고 선생님이 '분노'를 좌지우지했던 경험이나 사건 혹은 상황에 대해 말씀해 주실래요?
- 그 순간에 어떻게 대처하셨기에 '분노'를 그 상황에서 개입하지 못하게 했습니까?
- 지금 말씀하셨던 것들을 리스트로 한번 작성해 보시겠어요?
- 한번 선생님 자신에게 자신 있게 말씀해 보세요. '분노가 XXX를 컨트롤하는 것이 아니라 XXX가 '분노'를 다스린다'라고. 제 표현이 맘에 드십니까?
- 리스트에 나온 경험들이나 지금 말씀하셨던 그 표현이 선생님(혹은 '분노': 문제)의 희망이나 품성에 뭐라고 말할 것 같은가요?
- 혹시 다른 경우도 있었는지 우리 한번 기억해 볼까요? 예를 들자면, 연애 시절이라든지, 첫 직장의 면접 시험에 임할 때라든지…. 아주 어렸을 때도 좋습니다. 어렸을 때 친척 집에 세배 갔을 때….
- 그런 경험들을 한마디로 표현해 보신다면(혹은 이름)?
- 그 표현(이름)과 관련된 사건들이나 경험들을 좀더 말해 주실 수 있겠어요?
- 그 사건들 속으로 우리 다시 한 번 가 봅시다. 그리고 좀더 구체적으로 그 상황을 재연해 보실 수 있겠어요?

- 선생님 자신의 역사가 어떻게 문제, 즉 '분노'가 선생님 삶에 개입하도록 기여했는지 되돌아보실 수 있겠습니까?
- 일반적으로 사람들은 분노(여기서 분노는 내담자가 이름 지은 개체로서의 '분노'가 아니라 개념으로서의 분노)를 무엇이라고 여긴다고 생각하십니까?
- 이제까지는 거의 분노로 인한 피해, 어려움 등만을 이야기했는데 혹시 분노란 의미를 다른 각도에서 생각해 보신 적이 있거나 지금 어떤 다른 생각이 드시는지요?
- 선생님의 경험 속에서 분노가 긍정적이고 바람직한 방향에서 영향을 미친 적은 없습니까? 혹시 있다면 어떤 것들이 있을까요?
- 다시 한 번 선생님이 말씀하신 분노에 대한 개념이나 삶에서 차지하는 의미를 정리해 주시겠습니까?

'과거 재방문하기' 대화(Revisiting the Past)

'독특한 수확물 찾기' 질문에서 얻은 결과물들이 미래 지향적인 대안 이야기를 꾸려 가는 데 대안적인 사건들을 제시해 줬는지 확인해야 한다. 그리고 내담자가 그 독특한 수확물을 수용하고 긍정하는지도 확인해야 한다. 또한 독특한 수확물 찾기의 결과물이 과거 재방문과 함께 미래 지향적인 대안 이야기의 대안을 제안할 수도 있다는 것을 기억해야 한다. 문제 이야기와 대척되는 사건이나 경험들을 맵핑한다.

- 언제부터 상담실이라도 와 봐야겠다고 생각하셨습니까? 어떤 사건

이나 계기가 있었습니까?
- 그렇다면 바로 전, 그러니까…저희 상담실을 방문할 때 어떻게 용기를 내셨습니까? 그 이유가 뭡니까?
- '분노'가 선생님의 삶에 개입했던 시기 이전에, 그러니까…그것과 상관없던 시절에 선생님은 자신을 어떻게 평가하십니까? 자신의 과거에서 어떤 부분에 대해 만족하십니까? 가장 기쁘고 즐거운 일이 있다면 무엇입니까?
- 그때, 지금의 '분노'와 비슷한 특징들이 선생님의 일을 방해하려고 할 때 어떻게 대처하셨습니까? (혹 없다고만 대답을 한다면) 한번 상상해 보시지요. 어떻게 대처하셨겠습니까?
- 선생님의 이야기 속에서 이러이러한 것들과 '분노' 이야기는 상당한 거리가 있는데 전에도 그런 점을 느끼셨습니까(인식하셨습니까)? 아니면 지금 이야기하면서 느끼셨습니까? 그 느낌을 말씀해 주시겠어요?
- 그런 것들이 선생님의 또 다른 자아이고 강점이라는 사실을 느끼시겠습니까?
- 선생님! '분노'가 선생님에게 끊임없이 영향력을 행사하려고 하는 것들, 혹은 '분노'와 선생님은 별개임을 증명해 주는 또 다른 사건들을 이야기해 주시겠습니까?
- 선생님의 독특한 수확물들이 왜 의미가 있다고 생각하십니까?
- 왜 그것들이 '분노'와 대립각을 세운다고 생각하십니까?
- 만약 선생님의 독특한 수확물들을 발전시켜 새로운 대안으로 만든다면 어떤 이야기를 만들고 싶으십니까?

행동 전망(landscape of action)에 대한 대화

독특한 수확물에서 나타난 것을 기초로 해서 내담자 자신이 만족해하는 자신의 행동 양식이나 기뻐하는 사건과 경험들에서 구체적인 부분들에 중점을 둔다. 이 과정은 과거 재방문하기와 큰 차이가 없는 듯하다. 그렇지만 그 속에서 어떤 행위의 중복성, 연관성들과 내담자 행동 양식의 대표적인 강점(anti-problems)을 추출하고 구체화하여 미래와 연관시키는 데 큰 의미가 있다. 이것은 미래 지향적인 행동 전망에 강조점이 있다. 내담자에게 긍정적이고 미래 지향적인 이야기를 발전시켜 내담자의 문제 이야기의 터닝 포인트로 자리매김하는 작업이다. 여기에서도 과거, 현재, 미래를 계속적으로 넘나드는 질문(back-and-forth questions)을 피해서는 안 된다.

- 선생님이 '분노'에 휘둘렸던 어떤 사건이나 행위 이후 "이건 아닌데", "이렇게 하고 싶었는데…" 하는 사례가 있었다면 어떤 것들입니까?
- 그때 선생님은 어디에 계셨고, 어떤 행동을 취하셨습니까?
- 지금 다시 그 일로 돌아간다면 어떤 행동을 취하시겠습니까?
- 그리고 무엇을 준비하시겠습니까?
- 그 뒤의 상황을 좀더 구체적으로 말씀해 주시겠습니까?
- 얼마간 그런 일이 지속되었습니까?
- '분노' 때문에 흐트러진 사건이나 가족 혹은 주위 관계가 있었다면 어떻게 회복되기를 원하십니까?
- 예전에 혹 그런 사례가 있었는지 기억해 보시겠습니까?

- 그때 기분이 어땠습니까?
- 그때 구체적으로 특별한 준비나 행동 양식이 있었다면 어떤 것이지요?
- '분노'의 전략, 전술에 대해 선생님의 공격 전략이 있다면 어떤 것을 예로 드실 수 있겠습니까?
- 전에도 그와 비슷한 전략을 사용해 보신 적이 있습니까? 아니면 오늘 처음 생각하신 것입니까? 꼭 분노와 관련된 것이 아니라도 좋습니다. 선생님이 힘들었던 상황에서 사용해 봤던 그 무엇이 있다면 가능한 대로 말씀해 주시겠습니까?
- 효과적인 전략의 수행을 위해 주위에서 도움이 될 만한 사람을 선택하신다면 누가 있겠습니까?
- 전략의 수행을 위해, 그리고 도움을 청하기 위해 가장 먼저 해야 할 일이 무엇이라고 생각하십니까?
- 선생님이 '분노'를 성공적으로 제압하고 선생님이 말씀하셨던 옛 모습을 회복하신다면 미래의 모습은 어떨지를 한번 상상해 보시겠습니까?
- 이제껏 말씀해 주신 이야기들 속에 징검다리로 쓸 만한 돌들이 많이 있는 것 같은데, 지금 이 순간부터 그 상상된 미래 쪽으로 건너가기 위해 어떤 징검다리를 이용하시겠습니까? 이야기와 상관은 없지만 또 다른 상상된 징검다리를 가지고 계십니까?
- 첫 번째 스텝이 무엇이어야 한다고 생각하십니까?
- 지금 말씀하신 미래의 행동 양식이 바로 내일과 석 달 후와 내년 그리고 삼 년 후에도 계속될 것 같습니까? 혹 그렇다면 어떤 장치가 있을까요? 혹 없다면 무엇 때문일까요?

- 지금 말씀하신 상상된 미래가 현실화된다며 어떤 기분이 드실 것 같습니까? 구체적으로 말씀해 주시겠습니까?
- 선생님에게 그것이 어떤 가치가 있습니까? (이 질문은 아래의 정체성 전망 질문에서도 더욱 확실하게 질문한다.)

| 정체성 전망(Landscape of Identity) |

정체성 전망 혹은 의식의 전망(landscape of consciousness)이라고 하여 행동 전망과 경험되었던 경험들과 같은 것에 대한 의미에 초점이 있다. 좀더 정확한 의미로는 의식의 전환점 혹은 의지적 반전이라고 할 수 있다. 그러므로 내담자의 개인적 성향과 자아를 강화하는 면에서 의지, 가치, 신념, 희망, 계획, 개인적 능력 등에 초점을 맞춘다. 초점을 맞출 때 내담자의 이야기와 무관함 속에서 상담가가 인위적이고 의지적으로 내담자의 결단을 끌어내려고 하거나, 의식적으로 내담자에게 용기를 주려는 상황을 연출해서는 안 된다. 이런 낭만적 대화는 도리어 내담자의 강점을 사장시키는 결과를 가져올 수도 있다.

- 다시 한 번 여쭙고 싶은데, 상황 자체가 '분노'를 도와서 선생님을 화나게 하십니까? 아니면 선생님이 이런저런 상황일 때 '화'가 날 수 있다고 이해(해석)하고 계십니까?
- '분노'가 상황을 만듭니까? 선생님이 '분노'가 개입하도록 하셨습니까?
- 선생님은 '분노'를 제압할 때마다 선생님 자신에 대해 어떤 감정이

드십니까? 그런 자신에게 어떤 상을 준다든지, 혹은 누구라고 말해 주고(이름 짓고) 싶습니까?
- 그런 선생님에게 '분노'는 뭐라고 말하고 선생님을 부르겠습니까?
- 선생님이 '분노'에게 승리하실 때마다 그 승리가 선생님 인생에서 왜 그리고 무엇이 중요한지를 뭐라고 말하는 것 같습니까?
- 선생님 주위 사람들이나 사모님이 그 승리를 어떻게 생각할 것 같습니까? 그리고 어떤 희망을 가질 것 같고, 어떤 행동 양식이 나타날 것 같습니까?
- 전에도 그런 경우가 있었다면 어떤 것들이 있었을까요?
- 선생님과 그분들의 행동에는 나름의 가치가 있었던 것 같은데 그게 무엇입니까?
- 선생님이 믿고 있는 가치와 그들이 믿고 있는 가치의 기준이 어디에서 왔다고 생각되십니까?
- 선생님이 상상하는 미래의 이야기와 그 가치는 어떻게 충돌합니까? 아니면 어떻게 도움이 됩니까?
- 과거 사건에서 선생님의 가치와 상황이 충돌할 때 어떻게 대처하셨습니까? 혹 그런 경험이 더 있다면 말씀해 주시겠습니까?
- 그런 경험들은 선생님이 말씀하신 앞으로의 행동 양식과 가치가 또 충돌할 때 선생님이 어떤 식으로 조화를 이루도록 권고합니까?
- 그 경험들은 선생님에게 어떤 가치와 의미가 있다고 생각하십니까?
- 그 경험들이 선생님은 어떤 능력(기술, 지식)의 소유자라고 하는 것 같습니까?
- 그 경험들이 경험한 선생님은 누구라고 여기는 것 같습니까?
- 그 경험들은 선생님에게 그와 비슷한 상황이 전개된다면 어떻게 하

기를 원하는 것 같습니까?
- 이제까지 '분노'에 대처했던 경험들, 승리했던 사건들 속에서 선생님의 많고 다양한 능력들(예를 들자면, 이러이러한 것들)을 말씀해 주셨습니다. 지금 다시 회상해 보고 정리해 주실 수 있겠습니까?
- 다시 회상해 보니 그 때는 어떤 의지를 가지고 있으셨던 것 같습니까?
- 동기는 무엇이었습니까?
- 그 동기나 의지가 선생님이 행하셨던 계획에 대해 뭐라고 말하는 것 같습니까?
- 그 동기나 의지가 선생님은 어떤 의지의 소유자라고 말하고 있습니까?
- 다시 선생님을 돌아보니 어떤 느낌이 드십니까?
- 그 중에서 앞으로의 행동 양식에 접목시킬 수 있는 것으로서 특히 이런 것은 선생님에게 가장 강점이고 잘할 수 있는 것이라고 한다면 어떤 것들이 있습니까?
- 한번 상상된 미래와 연관지어 이야기를 전개해 주실 수 있겠습니까?

이야기 재창조(Re-authoring Preferred Stories)

내담자의 독특한 수확물들과, 문제의 이야기와 대립각을 세우는 이야기(counterplot)들을 바탕으로 해서 새로운 대안 이야기를 창조하고, 과거, 현재, 미래에 대한 내담자의 상상력을 확대해 나간다. 새로운 이야기에 이름을 지어 본다. 과거에서 추출한 대안 이야기와 현재 원하는 이야기를 중심으로 미래의 상상된 이야기들을 구체화한다. 정체성 전망과 행동 전망을 다시 한 번 대화에 반영하면서 대안적인 행동 양식들을 확인해 간다.

- 이제껏 말씀하신 대안 이야기(문제와 대립각을 세웠던 이야기들과 정체성 전망과 행동 전망에서 정리되었던 것들)를 실천해 보셨습니까? 사모님이나 주위 분들이 어떤 반응을 보이던가요?
- 그분들이 선생님의 예전의 모습('분노'가 지배하기 전)을 느끼시는 것 같은가요? 그랬다면 그것이 선생님께 어떤 의미가 있으셨습니까?
- 쉽지 않은 실천이었을 텐데 어떻게 행동으로 옮기셨습니까?
- 그 실천들을 사람이라고 가정해 본다면, 선생님의 바뀐 행동 양식에게 그들(실천들)이 뭐라고 말하는 것 같습니까?
- 그 실천들이 선생님을 누구라고 규정하는 것 같습니까? 만약 상징적으로 말씀하신다면?
- 선생님은 선생님 자신에 대해 어떤 느낌이 드셨습니까?
- 그 실천들이 선생님에게 어떤 의미를 부여하는 것 같습니까?
- 그 중에 가장 인상에 남는 것이 있다면 무엇입니까?
- 지금 선생님은 '분노'를 선생님의 삶에서 쫓아내고 그 자리에 새로운 것으로 채우셨습니다. 그것에 혹 이름을 지어 주신다면? (여기서는 '이해'라고 하자.)
- 선생님의 삶에서 '이해'는 아주 생소한 식구입니까? 아니면 오래 전부터 알고 지내던 것입니까?

- '이해'와 얽힌 이야기가 있다면 해 주시겠습니까?
- '이해'가 선생님께 바라는 것이 있다면 무엇입니까?
- '이해'가 선생님의 동료나 식구들에게 도움을 주는 것이 있다면 무엇입니까?
- 이제껏 들은 이야기를 바탕으로 제가 이해한 선생님의 새로운 대안 이야기는 이러이러한데 맞습니까? 혹시 더 추가하거나 수정할 부분이 있나요?

대안 이야기 강화하기

내담자의 심적, 주관적 혹은 외형적으로 관계를 가지고 있는 사람이나 심볼 등을 통해 리-멤버링(re-membering)한다. 그리고 그들의 증언(witness)을 통해 내담자의 대안 이야기를 풍부화시키고 강화한다. 증언자 그룹의 폭은 시공을 초월할 수 있다. 내담자 자신 역시 증언자가 될 수 있다. 증언은 직접 듣는 방법을 택할 수도 있고, 내담자의 상상을 통해 들을 수도 있다. 예를 들자면, 돌아가신 조부모님이나 심벌과 같은 증언 그룹이 내담자에 의해 선택되었다면 내담자의 상상에 의지할 수밖에 없을 것이다. 이때 역할극을 통해 상상된 증언자들과 대화를 시도할 수도 있다.

- 선생님 주위에 누가 '이해'와 함께 하던 선생님의 삶을 증언해 주실 수 있을까요?
- 선생님이 '분노'에게 승리한 이 소식을 누가 제일 먼저 좋아하시겠

습니까?

- 누가 선생님의 승리의 소식에 전혀 놀라지 않고 당연하게 받아들일까요?
- 선생님은 선생님의 이 새로운 대안 이야기를 누구와 제일 먼저 나누고 싶습니까?
- 일전에 말씀하셨던 '분노'에게 승리했던 사건들을 혹 누가 기억하고 있을까요?
- 선생님의 '이해'를 가장 잘 표현해 주실 수 있는 분이 있다면 누구입니까?
- 그분들이 지금 이 자리에 있다면 선생님에게 뭐라고 말씀하시겠습니까?
- 그분들은 '분노'가 선생님을 괴롭히던 시절과 지금 '이해'와 함께하는 선생님, 이 두 모습을 보고 어떤 평가를 내리고 선생님의 정체성을 뭐라고 묘사할까요?
- 선생님에 대한 그분들의 묘사 중 어떤 사람의 것이 제일 마음에 들 것 같습니까? 왜 그렇지요?
- 만약 그분들에게 보여 주고 싶은 또 다른 선생님의 능력이나 대처법, 행동 양식이 있다면 무엇입니까?
- 그분들은 선생님의 어떤 부분들을 강점으로 꼽을까요? 그런 사례가 있습니까?
- 그런 강점들을 선생님이 더 발견하고 싶으시다면 누가 도움을 줄 수 있을까요?
- 그분들이 만약 선생님의 미래 이야기를 같이 써내려 간다면 뭐라고 쓸 것 같습니까?

- 그분들에게 도움을 바라는 것이 있다면 무엇입니까?
- 만약 선생님이 선생님과 비슷한 아픔을 겪은 사람을 만났다면 무엇을 해주고(말하고) 싶으십니까?
- 만약 선생님이 그런 분을 만났다면 선생님은 기꺼이 선생님을 개방할 용기가 있습니까?
- 만약 그런 분들의 모임이 있다면 선생님이 거기에서 일정 정도의 역할을 하거나 시간을 보낼 마음이 있으십니까? 왜 그렇지요?

상담가가 의견을 제시하고자 할 때

내담자가 자신이 어떻게 대처해 왔나, 혹은 하고 싶은가에 대해 대답하지 못하거나 아이디어가 없을 때도 있다. 그리고 자신의 행동 전망이나 실천(상담 진행 중)에서 또 다른 갈등을 경험하는 경우도 있다. 혹은 자신의 행동 전망에 대한 의미 부여를 할 때 설단 현상을 일으키는 경우도 있다. 이때 상담가가 자신의 아이디어나 의견을 개진해 본다.

- 저는 선생님과 대화하면서 이러이러한 것을 배웠습니다. 그 부분에 대해서 생각해 보신 적이 있습니까?
- 실천하셨던 것들이 선생님에게 어떤 의미를 가지고 있습니까? 저는 이런 부분에도 의미를 두는데요.
- 제가 상담을 하면서 만난 사람들 중에 이런 아이디어(상처, 경험)를 말한 경우가 있습니다. 선생님에게 도움이 될런지요?
- 저는 어릴 적에 이런 경험을 한 적이 있습니다. 그때 저에게 이런

것이 도움이 되었다고 여겨집니다. 혹 선생님이시라면 어떤 것이 더 저에게 도움이 되었겠다고 생각하십니까?
- 제가 이 책을 봤는데 이런 아이디어를 제공하더군요. 혹시 한 번 보시겠습니까? 보신 후에 저와 논해 보시겠습니까?

| 새로운 의미(Deconstruction: 해체) 찾기 대화 |

해체 작업은 어떤 개념이라 할지라도 그 개념 안에 양면적(ambivalence) 개념을 내포하고 있다는 것을 전제로 한다. 옳다/그르다, 좋다/나쁘다, 순기능이다/역기능이다(functional/dysfunctional), 적절하다/부적절하다, 건강하다/건강하지 못하다 식의 논리를 유발하는 질문은 피한다. 질문의 목적은 내담자가 어떤 사건이나 사물, 경험들을 더욱 폭넓게 바라볼 수 있도록 제공하는 데 있다.

- 선생님, '분노' 때문이라고 하셨는데 '거룩한 분노'라는 말을 들어보셨나요? 거룩한 분노라는 것은 어떤 상황에서 말할 수 있다고 생각하십니까?
- 선생님은 관심의 표현이고 안타까운 마음이었는데 상대는 '간섭'이라고 받아들이는 듯한 분위기를 경험해 보셨습니까?
- 사모님이 선생님에게 '무시'하는 듯한 말을 할 때, 그 말이 선생님을 '무시'하는 것이 아니라 사모님도 드러내고 싶은 또 다른 욕구의 표현이라고 생각해 보신 적은 있습니까? 선생님은 선생님 주위에서 그런 경우를 본 적이 있으십니까?

- 부부 관계는 형제자매 관계(인간 관계)에 우선합니까? 아니면 단지 특수 관계입니까?
- 이러이러한 가족관을 소개한 책이 있는데, 꼭 그렇다고 보십니까? 그런 것이 있다면 어떤 것이고, 안 그런 것이 있다면 어떤 것입니까?
- 시부모와의 갈등?/ 시부모와의 사랑 경쟁?
- 성격의 차이?/ 성격의 다양성?
- 부부는 하나?/ 부부는 평행선?

나레티브 상담 요점 정리

책 서두에서도 언급했듯이 나레티브 상담을 한마디로 규정하기는 어렵다. 그러나 몇 가지로 상담의 특징을 요약해 본다면 아래와 같다. 이 요약은 Morgan(2000:129)의 요약과 나의 한국적 상황에서 경험한 나레티브 상담을 중심으로 했다.

1) 나레티브 상담은 유동적이고 상황적이며 언제나 콘텍스트에 답이 있다: 치유나 문제 해결 방법은 상담가의 전문 지식에 있는 것이 아니라 이야기의 중심인 내담자 자신에게 있다.

2) 부지의 자세(not knowing position): 내담자나 상담가는 무엇이 해결책인지 '아직'은 모른다. 싱담가가 문제의 해결책을 아는 것도 아니고, 내담자가 아는 것도 아니다. 그러나 상담가가 아는 것은 자기에게 문제에 대한 선지식(편견)이 있기 때문에 문제에 어떻게 접근해야 하느냐

는 것을 인식하고 있고, 내담자 역시 자신의 이야기가 앞으로 어떻게 전개되고 어떤 해결책을 끌어낼지는 모르지만 자신은 그 해결책을 찾는 중심에 서 있다는 것을 인식한다.

3) 누구든지 자신들의 삶과 경험 이야기에 대해 자신이 작가다: 다시 말하면, 자신의 과거나 현재 그리고 미래는 자신의 지금 이 순간(here and now)에 달려 있다는 것이다. 과거가 조상 탓도 아니며, 미래가 조건에 규정되는 것이 아니라 현재 자신의 손이 어떻게 저술하느냐는 책임성의 문제다.

4) 상담가가 치유책이나 해결책을 내야 한다는 압박감에서 해방되어야 한다: 사람들은 자신들의 이야기(사람)에 가장 정통한 전문가다. 그러므로 그들에 의해 처방된 자신들만의 방법이 가장 실천적이고 효과적인 치유책이며 해결책이다. 나는 어떤 책에서 이런 사례를 읽은 적이 있다. 어떤 나레티브 상담 과목에서 시험을 내며 그 전제를 이렇게 적었다고 한다. 이 문제에는 많은 옳은 답들이 있다. 다만 아주 약간의 틀린 답이 있기도 하다(There are many right answers but very few wrong answers).

5) 기다림의 미덕이 요구된다: 내담자와 상담가는 전문가와 비전문가, 즉 한쪽은 주고, 다른 한쪽은 받는 구조가 아니라 서로가 서로의 영역에서 전문가다: 대부분의 내담자는 사실 상담가에게 전문적인 어떤 해결책을 받기 위해 상담실 문을 두드린다. 그리고 많은 경험과 지식의 토대 속에서 상담가는 급한 마음에 뭔가를 주고 싶어한다. 그러나 보다 다양하고 효과적인 해결책이 내담자로부터 나올 것이라는 믿음을 버리지 말아야 한다.

6) 사람이 문제가 아니라 문제가 문제다(People is not a problem but

the problem is the problem): White의 이 명제는 나레티브 상담의 철학을 잘 대변한다고 할 수 있다. 문제를 사람으로 등치시키는 것은 상담가로서의 기본 자세가 아니다.

7) 문제는 내성을 가지고 있고, 자신의 아군들을 통해 변신해 있다: 내담자가 상담소를 찾을 때는 이미 여러 가지 방법들을 강구해 본 후 지치고 지친 상태인 경우가 허다하다. 그 동안 문제는 끊임없이 자신의 내성을 쌓았기 때문에 현재 드러나는 문제의 외형보다 다양하고 복잡할 수도 있다. 또한 문제의 핵심이 A라고 한다면, 발현은 B로 나타날 수도 있다. 그리고 사회・문화적인 갑옷을 입고, 보편타당이라는 이름과 정석과 정론을 등에 업고 힘을 발휘하는 경우가 많다.

8) 문제의 영원한 해결책도 최종적인 대안 이야기도 존재하지 않는다: 내담자의 대안 이야기는 예전과는 다르지만 새로운 문제를 안고 출발할 수도 있다. 그러므로 나레티브 상담 실천의 강점은 문제의 영원한 추방에 있는 것이 아니라 내담자의 내성 강화와 해결 능력 배양에 있다.

9) 나레티브 상담의 시공간적인 출발점은 현재다: 바로 전(just before)도 아니고 지금 여기다.

10) 해결책 모색의 방법이 과학적(모던이즘에서 말하는 과학) 이론과 객관성, 보편성, 통계적 대표성, 척도 가능성에 기초한 것이 아니라, 윤리성, 구체성, 상황성, 기대치 않은 특수성을 깊이 있게 다룬다.

11) 가치 중립이 아닌 가치 옹호다: 흔히 상담가는 가치 중립적이어야 한다고 한다. 혹은 상담가 자신이 사회・문화적 가치를 주입시키거나 유지시키는 첨병이 되기도 한다. 그러나 나레티브 상담에서는 내담자의 가치를 먼저 편애, 옹호, 지지한다. 그리고 사회・문화적 가치에 대해서는 중립적 입장이 아니라 새로운 관점(deconstructive)을 가지고

바라본다.

12) 공동체 지향적이다: 상담학은 개인주의(individualism)의 소산이기 때문에 그 실천적 가치도 개인주의적 성향을 띤다고들 한다. 그러나 나레티브 상담은 내담자의 구체적인 실천 방향과 가치관 그리고 새로운 관점들을 통해 공동체의 변화와 또 다른 다양한 표현이 가능토록 기여하려는 노력을 한다.

13) 실천과 철학적 배경은 포스트 모던이즘(post-modernism): 단원 III에서 다시 기술하겠지만, 나레티브 접근법은 모던이즘의 세계관과 인식론을 넘어 포스트 모던이즘을 바탕으로 하여 사회 구성주의(social-constructionism)와 인식적인 틀을 공유한다. 기존의 상담에서 사용하는 여타 기법들을 공유할 수 있지만 철학적 인식은 전혀 다르다.

14) 상담실에서는 상담가가 만나고 있는 그 사람의 세계만 존재한다: 이것은 상담가가 학문의 세계에서 논의되는 인간 발달 단계라든지, 부부에 대한 기준(criteria) 등의 정보에 기초해서 내담자를 만나서는 안 된다는 의미다. 예를 들어, 내담자가 열세 살이면 "청소년기에 나타나는 현상은 이러이러한 것이다"라는 전제가 없어야 한다는 것이다.

나레티브 상담에 대한 오해

본문 II장에서도 다루었지만 나레티브 상담에 대한 몇 가지 오해나 질문들 중 가장 빈번하게 나오는 문제들을 다시 한 번 정리하자면 아래와 같다.

1) 나레티브 접근법에는 상담 툴(tools)이 있는가?

가장 많이 듣는 질문 중의 하나가 나레티브 상담의 툴이다. 상담의 도구라 함은 문제에 어떤 방식과 기법으로 접근할 것인가와 치유와 해결책을 이끌어 내기 위한 구체적인 대안을 말한다고 할 수 있다. 그런데 '도구'라는 단어 자체가 이미 전문가의 전문적 조언(상담가의 조언)이나 해결책이 전제되는 것이다. 즉 분석과 해석의 도구 그리고 치유와 처방책인 실천적 과제 등이 도구다. 예를 들자면, 질문지를 이용해서 '부부 위기'인지 '부부 갈등' 수준인지, '부부 우울증' 증상의 강도는 어느 정도인지 등을 측정하는 것이 도구이며, 그 치유책으로 상담가가 내담자에게 제시하는 어떤 패턴이나 행동 수칙 등이다.

나레티브 상담이라는 타이틀이 말해 주듯이 나레티브 상담 실천은 이야기를 중심으로 이야기를 통해 문제에 접근하고 치유의 과정에 들어가는 것을 의미한다. 그렇다고 해서 실천적 관점에서 많은 기존의 상담에서 사용되는 기법들이 무시되는 것은 아니다. 예를 들자면, 문제의 접근과 치유 과정에서 역할극(드라마 포함)이나 놀이 그리고 예술(그림 그리기, 음악, 시)과의 접목, 혹은 독서 치료 등은 나레티브 상담 실천에서도 적극적으로 이용되는 것들이다. 단지 나레티브 상담의 중추적인 원천이자 접근법이며 도구라고 할 수 있는 '이야기'를 깊고 폭 넓게 활용하는 면이 다른 상담과 다를 뿐이다. 그런 의미에서 나레티브 상담의 중추적 도구라 함은 '이야기하기'(story telling) 혹은 대화라 할 수 있고, 대화의 각론에 들어가서는 나레티브 접근법의 철학과 윤리에 맞는 적당한 '질문' 구사가 관건이며, '상상'의 적극적 활용이 나레티브 상담 실천의 도구라고 할 수 있다. 또한 대화의 윤활유 역할을 하는 것은 조직화되지 않은 인터뷰(unstructured interview)와 이야기의 흐름을 방해하지 않는 가능한 범위 안에서의 단계적 인터뷰(semi-structured interview)다.

여기까지 보면 어느 상담 기법도 '이야기하기', 즉 대화와 질문, 인터뷰가 바탕이 된다고 반문할 수 있다. 그러나 나레티브 상담에서 구사하는 대화와 질문의 전제가 다르고, 접근 자세가 다르다. 또한 내담자의 '이야기'에 대한 인식적 세계관에 차이가 있다. 그리고 나레티브 상담은 인터뷰 과정에서 이야기에 접근하는 것을 5단계로 나누거나 더 세밀하게 분화시키는 것을 방법이라고 말할 수도 있겠다. 극단적으로 말하면 나레티브 상담 실천에서 '도구'라는 것은 과히 필요하지 않다고 할 수도 있다.

2) 자신의 이야기를 구성하기 힘든 상태의 내담자에게는 나레티브 접근법이 유용하지 않은가?

질문 1에서 말한 것처럼 나레티브 상담의 성패는 '이야기하기'(story telling)에 달려 있다고 해도 과언이 아니다. 그렇다면 이 질문은 '이야기하기'의 중심 주체 중의 한 명인 '화자'(narrator) – 예를 들어서 – 가 자신의 이야기를 구성할 수 없는 나이거나 뇌의 손상을 입은 사람(자신의 이야기를 구성이 어려운 사람)이라고 한다면 과연 나레티브 상담이 가능할까라는 의문이라고 할 수 있다.

이러한 질문은 첫째로 문제의 영향력과 그 반경을 내담자 개인으로 국한해서 문제에 접근하기 때문에 나오는 오류라고 할 수 있다. 즉 문제를 극히 개인의 문제로 협소화시키는 생각이다. 문제와 내담자 자신의 전투만으로 보면 내담자도 그리 버거운 상대를 대하는 것이 아니다. 그러나 문제 뒤에 숨어 있는 사회·문화적 편견과 선이해들은 내담자 개인에게 국한시켜 고통과 타격을 가하는 것이 아니라 내담자 주변까지 옭아매는 신묘한 능력을 문제에 부여해 준다. 그 결과로서 문제가 행사할 수 있는 힘의 범위 이상으로 많은 사람과 가족들이 함께 고통을 짊어져야 하는 경우가 많다.

White나 Epston이 나레티브 상담을 발전시키게 된 동기와 그 현장은 아이러니하게도 우리가 흔히 말하는 정신병원에 의사로 근무할 때였다고 자신들의 책에서 말하고 있다. 그때 환자 이상으로 그들의 보호자들과 가족들이 고통의 나날을 보내고 보호자들이 문제의 함정에 빠짐으로써 환자 치료 과정이 더욱 어려워짐을 발견하게 되었다고 한다. 그러므로 환자에 대해 좀더 효과적이고 총체적인 접근을 강구했던 것이 나레티브 치유(narrative therapy)로 발전한 것이다. 지금은 심리 치료(therapy)나 정신 분석 그리고 시스테믹 가족 치유(systematic family therapy)에서도 자신들의 분야에 나레티브 접근법을 적극 도입하는 추세에 이르렀다.

두 번째로 화자의 이야기 구성 능력에 따라 나레티브 상담의 유용성을 논하게 된다면 나레티브 상담실에서는 어린아이들이나 비논리적인 어른들을 찾아 볼 수 없을 것이다. 그러나 현장은 그렇지 않다. 특히 아이들은 두서없이 이야기를 전개하기 때문에 나레티브 접근법이 어렵다거나 불가능하다는 생각은 그야말로 어른 중심의 편견에서 비롯되었으며, 아이들은 그 무엇인가를 가르쳐 주고 지도해 주어야 할 어떤 대상으로 여기는 발로다. 이러한 사고는 아이들 자신들만의 세계와 자신들만의 표현이 있다는 것을 간과한 것이며, 아이들은 뭔가 '부족한' 존재라는 생각이 밑바탕에 깔려 있는 것이다.

나는 나레티브 상담학을 전공하는 학생이 아이들 셋을 상담하는 것을 멘토링(mentoring)한 경험이 있다. 그때 이 학생은 아이들이 겪고 있는 아픔과 고통에 도움이 되고 싶은 마음에 자주 아이들을 자신이 인위적으로 돕고 싶어했다. 그리고 대화를 할 때 아이들이 산만하고 상담 과정 중에 아이들이 엉뚱한 질문을 하거나 전혀 상황과 다른 화제를 끄집어냄으로써 인터뷰하는 데 애로를 느끼고 있었다. 그런데 내가 보기에 문제는 아이들의 비논리적이고 산만함에 있던 것이 아니라 이 학생은 자신이 인터뷰를 끌어 가려 했고, 자신의 일정표와 계획표에 맞추려 함으로써 조급한 데 있었다. 또한 아이들에 대한 측은지심이 강하다 보니 아이들의 입을 통해 그들만의 세계를 표출하게 하는 것과 그들만의 방법들을 끌어내는 것이 아닌, 어른의 관점에서 자신의 방법으로 그들에게 필요한 부분을 해결해 주려는 의지가 아이들과의 인터뷰를 어렵게 하는 결과를 가져왔다. 나는 그러한 부분을 지적했다. 이 학생이 나중에 자신의 임상에 대한 경험을 나누면서 나의 지적이 머리로는 이해되었지만, 실천 현장에서는 자신도 모르게 실수를 반복하는 것을 느꼈다고 한다. 그러면서 이 학생은 아마도 굳어진 자신의 고정관념이 문제인 것 같다고 토로한 적이 있다.

내담자가 아이들처럼 비논리적이고 자신의 이야기를 중구난방으로 전개할 수도 있다. 그렇다고 그런 사람들은 나레티브 상담이 불가능하다고 말하는 것은 나레티브 상담의 정수를 아직도 체화하지 못했거나 나레티브 상담을 운영하는 실천가 자신의 자세와 창조성의 한계라고 할 수 있다. 아이들을 상담할 때 놀이 치료에서 진흙을 사용했다. 그럼 진흙이 그들을 치료하는가? 진흙을 통해 그들의 이야기에 접근했을 때 치료가 일어나는가? 아이들의 진흙 놀이는 행위 자체인가, 아니면 그들의 이야기를 표현하고 있는 행위 이야기인가? 그 이야기에 어떻게 접근할 것이냐는 문제는 누구의 몫이라고 생각하는가? 행위로 이야기를 전달하는 전달자인 아이들인가, 아니면 상담가도 포함되는 것인가? 왜 '나레티브 전문 상담가'라는 타이틀이 주어졌겠는가? 무엇이 내담자들에게 '상담가'를 필요로 하게 했을까?

물론 나레티브 접근법을 적용할 수 있는 대상이 이 세상 모든 사람이 될 수는 없다. 그러나 단지 존재의 인식을 비논리적이라거나 이야기를 꾸려 갈 능력이 부족하다는 전제 하에 내담자를 가름하는 것은 나레티브 상담 철학에 맞지 않는 것이다. 또한 나이의 고하, 장애, 비장애라는 이름을 가지고 내담자를 구별지어서 나레티브 상담의 적용 범위를 논하는 것은 나레티브 상담 실천을 오해하는 요소다.

3) 나레티브 접근법은 너무 사회·문화적 측면만을 강조한다?

나레티브 접근법을 오해하는 사람들 가운데 또 한 부류는 문제에 접근하는 것이나 새로운 대안 이야기를 강화하기 위해서 너무 사회·문화적인 측면을 강조한다고 비판한다. 나레티브 접근법의 일면만 보면 타당한 지적이라고 할 수도 있다. 그러나 문제의 속성과 문제가 일으키는 병리적 현상들의 깊은 심연에는 사회·문화적인 요소들이 단단한 암반처럼 자리하고 있다는 것을 염두에 두어야 한다. 문제를 총체적이고 생태적으로 이해하려 한다면 결국 개인적인 병리 현상만이 아니라 사회·문화적 측면까지 고려의 대상이 되어야 할 것이다. 이러한 개념을 잘못 이해하게 되면 모던이즘에 기반을 둔 구조주의(constructivism)로 착각할 수도 있다.

또한 나레티브 상담은 기존의 상담에서 설명하는 병리적 해석을 거부하거나 무가치한 것으로 생각지 않을 뿐만 아니라 그들이 제시하는 해법에 귀 기울인다. 다만 문제에 접근하기 위해 일차적이고 가장 무게를 두고 고려하는 것이 지금 이 순간의 텍스트이자 콘텍스트인 내담자와 그의 이야기일 따름이다. 문제의 병리적인 것과 사회·문화적인 두 측면은 단지 개별적인 콘텍스트라는 것이고, 내담자의 이야기를 풍부화하기 위한 이차 요소로 취급하는 것이다.

나레티브 접근법에서 또 다른 오해의 소지를 품고 있는 것이 해체(deconstruction)라는 의미인 것 같다. 이것을 비유로 표현한다면 마치 자동차를 부품별로 해체해서 개별화시키는 것과 같은 파괴적인 것이 아니라 자동차에 대한 의미, 이용 목적 혹은 환경과의 관계 등과 같은 것에 대한 새로운 설명과 해석의 시도를 위한 작업인 것이다. 마찬가지로 나레티브 접근법은 기존까지 믿어 왔던 문제뿐만 아니라 사회·문화적 행동 양식의 속성, 특징, 영향력 등을 가감 없이 받아들이고 적용하려고만 하지 않고 또 다른 부분이 없는지 의심하고 고민하며 노력을 경주하고자 하기 때문에 해체 작업은 필수일 수밖에 없다. 나레티브 상담 실천가는 이러한 자세가 지금 이 순간에 상담가와 대화를 나누고 있는 내담자, 즉 구체적이고 살아 역동하는 콘텍스트(living document)에 대한 실제적인 도움이라고 믿는다.

4) 나레티브 상담은 내담자가 원하는 방향의 어떤 것도 받아들인다(anything can go?)?

나레티브 상담에 대한 심각한 오해 중의 하나가 나레티브 상담 안에서는 모든 것이 가(possible)하고 인정될 수 있다거나 나레티브 접근법에는 실천적 과제에 대한 옳고 그름의 잣대가 없다는 것이다. 만약 그렇다면 나레티브 상담은 참으로 위험한 패러다임이고, 내담자를 '도와준다'는 미명하에 엄청난 혼란을 가져오는 실천이라고 할 수 있다. 그러나 이것은 나레티브 접근법에 대한 이해의 부족이거나 혹은 자신들의 전제 (assumption)나 철학적 근거와 대립되기 때문에 발생한 오해라고 나는 생각한다. 예를 들자면, 나레티브 상담에서는 동성연애자들의 생활 양식이나 그들의 원하는 공동체의 삶을 인정하고 때론(상담가에 따라 개인적인 차이는 있지만) 옹호와 지지까지 한다. 그러나 이러한 실천은 어떤 특정 종교적 교리(예를 들면)에서는 절대로 받아들일 수 없는 것이다. 그렇기 때문에 이러한 패러다임을 가진 상담 접근법의 눈으로 보면 나레티브 상담은 사회 공동체의 심각한 이단아이고, 윤리나 기존 문화의 파괴자이기도 한, 전혀 어떤 틀이 없는 이론으로 보일 것이다.

그러나 나는 여기서 논쟁을 하고자 하는 의도로 이 글을 쓰는 것이 아니기 때문에 반증을 하고자 하지 않겠다. 다만 마음의 눈을 크게 뜨고 우리가 질문해야 할 것은 "어떤 그리고 누구의, 또한 누구를 위한 사회 공동체인가? 어떤 의미의 공동체인가? 그리고 누구의, 누구를 위한 윤리와 문화인가?"이다.

나레티브 접근법에도 분명한 행동 양식에 대한 틀이 주어져 있다. 첫째, 그 실천 양식과 적용이 개인을 억압하거나 파괴하는 방식을 거부함과 동시에(simultaneously) 공동체 파괴의 요인이 되는 것일 때 분명한 선을 긋게 된다. '공동체 파괴'라는 의미를 편협과 독선으로 해석하지 않기를 바란다. 위에서 질문했듯이 누구의 공동체냐는 질문은 '파괴'냐 '유지' 혹은 '지지'냐의 답이 될 수도 있다. 나레티브 접근법은 사회 공동체에 팽배한 힘의 논리나 내담자와 상담가의 관계만이 아니라 사회 구성원 간의 힘의 역학관계에 의한 질서에 대해서 이유 없이 받아들일 수 없다.

자신들과 다른(혹은 이질적인) 행동 양식을 인정하기 싫어하고 받아들이지 못하는 것을 자신들의 '공동체 파괴'라고 해석한다면 참으로 불경한 생각이다. 기존의 윤리적 패러다임은 보편을 개별에 적용하고 보편에서 개별로 이행하는 과정을 밟는 것이지만, 나레디브 패러다임의 윤리는 개인에서 공동체로 승화시키는 것이며 공동체와 개별의 상호 작용을 기조로 한다.

두 번째로, 나레티브 접근법은 내담자나 상담가 모두 상담의 주체이기 때문에 개인적 성향(personal preference)의 희생을 요구하지 않는다. 다시 말하자면, 상담가 자신도 자신의 철학과 주체적 관점이 있다. 아무리 자신이 나레티브 상담 실천가라고 할지라도 자신의 종교적 성향, 개인적 철학과 윤리와 대별되는 것을 굳이 받아들일 이유가 없다. 단지 중요한 것은 자신의 선지식이나 개인적이고 종교적인 성향을 내담자에게 이식하거나 설득하려고 한다면 크나큰 과오를 범하는 것임을 각인해야 한다. 상담가는 내담자의 삶에 이야기에 열린 사고가 요청되지만, 그렇다고 해서 나레티브 접근법은 자신의 것을 포기하라고 요구하지 않는다. 나레티브 접근법은 내담자의 이야기를 최대한 존중하고 열린 자세를 가진다. 그러나 어떤 것이든 내담자가 원하는 방향으로 지지해 주어야 한다고 하는 것은 나레티브 접근법을 오해해서 비롯된 것이다.

나레티브 상담의 철학적 배경

어떤 상담 기법이나 접근법도 철학적 토대 없이 이루어지는 상담은 없다. 왜냐하면 상담은 인간과 그와 얽힌 사회·문화에 대한 존재론적 인식의 접근을 요구하기 때문이다. 그렇기 때문에 상담은 해석학(hermeneutics)적 실천(praxis)이며, 그만의 세계관을 가지고 전개된다고 할 수 있다. 기존에 실천되고 있는 상담의 철학적 배경은 크게 두 범주로 나눌 수 있다. 모던이즘(modernism)을 바탕으로 하는 것과 포스트 모던이즘(postmodernism)에 기초한 상담 접근법이다.

이 시대에 누구도 부정할 수 없는 것은 현재 우리는 많은 분야에서 포스트 모던이즘 담론에서 벗어날 수 없거나 적어도 모던이즘에서 포스트 모던이즘으로의 변환(transition)을 경험하며 살아가고 있다고 해도 이의를 제기할 수 없다는 것이다. 사람들이 포스트 모던이즘의 담론에 찬성하든 부정하든, 받아들이든 받아들이지 않든 상관없이 대부분의 분야에서 적어도 패러다임의 전환(shift)을 경험하고 있다고 해도 무리는 아닐 것이다. 이러한 패러다임의 전환이 상담학에서도 인간 삶을 구성하고 있는 구조(structure)와 자아에 대한 인식 그리고 세계관에 대해 새롭고 총체적인 관점의 전환을 요구하고 있다. 이러한 전환은 모던이즘 다음 주자(a successor of modernism)로서 연대기적(chronological)인 전환이나, 모던이즘 담론으로 인한 결과론적 변화(sequential change of modern discours)가 아니라 총체적 전환을 의미한다.

패러다임의 총체적인 전환이란 이론적인 것과 실천적인 것 모두에 대한 전환을 뜻한다. 은유적으로 표현한다면, 마치 어떤 사람이 혼자서도 할 수 있는 볼링을 즐기다가 팀을 짜서 하는 축구로 스포츠를 바꾸는 것과도 진배없다. 이 두 스포츠 모두 공으로 하는 것은 같으나 공의 종류도 전혀 다를뿐더러 게임 법칙이나 기술과 전략 그리고 스포츠 정신 같은 것들이 전혀 다르다. 만약 축구로 스포츠를 바꾼 이 사람이 볼링의 규칙이나 개임 패턴을 축구에 적용하거나 고집하려고 한다면 이 사람은 과연 제대로 된 축구를 즐길 수 있겠는가? 이 사람의 머리 속에 볼링만 꽉 차 있다면 과연 축구의 묘미를 맛볼 수 있겠는가? 두 스포츠에 대한 총체적인 패러다임의 전환 없이는 불가능하다. 나레티브 상담을 실천의 장으로 끌어들일 때도 마찬가지다. 나레티브 접근법에 있어서 모던이즘에서 포스트 모던이즘으로의 전환은 이론과 실천의 총체적인 전환을 의미하는 것이지 모던이즘의 후속 이론이라든지, 연속선상에 있는 다음 세대의 그 무엇이 아니다.

모던이즘의 탄생

대부분의 학자들이 동의하듯 모던이즘의 토대를 구축하는 데 있어 '전기-모던이즘'(Pre-modernism)이라고도 불리고 '이성의 시대'(The age of reason)라고도 불리는 르네상스(Renaissance) 운동을 빼고는 모던이즘을 말할 수 없다. 인간 이성과 가치에 대해서 흑암의 시대(dark ages)라고 정의되던 중세 시대를 벗어나서 고대 헬레니즘 문화와 로마의 시민 문화를 다시 끌어들인 시기가 르네상스라고 할 수 있다. 르네상스라는 단어는 프랑스어에서 온 것으로서 '재탄생'(rebirth) 혹은 '재연'(revival)이라는 뜻을 가지고 있다.

르네상스 철학은 이전(중세 시대)까지 신(God) 중심과 신에게 의존적인 자세를 뛰어넘어 인간의 이성과 인간의 자율성 그리고 인간의 우월성이 강조된 것으로서 인간의 가치를 강조한 것이라고 할 수 있다. 이 시대에는 인간이 자연의 의존성에서 벗어나 창조물들의 패턴과 구조를 분석하여 이것들을 컨트롤할 수 있다고 믿었다. 그러므로 '지식'(knowledge)은 곧 파워(power)로 이해되었으며, 이 지식으로 세계를 분석하고 변화시킬 수 있다고 믿었다. 이러한 사고가 모던이즘의 과학주의에 초석(foundation of modernism)이 되었음은 이론의 여지가 없다.

르네상스의 휴머니즘은 계몽주의 시대를 여는 초석을 이루고, 인간 '이성'의 시대를 열었으며, 과거 중세 시대에 종교의 권위에 억압되어 있던 인간 자아를 해방시키는 데 결정적인 역할을 했다. 그리고 '이성'을 통해 창조 세계에 대한 신의 섭리와 뜻을 분별할 수 있다고 믿었다. 이러한 '이성'의 발견은 곧 모던이즘의 과학적 기초가 되며, 세계를 이해하고 문제를 해결하는 열쇠라고 믿게 된다. 그리고 인간은 지적으로 종교와 독립된 자아라는 것을 깨달은 시기로서 '개인'과 '독립적 개성'으로서의 인간 이해라는 통찰을 하기에 이른다. 그럼에도 불구하고 실존주의(existentialism) 철학이 유행하기 전까지도 르네상스의 휴머니즘과 계몽주의의 인간 이해는 개인으로서의 자아(individual ego)나 자율성이 있는 자아(self-determination)로 사고되지는 않았다.

모던이즘의 초석이 된 이 시대의 세계관을 한마디로 정의하면 '목적론'(teleologically and lawfully governed)적 세계관이라고 할 수 있다. '이성'과 '과학'의 강조는 분석적이고 수학적인 테크닉(analytical and mathematical techniques)과 실험적인 결과물을 요구하기에 이른다. 이러한 현상은 자연과학 분야만이 아니라 인문학 분야에까지 널리 적용되기 시작한다. 이들은 이러한 방법론을 통해 인과론적 우주와 세계를 파악하고 변화시킬 수 있는 힘이 인간에게 있다고 믿었다.

| 모던이즘 |

후기 계몽주의(post-enlightenment) 혹은 모던이즘이라는 것은 하나의 세계관이며 철학 사조의 한 흐름이지 시대 구분의 이정표도 아니고 그렇다고 진리의 결과물은 더더욱 아니다. 말 그대로 흘러가는 하나의 '이즘'인 것이다. 즉 세계와 인간 이해, 정체성, 진리 등에 대한 관점과 인식하는 방법론을 제시하는 또 다른 패러다임에 불과한 것이다.

모던이즘의 가설들(hypothesis)과 제안들(fictional propositions) 속에 특징적으로 많이 사용되는 용어는 '객관'(objective), '보편'(universal), '타당'(validity), '신뢰성'(reliability), '규칙과 규범'(criterion and rule), '과학적'(scientific), '실험적'(empirical), '전문적'(expertise), '컨트롤'(control) 그리고 '양적인 것과 데이터'(quantitative and data) 등과 같은 것들이다. 모던이스트들은 과학적이고 보편타당한 것을 찾을 수 있고 또 발견함으로써 세계를 설명하고 변화시킬 수 있다고 생각한다. 심지어 복잡 미묘하고 다양한 인간의 삶을 총체적인 '그 어떤' 틀에 가두어 설명하려고 한다. 그들은 인간의 삶도 어떤 고정되고 불변하는 패턴과 규칙에 의해 움직이며 변화 발전한다는 가설을 가지고 있다. 그렇기 때문에 전문가에 의해 객관적이고 보편적인 규칙을 찾아서 개개인에게 적용하고, 삶을 그 규칙에 따르게 한다면 질적인 삶의 변화를 가져올 것이라고 제안하고 있다. 이러한 제안과 가설을 '지식'(knowledge)이라고 하며, 이 지식이 객관화되고 보편화된 것이 곧 '진리'요 '사실'이라고 한다.

지식에 대한 모던이즘의 인식

모던이즘은 지식과 '진리' 그리고 '사실'이라는 것과 깊은 연관 관계가 있다. 모던이즘의 가설에 의하면, 지식이란 증명 가능한 '그 어떤' '사실들'에 의해서 추출되고, 그것이 객관화된 것이라는 것이다. 증명되지 않는 것은 사실이 아니며, 지식도 될 수 없는 것이다. 그러므로 지식이란 거울과 같은 것으로서 인식 가능하고 객관적이며 외적(external)으로 드러날 수 있는 세계를 비추는 역할을 수행하는 것이다. 그러한 지식은 관찰과 임상적 실험에 의해 탄생하고 얼마나 많은 양의 데이터와 리서치가 되었느냐에 따라 보편이라는 이름을 달게 된다. 이렇게 보편타당이라는 이름을 달게 되면 그 지식은 곧 '진리' 혹은 '사실'이라고 명명된다.

불변의 진리나 사실이 어디엔가 있다는 전제 하에 모던이즘에서의 지식은 발전하기에 이른다. 진리와 사실은 절대 불변의 것으로서 인식을 시도하는 자(knower)와 관계없이 항상 '있는' 것이고 그만의 자리에 '존재'한다고 모던이스트들은 주장하고 있다. 다시 말하면, 진리와 사실은 온전한 '객관'과 '표준'을 유지하며 절대 불변하는 것이기에 고정된 것이고, 확실한 것이며, 선천적으로 선한 것이라고 여겨지고 있다. 이러한 불변의 진리와 사실은 우리들의 삶에 원칙과 좌표를 형성해 주고 삶의 질을 향상시킬 수 있다고 모던이스트들은 믿고 있다.

모던이즘은 서구 사회에서 그 동아리를 틀고 꽃을 피우게 되었고, 서구 문화의 표상이 되었다. 서구 문화는 창조 세계를 착취하고 파괴하면서 물질적 발전을 이룬다. 그리고 매스미디어의 발달로 서구 문화는 세계화라는 이름으로 보편의 문화로 자리하게 된다.

그러나 이들은 누구에 의한 객관, 그리고 누구로부터의 표준을 말하고 있지 않다. 다만 그 진리와 사실은 '그 어떤 곳'(out there)의 존재다. 또한 양적인 실험이 보편타당하고 객관적인 것을 담보해 줄 수는 없다. 리서치를 하는 사람이나 실험을 하는 사람의 방법론과 위치, 그리고 자신의 선험적 경험들이 리서치나 실험 데이터를 결정지을 수 있다. 누가 중심인가? 그리고 누가 주변인가? 아무리 내가 양적으로 한 명이고 내 주위의 사람들이 양적으로 무수하다고 하나 내가 선 이 자리가 중심이요, 역으로 하면 저기 서 있는 사람에 의해 나는 그 사람의 주변이 되게 되어 있다.

모던이스트들의 더욱 위험한 발상은 인간의 복잡다단한 삶의 형태를 하나의 고정된 틀로 분석하고 설명하려고 하며, 심지어 인간 상호 관계까지도 컨트롤하는 잣대로 사용하게 된다는 것이다. 또한 이들은 또 다른 이데올로기를 진리라는 이름으로 사회에 설파하고, 그 이데올로기에 의해 향유되는 파워 그룹을 알게 모르게 지지하고 유지해 주고 있다는 것을 망각하고 있다. 이러한 진리라는 이름의 이데올로기는 사회에 또 다른 계층 분화와 계급 구조를 심화시키고, 나아가서 사회 불평등의 구조를 고착화시키는 경우가 있다.

상담과 관련하여 예를 들자면, 어느 한 가족이 있다. 모던이즘에 기초한 상담 이론은 일단 이 가정이 "'기능적'인가, 아닌가?" 혹은 "정상적 구조를 가진 가정인가, 아닌가?"에 관하여 먼저 분석한다. 그 분석의 틀은 전통적으로 내려온 가족 개념, 즉 이혼이나 사별의 사건을 거치지 않은 가정으로서 양 부모가 건재(혈통적 가족)하고 남편은 전통적인 남자상에 충실하며(예를 들어, 밖에서 일을 하는) 부인은 전통적인 여성의 역할을 수행하는 가정이라는 등식이 성립되는 가정에 기초를 두고 있다. 이러한 틀로 보면 동성 가정은 말할 것도 없이 재혼, 이혼 가정조차도 문제의 가정 혹은 비정상적 구조를 가지고 있는, 태생적으로 문제를 안고 있는 가정으로 낙인되는 것이다. 전통적 가정 구조는 '보편'적이고 '규범'적인 반면, 그 이외의 가족 형태는 그 보편에서 벗어나고 규범이 없거나 미약한 비정상적 형태로 규정되는 것이다. 우리 주위에서 이런 경우를 흔히 볼 수 있다. 어떤 결손 가정의 비행 청소년이 뉴스에 올랐다고 하자. 그때 대부분의 뉴스 앵커에 의해 따라오는 멘트가 있다. 바로 '비정상적'인 가정이라는 단어다. 즉 결손 가정은 아이들이 자라는 데 교육적으로 좋지 않다고 하는 사회적 암시(보편적 지식)가 짙게 깔려 있는 것이다.

이와 같은 모던이즘의 사고 체계와 가설 그리고 제안들은 우리 사회·문화에 광범위하고도 깊게 자리하고 있다. 그리고 과학이라는 이름은 '사실', '체계적인', '지성적인' 혹은 어떤 사물 운동이나 인간 논리에 '보증서' 같은 존재가 되어 버렸다. 모던이즘 안에서는 비과학적이라는 말은 비지성적인 것이 되어 버렸고, 과학적이지 않은 것은 논리적이지 않은 것이며, 논리적이지 않은 것은 틀렸다고 말할 수는 없으나 최소한 설득력이 없는 문제로 치부되어 버렸다. 더욱이 모던이즘의 이성적 과학은 '감성적'이거나 '추상적'인 것과는 궤를 같이 할 수 없다. 그런 것들은 그저 예술의 한 장르에 불과한 것으로서 사실과 진리를 규명하고 대변할 수 없는 것이기 때문이다. 이런 사고 체계 아래서는 '이야기'라는 것은 리서치의 대상도 될 수 없고, 과학의 주제로서 가치를 부여하기 어렵게 된다. 그러므로 나레티브 접근법은 모던이즘의 사고 체계 안에서는 꽃 필 수 있는 환경을 찾지 못하게 된다.

포스트 모던이즘(post-modernism)

　모던이즘이 주창하는 객관적이고 보편적이며 과학적이라고 신봉되던 신념들은 사회·문화 인류학의 발달과 세계가 글로벌화되어 가면서 차츰 도전을 받게 되고 그 용도와 의도에 의구심을 가지게 되었다. 아이러니한 것은 미디어가 모던이즘이 글로벌화되는 데 지대한 영향을 끼쳤는데 세계가 글로벌화되면서 모던이즘은 도리어 심대한 타격을 받게 된다는 것이다. 서구 사회 혹은 서구화된 사회에서 진리라고 믿었던 것들이 지구 저편 어디에선가는 터부시되고, 서구적 삶이 아니면 문화가 아니었던 것들이 사회·문화 인류학자들의 도움을 받아 또 다른 아름다운 지역 문화에 사람들은 눈을 뜨고 경험하게 되었다.

　포스트 모던이즘의 등장으로 사람들은 총체적인 패러다임의 전환을 경험한다. 신학자 Grenz(1996)는 포스트 모던이즘을 지식의 혁명이라고까지 말하고 있다. 이것은 객관에서 주관으로, 보편에서 특수로, 타당성에서 주관적 강직성으로, 개인주의에서 공동체 중심으로, 컨트롤에서 참여로, 양적 강조점에서 질적 관심으로, 데이터에서 주관적인 경험으로, 리서치의 대상에서 주체적 참여로 관심과 강조점이 바뀌어 간다. 모던이즘의 가치 체계가 중심되고 보편적인 세계관을 강조한다면, 포스트 모던이즘은 다양성과 서로 다른 특수성에 가치 체계가 있다고 할 수 있다. 비록 포스트 모던이즘을 한마디로 정의하기는 어렵지만, 특징적인 단어로 나열한다면 포스트 모던이즘은 개방(openness)적이며, 복합적이고, 상호적이지만 독립성이 보장되는 것과 어느 한 방향에서만 고집되는 결정주의를 원하지 않는다는 것이다. 이러한 특징들이 포스트 모던이즘 시대를 흔히들 불확실성의 시대라고 불리게 한다. 그러나 이것은 이해의 부족이라 아니할 수 없다.

| 포스트 모던이즘에서의 지식에 관하여 |

모던이즘에서는 지식을 보편타당하며 객관적이라는 관점을 견지하는 반면에, 포스트 모던이즘은 이 세상에 어느 지식도 – 과학이라는 지식을 포함하여 – 객관적인 것은 존재하지 않는다고 전제하고 있다. 왜냐하면 지식이란 사회화 과정을 거치면서 사회 구성원 간에 서로 합일해 가면서 구성된 것이라고 믿기 때문이다. 그러므로 태생적인 한계를 가진 인간의 지식은 영구불변한 것은 없으며, 시대적이고 역사적이고 상황적이며 특수적일 수밖에 없다. 또한 만약 영구불변한 진리와 사실이 있다면 그것들을 온전하게 비출 수 있는 용기가 없다. 만약 비출 수 있다고 한다면 그것은 일부분에 지날 수밖에 없다.

그렇기 때문에 포스트 모던이스트들은 지식은 특수에서, 지역에서 그리고 구체적인 상황과 시공간적인 한계 안에서만 논의될 수 있다고 믿는다. 저 아프리카 남단에 있는 어느 소수 부족의 지식과 실천이라고 해도 진정 가치 있는 지식으로 대우 받아야 마땅하며, 하버드 대학 강의동에서 스포트 라이트를 받는 지식일지라도 그 부족의 지식보다 우월할 수 없다. 단지 어떤 지식과 또 다른 지식 사이에는 좀더 실천적인가, 그렇지 않은가, 누구를 위한 그리고 누구에 의한 실천인가라는 논의는 있을 수 있다. 포스트 모던이즘은 이 점에서 프락시스(praxis)라고 할 수 있는 실천적 지혜, 즉 삶의 지혜까지 지식의 범주에 넣는 것에 찬성한다.

포스트 모던이스트들은 인간은 유한한 존재이기 때문에 전 우주를 온전히 설명 불가능하며, 어떤 상황, 어떤 곳에든지 적용 가능한 보편적 이론이나 실천적 지식을 발견하기가 어렵다고 생각한다. 또한 보편 이론이나 지식을 찾는 과정에서 자신들이 자신들 자체를 객관화시킬 수 있다는 망상을 하지 않는다. 어느 개인이나 그룹도 지식을 통해 객관적이고 보편적인 진리나 사실을 찾을 수 없다는 것이다. 어떤 인간도 온전하고 보편타당한 진리나 사실을 찾는 것이 불가능하다는 것은 어느 상황, 어느 조건에도 맞는 인간의 보편적 지식이란 존재하지 않는다는 것을 의미한다. 그렇다면 세계에 많은 다른 세계관과 실천적 지혜들은 모두 그 시대와 상황에 의미 있고 가치 있는 것으로서 어느 한 세계관이 다른 세계관보다 우월한 지위를 부여 받을 수 없다는 의미가 되기도 한다.

그러므로 포스트 모던이스트들은 구체적인 콘텍스트를 강조하며, 그 구체적인 콘텍스트에서 추출된 지식이야 말로 그 상황에 가장 유효하고 적합한 실천적 지혜라고 할 수 있다. 그 실천적 지혜는 다른 지혜들과 만나 서로를 공유하고 나누면서 또 다른 형태의 지식들을 창출한다. 포스트 모던이스트에게 모든 지식과 실천적 지혜는 케이스 바이 케이스(case by case)이고, 그 케이스마다 나타나는 지혜들과 실천들은 그 자체로 높이 평가되어 우리의 공동체에 기여하는 우리들의 삶이다.

| 포스트 모던이즘의 윤리 |

그렇다고 해서 모든 가치와 사회·문화적 유산이 실천적이고 선한 것이라고 포스트 모던이스트들은 생각하지 않는다. 또한 포스트 모던이즘이라고 해서 모든 것이 개방이라는 이름으로 가능(possible)하고 받아들일 수 있는 것도 아니다. 잣대나 규범이라고 말할 수는 없지만 포스트 모던이스트의 윤리관이 있나. 그 윤리관에 의해 모든 '다름'(differences)과 '다양'(diverse)은 공동체를 위한 지혜와 지식으로 걸러지게 된다.

첫 번째 질문은 무엇을 위한 그리고 누구를 위한 실천과 지식이냐는 것이다. 앞에서도 언급했지만, 지식은 그 지식을 향유하는 자와 그렇지 않은 자 사이에 파워 관계(power relation)가 형성되어 있다. 어떤 개인이나 특정한 그룹에 복무되는 지식과 실천은 그 속에 속하지 못하는 개인과 그룹을 소외시키게(marginalized) 되고, 서로를 구별하는 도구가 되어 버린다. 이러한 현상은 결국 사회 저변에 깔려 있는 에너지와 자원을 모으는 데 크나큰 걸림돌이 될 수밖에 없다. 즉 구체적인 콘텍스트가 배제된 상태에서 억압이나 소외 구조를 생산하는 실천과 지식은 포스트 모던이즘에서는 용납되지 않는다.

두 번째 질문은 첫 번째 질문과 더불어 조건에 대한 실천적인 잣대가 누구의 것이냐는 것이다. 브라우닝의 책에서 나는 재미있는 예를 발견할 수 있었다. 미국의 어느 백인 교회가 "누구든지 오십시오. 우리는 당신을 환영합니다"라는 문구로 교회 홍보에 나섰다고 한다. 어느 날 그 광고를 보고 한 흑인 여성(single parenting)이 그 교회 멤버가 되고자 한다고 전화로 의향을 비쳤다고 한다. 그런데 그 교회의 대답은 교회 운영위에서 논의해야 한다는 것이었다. 그러면서 브라우닝은 이렇게 해석하고 있다. "Welcome to us"에서 '우리'라는 것은 언어적인 표현이고, '우리와 같은'은 사람만 환영한다는 뜻이라는 것이다. 잣대에는 삼각 잣대도 있고, 30cm의 잣대도 있고, T잣대도 있다. 용도에 따라 그것을 필요로 하는 사람의 의향에 의해 선택되는 것이다. 그런데 그 선택과 용도가 콘텍스트인 개인과 그가 속한 공동체에 해악적 작용을 한다면 포스트 모던이즘은 단호히 거부한다.

세 번째로 다양성과 차이가 인정되는가? 다양성과 차이가 인정된다는 것은 "너는 너이고 나는 나다"라는 식이든지, "네 것은 관여치 않을 것이니 내 것도 관여하지 말라"는 배타적인 것이 아니다. 아주 극단적인 포스트 모던이스트들의 이러한 실천은 극단적인 근본주의와 별 차이가 없는 해악이나 다름이 없다. 다양성과 차이의 인정은 서로 간에 '대화'의 문이 열려 있고, 그 대화 속에서 상호 '영향'을 줄 수 있는 구조가 되어야 하기 때문이다.

| 진리의 문제 |

포스트 모던이즘을 논할 때 가장 논쟁이 될 만한 또 하나의 복잡 미묘한 것이 있다. 그것은 바로 '완전한 진리'(entire truth)가 있느냐 없느냐? 완전한 진리에 인간이 도달할 수 있느냐 없느냐는 문제일 것이다. 특히 종교인들에게 이 문제는 더욱 심려가 되는 부분일 것이다. 포스트 모던이즘에서 진리라고 하면 지엽적이고 시대적인 것이기 때문에 종교적 다원주의를 포함하고 있다. 반면, 모던이즘에 기초한 종교인들에게는 이러한 종교 다원주의는 그들의 근간을 흔드는 것으로 극도로 적대시하는 부분일 것이다.

그렇다면 과연 포스트 모던이즘의 진리관이 모든 영원불변의 진리라는 문제에 대해 적대적인가? 나의 답은 "아니다"이다. 포스트 모던이즘에 기초한 '영원불변의 진리성'의 문제는 이 철학이 진리의 '다원성'을 인정하듯 영원성도 인정되는 것이다. 단지 포스트 모던이스트들과 그 학파에 있어 차이가 있을 뿐이다. 개인적으로 나는 포스트 모던이스트라고 불려도 좋다. 그렇다고 종교적 다원주의자는 아니다-개인적으로 나의 사상 체계는 (나중에 좀더 구체적으로 논하겠지만) 포스트 파운데션얼이즘(post-foundationalism)과 근접하다고 말하고 싶다. Denzin and Lincoln(1994)은 포스트 모던이즘의 '진리' 문제를 이렇게 이야기한다. "인간은 '진리'에 접근할 수 있는 온전하고 완전한 개념 체계를 가지고 있지 않기 때문에 완전하고 구체적이며 총체적인 접근이 불가능하다. 단지 자신들이 스스로 구축한 리얼리티를 가지고 가능한 한 가까이 (approximated) 가도록 노력할 따름이다."

진리의 문제는 "참 진리가 있느냐, 없느냐?"의 문제가 아니라, 결국 진리를 어느 자리에서 논하고 있느냐의 문제다. 즉 인간의 문제이지 진리 그 자체의 문제가 아니며, 삶의 이슈와 연관된 콘텍스트의 문제다. 진리는 하늘의 어느 한 곳에 위치하고 있으면서 인간 세상에 상위 하달식으로 내려와서 인간이 수동적으로 이해할 수 있는 구조로 되어 있는 것이 아니라, 인간 자신들의 오늘의 장에서 구체적으로 경험되면서 이해되고 해석되는 구조를 가지고 있으며, 그러한 삶의 파편들이 모여 '좀더 가까이', '좀더 가능한 한' 이해의 폭을 넓혀 가는 것이다. 그렇기 때문에 포스트 모던이즘에서 진리의 문제는 인간 이해가 선행되어야 하며, 진리의 접근은 유한성의 인간이 선 그 자리(영역)에서부터 이야기되는 것으로서 고정(fixed)되거나 보편화된 것이 아니라, 개인적이며 공동체적이고, 사회·문화적이며, 상호 관계적이고, 상황적이며, '아직' 완성되지 않은 것이다. 만약 모던이즘을 기반으로 한 종교인들의 생각처럼 '신'의 영역을 끌어들여 진리를 논하려 한다면 인간의 오만과 교만의 소치라고 할 수 있으며, 그렇게 해서 성취할 수 있는 '신'의 영역의 진리라 한다면 그 때부터 신은 신으로서의 존재의 가치가 없는 것이나 진배없다고도 할 수 있다.

사회 구성주의(Social-Constructionism)

포스트 모던이즘은 사회 구성주의와 함께 새로운 인식적 접근과 해석학적 지평을 열고 있다. 사회 구조주의자들은 '진리'(truth)나 '사실'(reality)이란 존재를 그 어떤 곳(out there)에서 존재하는 것으로 보지 않고 어떤 사물이나 개인과 집단 그리고 이론 혹은 문화와 실천들이 사회화 과정을 거치면서 사회적으로 구성되는 것이라고 한다. 또한 사람들이 어떤 사물이나 세계를 경험할 때 자신들만의 해석의 결과, 즉 자신들이 의미를 부여한 것이 곧 '사실'이라고 명명된다. '지식'이라는 명제 역시 어느 특정한 콘텍스트 아래서 개인과 개인 혹은 집단과 집단의 관계성 속에 형성된 것을 말한다. 사회적 과정 속에서 사람들 간에 서로 아이디어를 공유하고 연결지으면서 구축된 결과물들이 지식이요 사실인 것이다. 이렇게 사회적으로 구성된 사실들이나 지식들은 그 시대 속에서 실천적 검증을 거치면서 사람들에게 '신념'으로 자리 잡게 된다. 이 신념은 시간적 간격이 오래되면 될수록 그리고 사회적 저변이 넓어지면 넓어질수록 불변의 '진리'나 '사실'로 자리매김하게 된다.

'사실'이란 그 자체인가, 아니면 사회적 합일인가, 역사적 신념인가,

그렇지 않은가 하는 문제를 논하는 것이 이 장의 목적이 아니다. 만약 그렇다면 사회 구조주의자들은 공허한 논객에 불과한 것이다. 사실이라고 명명된 경험이나 실체들이 어떤 '의미'(meaning)를 가지고 있고, 그 의미의 실체는 무엇인가 하는 것이 더욱 중요하다고 볼 수 있다. '사실'은 사실 그 자체로 우리에게 아무런 의미가 없다. "내(상담가)가 지금 내담자를 만나고 있다"라는 사실을 사회화 과정이나 역사적 신념이라고 말할 수 있겠는가? 아니다. 나의 만남의 순간은 사실 그 자체다. 마치 나무가 정원에 있는 사실 그 자체처럼 말이다. 그러나 나의 지금 그 상황 자체로서는 내 인생에 아무런 의미가 없다. "왜? 무슨 동기로? 무엇을 하려고?"라는 물음이 제기되고 의미를 부여하려고 할 때 그 사실은 존재적 가치가 있다. 즉 의미 있는 사실 혹은 의미가 주어진 사실의 실체를 이해하고 삶에 적용하려고 할 때 사회 구조주의를 논하는 것이 의미가 있는 것이다. 의미에 대해서는 앞 장에서 충분히 논의했다고 생각하기에 이 장에서는 간략하게 짚고 넘어가겠다.

사회화 과정에 의해 사실로 명명된 실체는 의미를 부여 받게 되고, 그 의미에 의해 그 실체의 존재 가치가 좌우되는 '의미적 실체'가 된다. 사회 구조주의와 모던이즘(예를 들어, 구조주의: constructivism) 사이에 '실체'에 대한 첨예하게 다른 인식 구조는 결국 실천 행동을 바꾸어 놓는다. 모던이즘에서는 불변의 사실을 찾고 그 사실의 패턴을 규명하여 규칙으로 삼아 자연 현상이나 삶의 좌표를 삼고 규범을 만들려고 한다. 반면에 사회 구조주의에서는 사실 자체보다는 그 사실에 주어진 '의미'에 강조점을 두고 있다고 할 수 있다.

예를 들자면, 구조주의에 바탕을 둔 시스테믹 가족 치료(systematic family therapy) 이론에 의하면 가족이란 어떤 특정한 자체적 시스템을 보유(a sort of self-contained system)하고 있다고 한다. 즉 '가족'이라는 것을 하나의 유닛(unit)인 '구조'로 본다. 그 구조 자체가 가족 구성원들에게 어떤 의미를 창출하고 형성해 준다는 것이다. 쉽게 말해서 시스템이라는 무생명체가 '의미'라는 창조자이고 생산자가 될 수 있다고 생각하는 것이 구조주의다. 구조주의는 모던이즘 시대에 우리에게 가족을 이해하는 데 새로운 관점을 제시하고 그로 인해 효과적으로 가족의 발전을 도왔다. 그러나 이 또한 기계론적이고 진화론적인 것으로서 '구조' 그 자체가 어떤 문제의 근원이요 치유의 핵을 보유하고 있다고 믿는 것과 진배없다.

반면에 사회 구조주의자들은 '의미'는 가족 구조에 있지 않고 사회적으로 구축된 것이며, 그 구축된 의미는 그 사회·문화 속에서 바람직하고 올바른 이미지를 창출한다고 본다. 그리고 다시 구축된 '의미'와 이미지를 확대 재생산하며, 유지하고 또한 강제하는 수단이 되기도 한다. 이들은 '의미'는 구축되고 재해석되거나 혹은 소멸되는 반복 과정 속에서 흐름을 타는 것이지 어느 하나로 고정되고 정착되는 것이 아니라고 주장한다. 그러므로 사회 구조주의자들은 더욱 확대된 그리고 열린 의미들을 찾기 위해 해체(deconstruction)라는 수단을 사용한다.

해체(Deconstruction): 새로운 관점 찾기

학문의 세계에서 해체 개념이 등장했을 때 그 단어가 풍기는 분위기 때문인지는 모르겠지만 그리 고운 눈길을 받지 못했다. 해체라는 개념은 '급진주의'나 기존의 것에 대한 '거부' 혹은 '파괴적'이라는 오해를 받아 온 것도 사실이다. 그러나 엄밀히 말해서 해체는 파괴적인 것이 아니라 그 본 의도는 '고정관념'에서 탈피하여 좀더 실체에 가까이 접근해 보려는 의지다. 그리고 사회·문화적으로 주어지고 구축된 의미들에 대해 혹시 또 다른 의미들이 내포되어 있지는 않은지를 발견하고 좀더 새로운 부분을 찾아내고자 하는 노력이 내포되어 있는 것이 해체의 개념이다.

해체라는 개념이 사용되기 시작한 것은 텍스트 분석(text analysis)에서부터다. 텍스트의 범주는 문서화되었든지 구전에 의한 담화든지 상관없이 모든 사회 현상과 관련된 것을 말한다. Gadamer(1984)에 의하면 텍스트 그 자체로는 어떤 의미도 포함하지 않고, 의미를 주지도 않는다. 다만 이것을 독자(reader)들이 읽으면서 그 텍스트와 '대화'할 때에만 의미는 발생한다고 주장한다. 왜냐하면 대화란 파트너가 있을 때 가능한 것이고, 그 파트너와 어떤 화두가 있을 때 대화는 이루어지는 것이기 때문이다. 그리고 어느 누구도 자신들의 선이해와 경험, 지식들을 버리고 대화를 한다는 것은 있을 수 없다고 Gadamer는 믿는다. 그렇기 때문에 텍스트는 지금 텍스트와 대화하고 있는 그 독자—무작위적인 독자가 아닌—만이 특별한 의미를 창출할 수 있게 된다.

그러므로 해체주의자들은 이제껏 자신들이 받아들이고 이해하고 경험했던 텍스트의 의미들만이 아니라 또 다른 텍스트에 암시되고 숨어 있는 의미들을 발견하려고 노력한다. 또한 자신들의 텍스트와 다른 텍스트들의 상호 관계성에 주의를 기울이며 자신들의 텍스트 그 자체 안에 있는 또 다른 구조 체계(sub-text)와의 관계를 규명하려고 한다. 간단하게 말하자면, 텍스트의 전제가 되고 있는 것들을 드러내는(reveal)

작업이라고 할 수 있다.

　Derrida(1973)에 의하면 모든 텍스트, 어떤 개념일지라도 그 개념을 대표하는 의미와 상반된 의미들을 이미 그 자체 안에 내포하고 있다고 한다. 그래서 텍스트가 드러내는 주된 의미로만 단일하게 취급되는 것을 그 텍스트 자체가 거부하고 있다. 그리고 어떤 텍스트라도 이미 그 자체 안에 '차이'(difference)들이 동시에 존재하고 그 텍스트의 또 다른 면으로서 마치 쌍둥이이면서 서로 다른 두 사람인 것과 같은 구조를 가지고 있다. 모든 인간의 담론이나 이론들은 이러한 쌍생의 구조를 태생적으로 가지고 있다.

　해체주의자들은 텍스트의 이런 특징을 간파하고 텍스트 안에서 잠복해 있는 양면 가치(ambivalence)나 대척점(self-contradiction)들을 찾아가는 것을 작업의 주 목적으로 여기고 있다. 또한 텍스트를 부분별로 해체하여 더욱 깊고 넓게 이해하기 위한 노력의 일환으로 볼 수도 있다. 이들은 이런 작업을 통해 텍스트를 가능한 한 원 상태로 돌려 보려는 노력을 한다-개인적으로는 가능하지 않다고 생각한다.

　해체 작업은 기존까지 전해져 왔던 결과물들이나 의미들을 텍스트에서 떼어내어 '지우는'(crossing out) 것이 일차적인 단계이다. 지운다는 것은 없애 버린다는 의미도 아니고 무시한다는 것도 아니다. 다만 일단 이제껏 주장되어 왔던 것들은 충분히 이해하고 있으니, 그 의미들은 보류해 두지 않으면 다른 쪽으로 생각할 수 있는 여지가 그만큼 줄어든다는 것을 의미한다. 이러한 과정을 통해 우리는 재해석과, 새로운 주장들과 새로운 공식들을 '주장된 사실과 이론들'(claimed truths and theories)에 적용하고 만들어 낼 수 있는 기회를 제공 받는다. 그것만이 아니라 이제껏 텍스트에 대한 일방 통행식의 특권들과 가치들의 독소를 깨달을 수 있는 기회가 부여되고, 더불어서 다른 텍스트들의 가치 체계나 의미들에서 억압되거나 무시되었던 부분들이 드러날 수도 있다. 다시 한 번 강조하건대 해체 작업은 기존의 가치를 거부하거나 무시하고자 하는 의도가 아니라 소외되고 무시되었던 가치 체계와 지식에도 귀를 기울이려는 노력의 일환이라는 것을 명심해야 한다.

상담과 관련하여 해체 작업의 중요성을 말한다면, 이러한 해체 작업을 통해 소외 계층의 실천 지식들이나 기존 가치에 벗어난 듯한 소외된 가족 형태의 구성원들에게 그들만의 목소리를 발현할 수 있는 기회가 주어질 수 있다. 그리고 그 속에 숨어 있는 편견이나 선입견 등을 파헤치고 그에 의한 독소들을 걷어 내는 데 일조할 수도 있다. Epston과 White(1994)는 자신들의 오랜 경험을 바탕으로 해서 해체 작업은 고정 관념에 묻혀 있는 소외된 가족 구조나 내담자들에게 자신들만의 방법들에 충실할 수 있도록 돕는다고 조언하고 있다.

포스트 모던이즘의 후기(포스트 파운데션얼이즘; Post-Foundationalism) 탄생

70년대를 전후해서 프랑스의 철학자 Foucaut와 심리학자 Gergen에 의해 포스트 모던이즘은 인문학 분야에서 두각을 나타내기 시작했다. 이것은 근본주의적 전제들(fundamental assumptions)과 모던 사회와 지식들이 인간의 삶을 규정하고 규범화하려는 것에 대해 한편으로는 진지한 질문을 던지고, 다른 한편으로는 거부의 뜻을 밝힌 하나의 운동(a movement)이요 패러다임의 총체적 전환이다. 즉 '자아'의 문제와 정체성, 개인주의(individualism), 상업주의(commercialism) 그리고 모든 '이즘' (all sorts of other ism)에 대한 도전이라고도 할 수 있다. 현대 사회에서 포스트 모던이즘은 종교, 예술, 건축 양식, 문화 인류학, 언어학, 철학, 심리학, 역사 그리고 각종 리서치에까지 영향을 미치고 있다.

포스트 모던이즘은 essentialism, 즉 인간의 정체성과 행동 양식은 이미 무엇인가로부터 결정되었다고 하는 '결정론'을 거부하고 그것들은 사회화 과정을 통해 구성되며 사회화 과정의 총체물이라는 인식을 한다. 그리고 포스트 모던이즘은 안티 리얼리즘(antirealism)이라고 할 수 있다. 객관적 사실과 실체란 전제하지 않으며 주관적인 개념과 관점에 의해 실체와 사실은 달라질 수 있다고 포스트 모던이즘은 주장한다. 주관성은 인간 개개인이 가지고 태어나는 것이 아니라 사회·문화적 그리고 역사적인 영향에 의해 구축되었다고 포스트 모던이스트들은 믿고 있다.

이러한 패러다임의 전환에서 나타난 또 다른 운동이 포스트 파운데이셔널이즘(post-foundationalism)이다. 포스트 파운데이셔널이즘은 모던이즘과 극단적 포스트 모던이즘이 빠지기 쉬운 양극화 혹은 극단적인 양태의 실천을 벗어나 '대화'와 각 사회 주체들의 '상호 작용'을 모색하면서 발생한 패러다임이라고 할 수 있다. 이 패러다임은 프린스톤 대학의 Huyssteen이 주창한(2004) 것으로 어느 한쪽 극단에 빠지는 것을 거부하는 입장이다. 이것은 특히 대화를 중시하는 것으로서 학문 간에는 상호 교류(interdisciplinary)적 자세를, 사회·문화 간에는 타 문화와의 교류의 필요성을 강조하면서도 개별적이고 특수적인 부분에 가치를 둔다. 개별과 특수의 가치는 보편의 가치보다 우선하고, 그러한 가치들의 대화와 교류가 새로운 관점과 미래를 열어 간다는 것이 포스트 파운데션얼이즘이다.

그러기에 포스트 파운데션얼이즘은 개인이나 한 사회의 신념, 문화, 가치 체계를 존중하고 배우려는 자세를 견지한다. 여기에는 종교적 신념, 역사적이고 시대적인 가치, 상황적 논리 등 이 모든 것들이 가치 있게 다루어질 수 있다. 상대의 것을 거부하거나, 자신의 것을 부정하지 않아도 대화와 교류가 가능한 틀을 제공하는 것이 포스트 파운데션얼이즘이다. 대화와 교류의 시·공간적 지점은 항상 '지금 이 순간'(here and now)이다. 그러나 그 대상은 수천 년 전의 시공도 가능하며, 바로 어제의 사건과 내일에 대한 상상도 가능하다. Huyssteen은 포스트 파운데션얼이즘을 묘사하기를, 마치 분수 쇼를 하는데 각각의 물구멍에서 자신들만의 색상의 물을 뿜어내면 공중에서 다른 색상의 물을 만나게 되고, 그 만난 지점의 색상은 자신들의 색상 어느 한쪽과도 닮지 않은 또 다른 색상을 만들어 내는 것과도 같다고 했다(2004, 남아공 세미나).

상담의 세계도 이와 다를 바 없다고 나는 개인적으로 생각한다. 상담가 자신의 것도, 내담자의 그 어떤 것도 모두가 존중되며 상호 교류와 작용을 통해 새로운 다른 하나를 열어 가는 것, 그것이 상담의 세계다. 여기에는 과거, 미래, 현재 모두가 새로운 이야기의 중요한 고리이고 요소이다. 그러기에 '상처', '아픔', '고통' 등과 같은 것조차도 지우고 싶고 버리고 싶은 것들이 아니라 미래를 향한, 새로운 이야기를 위한 보물 창고이고 보화라고 생각한다.

책을 마감하며

나는 책을 마감하면서 나레티브 상담의 세계와 인식의 틀을 다른 여러 학자들의 이야기를 빌어서 간단하게 요약해 보고자 한다.

- "문제가 문제이지 사람이 문제가 아니다"(the problem is the problem, the person is not the problem).
- 과거(상처 포함)는 지워야 할 것이 아니라 새롭게 재창조하고 해석되어야 할 것이며 보물 창고다.
- 인간의 삶과 타인 혹은 창조물들 사이의 관계성은 이야기에 의해 의미가 부여되고 정체성이 구축된다.
- 그러한 이야기(문제를 포함해서)는 사회·문화적인 영향을 받고 사회화 과정을 거치면서 거대 담론으로 승화되며, 다시 개인의 삶(이야기)을 규정하는 역할을 한다.
- 이러한 거대 담론은 종교적, 교육적, 문화적 가치, 성 역할 등 삶의 전반에 걸쳐 나타난다.
- 그러나 개개인은 모두 자신들의 이야기에 대해 가장 확실한 전문적 지식을 가지고 있고, 노하우를 포함하고 있다.
- 그러므로 미래의 이야기에 대해서도 그들은 전문적 작가이며, 그들의 전문적인 실천 지식이 이 사회에 이바지한다.
- 나레티브 상담가는 참여적 접근과 인생 여정의 동반자 관계가 형성되어야 한다.
- 무지의 자세(not knowing)가 필요하다.

- 무지의 자세란 전문가이면서도 내담자와의 관계에서 결코 내담자의 우위에 있는 전문가 아님을 각인하는 것이다.
- 내담자들은 상담가를 찾기 전에도 문제를 해결하기 위하여 무수히 많은 방법들을 사용했고 개발했고, 숨겨져 있는 노하우들을 가지고 있다.
- 상담가는 문제와 내담자를 분리하여 생각해야 한다.
- 항상 예외적인 것과 예상치 못한 것들에 주의를 기울여야 한다. 그 속에 예상치 못한 해결책이 있을 수 있다.
- '질문하기'(questioning)는 묘사적 언어를 사용해야 한다.
- 상담 과정은 창조적이고 유동적이어야 하며, 내담자의 이야기가 과거, 현재, 미래를 넘나들며 잘 흘러갈 수 있도록 해야 한다.

참고도서

고민영. 이야기 세계와 이야기 치유. 청목.
Muller, J C. 2006. 여행길의 동반자. 김번영 옮김. 솔로몬.
김재은. 1984. 유아의 발달심리. 창지사.
정족분. 2006. 아동발달의 이해. 학지사.
전요섭. 2004. 신학에서 본 심리학. 잠언.
Adams, J. 1972. *Big Umbrella.* Presbyterian & reformed.
Browning, D. S. 1991. *A Fundamental Practical Theology: Descriptive and Strategic Proposals.* Minneapolis: Fortress Press.
Brueggemann, W. 1989. *Finally Comes The Poet. Daring Speech for Proclamation.* Minneapolis: Fortress Press.
_____. 1993. *Texts Under Negotiation: The Bible and Postmodern Imagination.* Minneapolis: Fortress Press.
Cattanach, A. (ed). 2002. *The Story So Far: Play Therapy Narratives.* London: Jessica Kingsley.
_____. 1997. *Children's Stories in Play Therapy.* London: Jessica Kingsley Publishers
Clandinin, D. J. and Connelly, F. M. 1991. Narrative and Story in Practice and Research, in D. A Schön (ed) *Case Studies in and on an educational prac-*

tice. New York: Teachers College.

Combs, G. & Freedman, J. 1999. Developing Relationships, Performing Identities. in Dulwich Centre Publications. *Narrative Therapy and Community Work. A conference collection. Adelaide:* Dulwich Centre Publications.

Dallos, R. 1997. *Interacting Stories: Narratives, Family Beliefs, and Therapy.* London: Karnac Books.

Denzin, N. K. and Lincoln Y. S. (eds) 2000. *Handbook of Qualitative Research.* London: SAGE Publications

Dallos R. 1997. *Interacting Stories: Narratives, Family Beliefs and Therapy.* London: Karnac Books.

Demasure, K. 2004. L'accompagnement Pastoral Dans le et Muieme Siecle. *Camillianum* 12/4, 503-518.

Epston, D. and White, M. 1994. *Experience, Contradiction, Narrative & Imagination: Selected papers of Daivd Epston & Michael White 1989-1991.* Dulwich Centre Publications.

Fee, D. (ed.). 2000. *Pathology and the Postmodern: Mental Illness as Discourse and Experience.* New Delhi: Sage.

Flaskas, C. and Humphreys, C. 1993. Theorizing about Power: Intersecting the Ideas of Foucault with the Problem of Power. *Family Process,* 32, 1, 35-48.

Fogel A. 1993. *Developing through Relationships: Origins of Communication, Self, and Culture.* The Univeristy of Chicago Press.

Freedman and Comb. 2002. *Narrative Therapy with Couples and a Whole Lot More!.* Dulwich Cnetre Publications.

Freedman, J. and Combs, G. 1996. *Narrative Therapy: the Social Construction of Preferred Realities.* New York: Norton.

Freedman, J. D. Epston and Lobovits, D. 1997. *Playful Approaches to Serious*

Problems: Narrative Therapy with Children and Their Families. London: W.W. Norto

Frankl, V. E. 1988. *The Will to Meaning: Foundations and Applications of Logotherapy.* New York: Meridian Printing.

Foucault, M. 1982. The Subject and Power, in H. L. Dreyfus and P. Rabinow, *Beyond Structuralism and Hermeneutics.* Sussex: Harvester Press

Gadamer, H-G. 1975. *Truth and Method.* London. Sheed and Ward.

Ganong & Coleman 1994. *Remarried Family Relationship.* London: SAGE Publication

Gergen, K. J. 1994. *Realities and Relationships.* Cambridge: Harvard Univeristy Press.

Gergen, K. J. and Joseph, T. 1999. Organizational Science in a Postmodren Context. www.swarthmore.edu/comstructionist movement in modren psychology. American Psychologyist 40: 266-275.

Gergan, K. G. 2001. *An Invitation to Social Construction.* London: SAGE Publications

Gerkin, C. V. 1986. *Widening the Horizons: Pastoral Responses to a Fragmented Society.* Philadelphia: Westminster Press

_____. 1997. *An Introduction to Pastoral Care.* Abingdon Press.

Grenz, S. J. 1996. *A Primer on Postmodernism.* Michigan: Wm. B. Eerdmans Publishing.

Gordon, C. (ed) 1980. *Power/Knowledge: Selected Interviews and Other Writing: 1972-1977.* New York: Pantheon Books.

Graham, E. L. 1996. *Transforming Practice: Pastoral Theology in an Age of Universality.* London: Mowbray

Hall, S. and Grieben, B. 1992. (eds). *Foundations of Modernity.* Cambridge: Polity Press.

Van Huyssteen, J. W. 2006. *Alone in the World? Human Uniqueness in Science and Theology*. The Gifford lectures. Grand Rapids. Michigan: William B. Eerdmans Publishing Co.

Heshusius, L. 1994. Freeing Ourselves from Objectivity: Managing Subjectivity or Turning Toward a Participatory Mode of Consciousness? *Educational Researcher* 23(3): 15-22.

Horney, K. 1987. (ed) *Final Lectures. H. D. Ingram*. New York: Norton

Kendler, K. K. 1987. *Historical Foundations of Modern Psychology*. New york: The dorsey press.

Kotze, D. J. Myburg, J. Roux & Associates. 2002. *Ethical Ways of Being*. Pretoria: Marror, Pretoria.

Lamarque, P. and S. H. Olsen 1994. *Truth, Fiction and Literature*. Oxford: Claredon Press.

Lather, P. 1991. *Getting smart: Feminist Research and Pedagogy with/in the Postmodern*. New York: Routledge.

Linstead, S. (ed) 2004. *Organization Theory and Postmodern Thought*. London: SAGE Publications

Lowe, R. 1991. Postmodern Themes and Therapeutic Practices: Notes Towards the Definition of Family Therapy. Part 2. *Dulwich Centre Newsletter*, 3, 41-52

May, R. 1983. *The Descover of Being: Writings in Existential Psychology*. London: W.W. Norton.

Morgan, A. 2000. What is Narrative Therapy: an Easy-to-Read Introduction. Adelaide: Dulwich Centre.

_____. 2004 http://www.julianmuller.co.za/

"A Narrative-Based Pastoral Conversation Following the Experience of Trauma."

"Pastoral Care and Counselling 24-29 September 2000 London Human

Dignity: A South Africa Story"

"Re-introduce the telling of stories of illness, death and dying"

_____. 2006. "Perspective in Support of the Narrative Turn in Pastoral Care".

Myerhoff, B. 1982. Life History among the Elderly: Performance, Visibility and Remembering. In J. Ruby (ed), *A Crack in the Mirror: Relfexive Perspectives in Anthropology*. Philadelphia: University of Pennsylvania Press.

Riikonen, E. and Smith G. M. 1997. *Re-imagining Therapy: Living Conversational and Relational knowing*. London: SAGE Publications.

Roberts, J. 1994. *Tales and Transformations: Stories in Families and Family Therapy*. New York: W.W. Norton & Company.

Rosaldo, M. Z. 1984. "Toward and Anthropology of the Self and Feeling". In R. Schweder and R. LeVine (eds). *Culture Theory: Essays in Mind, Self, and Emotions*. Cambridge: Cambridge University Press.

Rubin, H. J. and Rubin, I. S. 1995. *Qualitative Interviewing: The Art of Hearing Data*. Sage Publication Inc.

Schultz, D. and Schultz, S. E. 1998. *Theories of Personality*. California: Brooks.

Scott, L. W. 1990. Deconstructing Equality-Versus-Difference: Or, the Uses of Poststructuralism Theory for Feminism, in M. Hirsch and E. F. Keller (eds), *Conflicts in Feminism*. New York: Routlegde.

Shotter, J. 1993. *The Cultural Politics of Everyday Life: Social Constructionsim, Rhetoric, and Knowing of the Third Kind*. Buckingham: Open University Press.

Smith, C. & Nylund, D. (eds). 1997. *Narrative Therapies with Children and Adolescents*. New York: Guilford.

Stevens, R. (ed) 1996. *Understanding the Self*. The Open University.

Talbot, M. M. 1995. *Fictions At Work: Language and Social Practice in Fiction*. London: Longman.

Tharp, R. G. and Gallimore, R. 1988. Rousing Minds to Life: Teaching, learning and schooling in social contexts. New York: Cambridge University Press.

Townely, B. 1994. *Reframing Human Resource Management: Power Ethics and the Subject at Work*. London: SAGE Publications.

Vay, D. L. 2002. The Self is a Telling a Child's Tale of Alien Abduction, in A Cattanach (ed) *The Story So Far: Play Therapy Narratives*. London: Jessica Kingsley Publisher.

Weingarten, K. 2000. Witnessing Wonder, and hope. *Family Process* 39(4). 389-402.

Wetherell, M. & Maybin, J. 1996. The distributed Self: a Social Constructionist Perspective. In Stevens, R. (ed) *Understanding the Self.* Sage Publication.

White, M. and Epston, D. 1990. *Narrative Means to Therapeutic Ends*. New York: W.W. Norton & Company.

White, M. 1988. *The Process of Questioning: A Therapy of Literary Merit?* Dulwich Centre Newsletter.

_____. 1999. Reflecting Team Work as Definitional Ceremony Revisited. *Gecko* 2, 55-82.

_____. 2000. *Reflections on Narrative Practice: Essays and Interviews*. Dulwich Centre Publications.

Zimmerman, J. L. and Dickerson, V. 1996. *If Problems Talked: Narrative Therapy in Action*. London: The Guilford Press.

이야기 치료와 상담

2014년 1월 24일 초판 5쇄 발행

지은이 | 김번영
펴낸이 | 박영호
펴낸곳 | 도서출판 솔로몬

주소 | 서울시 동작구 사당 3동 207-3 신주빌딩 1층
전화 | 599-1482
팩스 | 592-2104
직영서점 | 596-5225

등록일 | 1990년 7월 31일
등록번호 | 제 16-24호

ⓒ 저자와의 협약 아래 인지는 생략되었습니다.
이 출판물은 저작권법에 의해 보호를 받는 저작물이므로
무단 전제와 무단 복제를 할 수 없습니다.

ISBN 978-89-8255-395-0